도시 소외와 공간 정의

※ 이 저서는 2021년 대한민국 교육부와 한국연구재단의 지원을 받아 수행된 연구입니다(NRF-2021S1A5A2A01069700).

Urban Alienation and Spatial Justice

도시 소외와 공간 정의

최병두 지음

한울
아카데미

차례

책을 펴내면서

경제가 성장하고 도시가 비대해지면 질수록, 소외된 인간의 시름은 더욱 깊어지는 것 같다. 최근 유행하고 있는 제4차 산업혁명과 이를 공간적으로 구현하는 스마트시티 개념은 이러한 상황을 대변한다. 이에 관한 담론들은 미래 사회의 모든 최첨단 인공지능기술에 의해 자율적으로 관리될 것이라는 벅찬 희망을 안겨주지만, 이는 사실 모든 것이 점점 기술적 타율에 의해 지배되며 인간은 철저히 소외되는 사회로 나아가고 있음을 말해 준다. 현대 도시가 누리는 물질적 풍요와 장엄한 외관은 이를 만들어 내는 인간의 고통을 숨기고 있을 뿐 아니라 되돌아와 인간의 삶을 억누르고 있다. 그 속에서 살아가는 인간은 자신의 삶이 이렇게 짓눌리고 있음을 알지 못하거나, 어렴풋이 느끼긴 할지라도 왜 이러한지를 제대로 알지 못한다. 도시 공간은 점점 더 물신화되고, 도시인의 삶에는 소외가 만연해 있다. 앞으로 더욱 심각해질 것이다.

소외의 개념은 헤겔과 마르크스로 이어지는 마르크스주의와 키에르케고르와 하이데거로 이어지는 실존주의의 철학적 전통들 속에서 핵심적인 이슈였으며, 프랑크푸르트학파나 포스트모던 이론가들로 이어져 1970년대 철학 및 사회이론에서 연구의 정점을 이루었다. 그러나 그 이후 소외 연구는 일부 학자들에 의해 명맥을 유지해 왔지만 학문적 사유의 중심에서 점차 멀어지게 되었다. 그 이유는 정확히 잘 알 수 없지만, 이 시기를 계기로 정보화 사회 또는 탈산업사회로의 전환으로 인간의 소외가 점차 완화된 것으로 추정 또는 기대되었기 때문이라고 해석하기도 한다. 그러나 지난 반세기 동안 인간의 소외는 완화되었다기보다는 오히려 심화되고, 이로 인해 소외 개념이 본질적으로 함의하고 있는 것처럼 인간은 자신이 소외되었다는 사실을 점점 더 망각하게 되었기 때문이라고 하겠다.

이러한 점에서 소외는 그동안 별로 논의되지 않는 잊어진 개념처럼 보이지만, 사실 오늘날 그 중요성이 더욱 강조되어야 할 개념이라고 할 수 있다. 최근 소외에 관한 학술적 관심이 조금씩 되살아나고 있음은 상당히 고무적이라고 하겠다. 이 책, 『도시 소외와 공간 정의』는 이러한 현대 사회, 특히 도시의 사회공간이 처해 있는 위기 상황을 소외의 개념으로 풀어내고 이를 극복하기 위한 대안으로 '탈소외로서 정의'의 개념을 논의하고자 한다. 이 책의 집필에 가장 큰 영감을 불러일으킨 르페브르는 "도시적 소외는 소외의 다른 모든 형태들을 담고 있으며, 또한 이들을 지속시킨다"고 주장한다(제9장 참조). 사실 오늘날 거대하고 복잡해진 도시공간은 모든 유형의 소외를 만들어내고 있지만, 그 속에서 살아가는 도시인들은 소외에 대한 성찰로부터 점점 더 멀어지고 있다. 이러한 점에서 현대인의 삶을 억누르는 '도시 소외'와 이로부터 벗어나기 위한 탈소외로서 '공간 정의'에 대한 연구와 실천이 새로운 시대적 과제로 부활하고 있다. 『도시 소외와 공간 정의』는 이러한 문제인식에서 집필되었지만, 아직 세부적인 내용을 채우지 못한 구상단계에 있는 입문서라고 할 수 있다.

이 책에서 도시 소외를 연구하기 위한 구상의 틀 또는 접근방법은 2가지 방식으로 제시된다. 한 방식은 근대 및 탈근대 도시의 형성과 발달과정에서 밀접하게 관련된 여러 요소들이나 과정들이 도시 소외를 어떻게 유발, 촉진하는가를 살펴보는 것이다. 여기에는 우선 도시의 형성과 발달은 도시로의 인구 집중과 도시 공간의 구축 과정에서 유발되는 자연으로부터의 소외 및 농촌 사회의 기본 생산수단이었던 토지로부터의 소외를 전제로 한다. 또한 마르크스의 소외 개념의 핵심을 이루는 노동의 소외가 도시공간을 배경으로 어떻게 형성·심화되며 작동하게 되는가에 관한 분석으로 이어진다. 또한 이러한 노동의 소외가 도시와 농촌 및 도시들 간 공간적 분업, 그리고 도시공간에 기반을 두고 점차 고도화되는 기술혁신에 의해 어떻게 더욱 심화되는가에 관한 고찰로 나아간다.

근대 도시에서 탈근대 도시로의 전환은 도시 소외를 생산 및 노동의 영역에서 소비와 일상생활의 영역으로 확장, 심화시키는 것으로 이해된다. 뿐만 아니라 탈근대 도시들의 건조환경과 이를 둘러싸고 작동하는 여러 과정들, 특히 지구화, 정보화, 금융화 과정이 도시 소외를 어떻게 확산, 심화시키는가에 관한 연구는 매우 중요하다고 하겠다. 이러한 3가지 과정들은 행성적 규모로 전개되는 도시화와 이를 통해 촉진되는 지구적 경제체계의 역동성, 그리고 그 속에서 살아가는 소외된 도시인들의 일상생활과 사회공간적 환경을 규정하는 결정적 요소들이다. 제1부는 이처럼 도시 형성 및 발전 과정을 주도하는 여러 요인이나 과정들과 도시 소외 간 관계에 관한 입문적 서술을 하고 있다.

도시 소외에 관한 두 번째 접근방식은 이에 관한 주요 이론가들의 연구를 공간적 관점에서 재고찰하는 것으로, 제2부는 이에 관한 연구를 개괄하고자 한다. 소외에 관한 여러 거대 이론가들은 명시적 또는 함의적으로 공간에 상당한 관심을 두고 있으며, 이 점은 '공간적 전환(spatial turn)'과 관련된 논의들에서 확인할 수 있다. 그러나 공간적 전환과 관련하여 거론되는 주요 이론가들의 연구는 엄격하게 말해 경제·정치적 체계가 작동하는 '기능적 공간'이라기보다는 인간 행위와 삶이 영위되는 '일상적 장소'에 관한 관심에 바탕을 두고 있는 것으로 이해된다. 이 책에서는 하이데거, 아렌트, 벤야민, 그리고 세르토 등의 연구에서 장소 소외와 탈소외가 어떻게 사유(또는 성찰)되고 있는가를 고찰하고 있다.

여기서는 장소 소외에 관한 이러한 이론가들의 연구에 대한 재이해에 앞서, 장소 소외 개념이 아직 정형화되지 않았다는 점에서 기존 연구 일반에서 장소 및 장소 상실에 관한 개념적 논의들을 먼저 살펴보고자 한다. 그런 다음 이러한 논의들을 체계적으로 통합하면서 소외와 관련된 거대 이론들과 연결하기 위해 '장소 상실'에서 '장소 소외'로의 개념적 전환이 필요하다는 점이 강조된다. 이러한 장소 소외에 관한 연구는 경험적 사례 분석과 더불어 역사적으로 장소 소외가 전개되는 과정에 관한 고찰도 요청한다. 이 책에서는 일상생활의 장소인 '생활공간'으로부터 경제·정치적 '체계공간'이 어떻게 분리되었으며, 또한 이렇게 분리되어 물신화된 체계공간이 어떻게 생활공간을 식민화시키고 있는가에 관한 개략적 서술도 제시하고 있다.

제3부는 이러한 두 가지 방식으로 전개될 수 있는 도시 소외 연구에서 가장 중요한 통찰력을 제공할 수 있는 르페브르의 공간 및 소외 개념을 보다 깊이 있게 다루고자 한다. 르페브르의 생애사적 연구에서 핵심은 근대적 일상생활과 소외에 관한 비판이라고 할 수 있으며, 그 연장선상에서 도시 및 공간 이론을 구축하는 것이었다. 그는 『도시혁명』에서 도시적 소외는 다른 모든 소외들을 함의하고 지속시킨다는 점을 강조했다. 연이어 출판된 그의 역작 『공간의 생산』에서는 잘 알려진 바와 같이 공간의 개념을 3가지

유형, 즉 공간적 실천(지각된 공간)과 공간 재현(인지된 공간), 그리고 재현의 공간(체험된 공간)으로 구분하고, 근대 도시공간의 발달과정에 함의된 소외 문제를 다룰 수 있는 개념적 기반을 마련했다. 또한 그는 헤겔과 마르크스의 변증법을 재해석한 삼항변증법을 통해 소외의 개념을 포함하여 사회공간적 구성과 변화 과정을 설명하기 위한 발견적이고 통찰력 있는 분석틀을 제시하고자 했다. 특히 공간의 생산에 관한 역사 서술에서, 그는 소외된 현대 도시의 '추상공간'에서 탈소외된 '차이공간'으로의 전환을 요청했다.

물론 도시, 공간, 소외 등에 관한 르페브르의 연구는 어떤 한계가 있을 것이다. 또한 그가 제시한 여러 세부 이론이나 개념들, 예로 일상생활 비판과 소외론, 공간생산론, 삼항변증법 등은 이해하기가 쉽지 않다. 뿐만 아니라 소외가 점점 심화되고 있는 일상생활과 추상공간에서 탈소외의 가능성을 찾을 수 있다는 그의 견해는 어떤 의미에서 지나치게 낙관적이거나 낭만적이라는 점이 지적될 수 있다. 그러나 분명 르페브르의 연구는 도시공간과 도시적 소외에 관한 연구의 선구적이고 광범위한 기반이 될 수 있을 것이다.

제4부는 도시적 소외의 극복, 즉 탈소외로서 공간적 정의와 이를 실현하기 위한 방안의 모색에 관해 서술하고 있다. 우선 그 동안 우리 사회에서 심화되고 있는 사회공간적 불평등에 관한 통계자료에 근거하여 몇 가지 경험적 문제들을 논의했다. 나아가 이러한 불평등 또는 부정의를 이해하기 위한 개념적 단초들, 예로 '창조적 파괴'의 개념 및 불균등발전이론들을 논의한 후, 불평등에 대립되는 '평등'의 개념보다 공간적 정의의 개념에 초점을 두고, 기존 연구들을 '공간'과 '정의'의 관점에서 재검토하고자 했다. 정의에 관한 기존 논의들이나 공간적 정의에 관한 최근 연구의 한계를 벗어나기 위하여, 르페브르의 모멘트 이론과 소외/탈소외의 변증법에 근거를 두고

공간적 정의의 개념을 재구성하고자 한다.

르페브르가 제시한 모멘트로서의 정의 개념은 정의에 관한 기존 논의와는 전혀 다른 것이라고 할 수 있다. 모멘트로서 '정의'란 "정의에 관한 구체적 내용이나 절차를 규정하는 것이 아니라, 소외/탈소외의 변증법적 과정에서 전환을 촉진하는 어떤 힘 또는 에너지"로 이해된다. 즉 모멘트는 그 자체로서 정의라기보다는 "소외에서 탈소외로 전환을 유도하거나 매개하는 어떤 힘으로 규정되며, 정의는 이러한 모멘트로서 작동"한다는 점에서 탈소외를 의미한다고 하겠다. 다른 한편, 하비가 제시한 '보편적 소외' 개념과 더불어 자본의 가치 실현 영역에서 발생하는 소외의 개념은 소외이론의 새로운 준거를 제시한 것으로 이해된다. 르페브르와 하비가 공통적으로 제시한 '도시에 대한 권리'의 개념은 공간적 정의, 즉 탈소외를 위한 도시권으로 이해될 수 있을 것이다.

요컨대 이 책은 현대 도시에서 만연해 있으며 앞으로 더욱 심화될 것으로 우려되는 소외에 관한 연구의 입문서로서 서술한 것이다. 아직 완전히 체계화되지 않았으며 또한 구체적인 내용들로 채워지지 않았지만, 이 책은 도시 소외 및 공간 정의라는 새로운 개념들을 제시하면서 이와 관련된 연구의 구상 틀이나 여러 논제들을 제시하고 있다는 점에서 의의를 가진다. 이 책은 기존에 발표된 논문들을 대폭 수정, 보완하여, 편집한 것으로, 관련 연구를 수행할 수 있도록 지원해 준 한국연구재단에 감사하며, 논문들의 집필과 발표 과정에 도움을 준 많은 분들에게도 감사드린다.

2023년 7월

최병두

제1부

도시 소외의 전개

제1장

도시 소외의 양상과 배경

소외된 노동, 소외된 소비

오늘날 도시인들은 점점 더 확장·심화되고 있는 소외 속에서 살아가고 있다. 자본주의적 경제 성장과 이에 따른 물질적 풍요에도 불구하고, 도시인들은 자신이 통제할 수 없는 어떤 소원한 외적 힘에 의해 점점 더 강하게 억압된다는 기분을 느낀다. 대부분의 도시인은 임금을 받고 직장에서 일하며, 이를 통해 얻은 소득으로 생존에 필요한 물품을 구입·소비하며 살아간다. 그러나 많은 사람은 직장에서 하는 일이 자신의 개인적인 의사나 의도와는 무관하게 짜여진 조건 속에서 강제된다는 느낌을 가지며, 실제 그렇게 일하고 있다. 또한 오늘날 소비의 상당 부분은 필요의 충족이 아니라 외적으로 자극된 욕구의 만족을 위해 이루어진다. 이처럼 도시인들의 소외된 노동과 일상생활을 조건 짓는 외적 압박으로 인해 다양한 사회공간적 병리현상들이 발생한다.

대표적인 사례로, 2016년 5월 서울지하철 구의역에서 고장 난 스크린도어를 수리하던 김모씨(당시 19세)가 진입하는 열차를 피하지 못하고 사망한 사고를 들 수 있다. 고장 신고를 접한 서울메트로(원청업체)는 스크린도어 유지관리 협력업체(즉 하청업체)에게 현장에 출동하여 수리하도록 지시했다. 매뉴얼에 의하면 2인1조로 작업을 하도록 되어 있었지만, 하청업체 직원이었던 김씨는 고장 수리에 규정된 한계 시간(1시간 내 완료)을 지켜야 했기에 혼자 작업을 하다가 참변을 당한 것이다. 노동자 김씨는 자신의 노동을 언제, 어떻게 할 것인가에 대해 자기 결정권을 가지질 못했고 외적으로 주어진 규정을 따라야만 했다.

원청업체와 하청업체 간 계약에 의하면, 열차운행이나 승객안전에 영향을 미칠 수 있는 점검 및 보수사항은 영업 종료 후 심야시간에 시행하도록 규정되어 있지만, 또한 동시에 고장 접수 1시간 내에 현장에 도착해서 문제를 처리해야 한다는 사항이 포함되어 있었다. 어떻게 이러한 모순된 계약이 가능했을까? 원청업체는 안전을 위해 열차가 운행하지 않는 심야시간에 수리를 실시하도록 규정한 것은 명분에 불과했다. 하청업체는 존립을 위해 원청업체가 요구하는 비합리적인 계약조건을 거부할 수 없고, 이를 언제든 어떻게 해서든 수행해야 했다. 두 업체 간의 계약은 형식상 자유롭지만 실제로는 불평등한 관계로 얽혀 있었다.

이러한 계약조건 속에서 하청업체는 사고가 나면 모든 책임을 져야 하지만, 계약조건을 달성하기 위해 직원들의 노동조건을 무시하고 무리한 작업을 시키게 된다. 노동자는 자신의 노동이 이루어지는 과정에 대해 아무런 권리를 가지질 못하고, 더 열심히, 더 빨리, 더 오래 일하도록 요구된다. 노동자들은 생명의 위험을 무릅쓰고 지시된 작업을 감행할 수밖에 없고, 이로 인해 목숨을 잃는 사고를 당하게 된다. 이렇게 시간에 쫓겨 가며 죽음을 무릅쓰고 일하는 상황에서 어떻게 자신의 노동을, 자신의 운명을 스스로 통제할 수 있다는 느낌을 가질 수 있겠는가?

이 사건은 당시 언론에 크게 반영되어 여론을 집중시켰을 뿐 아니라 상당한 시간이 지난 지금도 많은 사람들의 기억에 생생하게 남아 있다. 이른바 '죽음의 외주화'라고 일컬어지는 이 같은 사고는 그 이전에도 성수역 사고, 강남역 사고 등 여러 번 있었고, 비슷한 유형의 사고로 태안화력발전소의 김용균 사건 등이 있었다. 그 이후에도, 제빵공장의 기계 끼임 사고, 건설 현장의 추락사고, 택배기사 과로사, 외국인 노동자들의 산재 사망 등, 소외된 노동자들의 죽음이 빈번하게 일어나고 있다. 언론에 대서특필된 사건이 아닐지라도, 자본주의 사회에서 노동자들은 생계를 위해 임금을 받는 대신 자신의 노동과정에 대해 아무런 권한을 가지지 못한 채, 죽음으로 내몰리거나 그렇지는 않았다고 할지라도 외상이나 질병으로 많은 희생을 당하고 있다.

특히 신자유주의화 과정에서 촉진된 노동의 유연화는 비정규직 고용을 양산했고, 이에 따른 수익과 권한은 점점 더 소수 상위계층(기업이나 집단)에게 편중되는 반면, 그 피해와 억압은 하위계층들에게 전가되어 왔다. 신자유주의적 자본주의는 기업조직을 초국적으로 거대화하고 복잡하게 만들었지만, 또한 동시에 노동자들은 자신의 노동과정을 통제할 수 없는 조건 속에서 자신의 창의적 의지나 정체성을 점점 더 상실하게 되었다. 인간적인 자아 개발이나 자기실현은 생각할 여지조차 없이 거의 사라졌다. 반면 이 같은 소외의 심화는 개인적 슬픔이나 고통으로 내면화될 뿐 아니라 사회적 좌절과 상실의 감정으로 승화되어, 집단적으로 '나도 김용균이다'라고 슬픔과 울분을 토로하도록 한다.

이처럼 소외된 노동 외에도 현대 도시 공간에서 나타나는 소외 현상이나 양태는 매우 다양하다. 이 가운데 특히 소비 영역에서 이루어지는 소외는 최근 많이 거론되는 유형이다. 현대 도시는 생산뿐 아니라 소비의 중심지이기도 하다. 현대 도시에서 소비는 단순히 생존을 위한 필요를 능가하여 사회적 신분이나 지위를 과시하기 위한 욕구의 충족을 위해 이루어지고 있다. 이러한 도시적 소비와 관련하여 베블런(Veblen)은 이미 1899년 상품 소비를 촉진하는 사회경제적 성향을 소비주의(consumerism)라고 지칭하고 이러한 성향의 소비 행태를 보이는 집단을 '유한계급'이라 불렀다. 이러한 소비주의는 20세기 이후 자본주의 시장사회를 특징짓는 주요한 요소가 되었다. 르페브르(Lefebvre) 등 비판적 사회이론가들은 도시의 일상생활에서 이루어지는 이러한 소비 욕구와 행태를 내적 필요가 아니라 외적 자극에 반응하도록 조작된 소비, 즉 소외된 소비라고 비판한다.

이러한 소비영역에서의 소외는 물론 자본주의 생산체계와 밀접하게 연계된 것이다. 산업혁명 이후 기계화에 기반을 둔 공장제 생산은 생산량을 급속히 증가시켰다. 특히 제2차 세계대전 이후 포드주의적 생산체계로 가능해진 대량생산은 생산 과잉으로 이어져 소비자의 수요를 초과하게 되자, 생산·유통업체들은 다양한 광고 및 홍보 매체들을 통해 소비자들의 소비 심리와 행태를 자극했다. 포드주의 이후, 즉 포스트포드주의라고 지칭되는 현대 도시의 사회경제에서 이러한 소비양식은 사라지기보다는 더욱 만연해지고 있다. 축적체제가 대량생산·대량소비체제에서 다품종소량생산체제로 전환하게 됨에 따라, 자본은 그 동안 간과했던 틈새시장을 겨냥하여 소비계층을 세분화하고 각 계층에 적합한 마케팅전략을 구사하면서 허구적 소비 욕망을 부추겼다.

심지어 코로나19 대유행 상황에서도 유통업체들의 마케팅 전략은 이러한 소외된 소비를 전형적으로 잘 보여주었다. 한 신문의 기사자료에 따르면, 우리나라에서 코로나 대유행으로 사회적 거리두기가 강화된 상황에서,

백화점 업계는 오히려 이른바 브이아이피(VIP) 고객을 늘리는 작업을 추진했다고 한다(한겨레, 2020.12.18). 왜 그럴까? 백화점도 방역대책 강화로 '셧다운'되면, 결국 자사 온라인 몰과 연계해 상품을 팔 수 밖에 없다. 이에 따라 백화점들은 온라인 몰에서 인기를 끌고 있는 '라방(라이브커머스, 즉 실시간 동영상 상품판매)' 행사를 크게 늘였다. 그렇지만 유명 고급 백화점들은 일반 이커머스(전자상거래업체)와는 다른 전략, 즉 '백화점을 더 백화점답게' 만드는 데 주력했다는 것이다.

백화점을 백화점답게 만드는 전략은 2가지로 요약된다. 프리미엄 상품이라고 불리는 고가의 '명품'에 대한 신뢰성 증대, 그리고 명품을 선호하는 고객들에 대한 브이아이피 서비스 확대 전략이다. 고급 소비자들은 온라인에서는 진위 여부를 확인하기 어렵기 때문에 명품 구입을 꺼리며, 따라서 백화점 매장을 직접 방문하기를 원한다고 한다. 이러한 고객의 욕구를 충족시키기 위해 연간 수천만 원 이상을 구매하는 고객들에게 할인쿠폰, 무료주차, 라운지 서비스 등을 제공하는 '브이아이피' 서비스를 늘린다는 것이다. 이와 관련하여,

> 한 백화점 관계자는 "백화점은 애초에 온라인 시장과 가격 경쟁을 하는 곳이 아니다"라며 "'내가 백화점에 가면 대접을 받는다'는 느낌을 주는 게 중요해졌다"고 설명합니다. "브이아이피 혜택이라는 것이 무료 주차 혜택, 커피 테이크아웃, 할인쿠폰 등에 불과하더라도 '나는 남들과 다르다'는 경험으로 백화점에 와서 하나라도 더 구매하게 된다는 거죠"(한겨레, 2020. 12.18).

이처럼 소외된 소비는 구매자들의 자발적 행동에 의해 이루어진 것처럼 보이지만 실제 그의 소비 욕구는 정교하게 프로그램화된 것이라 할 수 있다. 특히 고도화된 전자매체를 통해 다양한 마케팅전략을 구사할 수 있게 됨에 따라, 생산·유통업체들은 소비자들을 세밀하게 분류·관리하면서 편의점에서 대형마트, 백화점, 온라인 몰에 이르기까지 다양하고 다층화된 방식으로 판매를 촉진한다. 소비자들은 이처럼 조직적으로 관리된 소비방식을 통해 자신의 욕구를 충족시키고 신분과 지위를 과시하고자 한다. 그러나 과시적 소비는 소비자들에게 신용카드의 남용 등 무분별한 소비 지출을 촉진하고 가계부채를 급증시킨다. 현재의 소비를 위해 미래의 소득을 앞당겨 지출하게 됨에 따라, 눈덩이처럼 불어난 가계부채는 결국 소비자들이 미래의 노동조차 자신의 의지로 통제할 수 없도록 만든다. 자본주의 사회에서 도시인은 자신의 노동에서 소외될 뿐 아니라 자신의 소비에서도 소외되고, 결국 자신의 미래로부터 소외된다.

생태적 소외, 소외된 생명

오늘날 도시에서는 이러한 소외된 노동, 소외된 소비뿐 아니라 다른 여러 유형의 소외 현상들을 찾아 볼 수 있다. 소외는 자본주의적 생산과 소비과정, 나아가 사람들 간 사회적 관계에서만 유발되는 것이 아니라 도시사회와 자연환경 간의 생태적 관계에서도 점점 더 심각해지고 있다. 인간은 자연과의 관계성 속에서 자신의 실체적 존재 의미를 가진다. 그러나 역사적으로 도시는 자연을 개발하고 인공적으로 건축된 환경 속에서 발달하게 됨에 따라, 도시사회는 자연환경으로부터 분리된 것으로 간주된다. 이로 인해 인간은 자신이 자연의 일부라는 사실을 망각하고, 자연의 바깥에 존재하는 것처럼 인식하게 되었다. 이러한 자연과의 관계 단절은 자연 속에서 가지는 인간 자신의 본성을 망각하고, 자연을 무분별하게 파괴하면서 지배하도록 한다. 이러한 자연과의 유기적 관계의 단절로 초래된 생태적 소외는 인간과 자연의 이원론을 부추기며 코로나 팬데믹과 같은 지구적 대혼란을 유발하고 있다.

사회와 자연 간의 이러한 이원론적 인식은 데카르트적 합리주의 이후 서구의 근대성에 함의된 핵심적 요인으로 지적된다. 이를 통해 인간은 자연을 대상화하고, 과학기술을 발전시켰으며, 이를 응용하여 자연을 지배하고, 이로부터 유용한 자원을 확충하면서 사회적 부를 누적시킬 수 있게 되었다. 이러한 자연의 개발과 지배에 기반을 둔 자본주의적 경제 발전과 도시화 과정은 도시인들의 물질적 삶을 다소 풍요롭게 했겠지만, 자연으로부터 점점 더 멀어지는 관계, 즉 자연으로부터 소외를 심화시키게 되었다. 그러나 실제 산업화·도시화 과정에서 인간은 자연으로부터 멀어진 것이 결코 아니라 자연을 개발·파괴하면서 자연과의 접촉면을 가속적으로 넓혀 나가고 있다.

자본주의적 산업화·도시화 과정이 어떻게 자연을 지배하고 소외된 생명을 만들어내고 있는가를 보여주는 주요 사례는 공장식 축산업에서 찾아볼 수 있다. 야생동물의 가축화는 인류 역사의 초기부터 진행되어 왔지만, 특히 근대 산업화와 도시화는 급속히 늘어나는 도시인들의 식생활에 필요한 육식 고기를 대량으로 공급하기 위해 축산업을 발전시키게 되었고, 급기야 공장식 기업화로 나아가게 되었다. 공장식 축산업은 인간이 값싸게

즐길 수 있도록 하기 위해 수많은 동물을 옴짝달싹조차 할 수 없을 정도로 비좁은 공간에 갇혀서 살아가도록 한다. 비위생적, 비생태적 사육으로 인해 발생하는 질병을 막기 위해 항생제와 살충제가 남용되지만, 가축들은 자연 수명에 비해 훨씬 짧은 생애를 끝내고 도축된다. 이러한 공장식 축산업은 인간이 자연의 생명을 무시하고 자연을 지배함으로써 생태적 소외를 초래하는 전형적 사례이다.

최근 이러한 공장식 축산업에 대한 사회적 비판이 쏟아지고 있다. 예로, 『사피엔스』의 저자로 유명한 역사학자 유발 하라리는 영국의 가디언지에 기고한 한 칼럼(Guardian, 2015.9.25.)에서 공장식 축산업을 인류 역사상 최악의 범죄라고 비판한다. 이미 오래전에 이형기(1994) 시인의 시, '병아리'는 이러한 상황을 더 적나라하게 표현하고 있다.

달걀의 꿈은 병아리다./ 그러나 이 도시에서는/ 병아리로 부화될 수 없는 달걀만이 달걀이다.// 몇 달 전에 망해 버린 내 친구 양계업자/ 빈털터리가 된 그는 이제/ 외로운 밤 시간을 갖게 되었지만/ 양계장에는 밤이 없다/ 밤이면 낮보다 더 강렬한 불빛이/ 오직 생산!/ 생산만을 다그친다.// … // 태어날 때부터/ 병아리로 부화될 꿈의 염색체가 제거된 달걀./ 유해한 콜레스테롤의 함량의 극소화/ 하얗고 깨끗하게 표정도 지워진/ 우량품 달걀// 병아리는 이 도시 어디에서도 찾아 볼 수 없다/ 다만 망해 버린 내 친구 양계업자의/ 외로운 밤 시간에 환청으로만/ 길 잃은 한 마리가 삐약거릴 뿐이다.(이형기, 1994)

이 시는 도시 변두리의 한 양계장에서 생산된 달걀의 소외된 생명을 묘사한다. 달걀은 '유해한 콜레스테롤의 함량'을 극소화하고 '하얗고 깨끗하게' 보이는 '우량품'이 되도록 항생제와 살균 처리된 어미 닭에서 태어난다. 그러나 그 달걀은 '태어날 때부터 병아리로 부화될 꿈의 염색체가 제거된' 무정란(無精卵)이다. 이 시를 생태적 소외의 관점에서 해석한 김창완(2001)에 의하면, "인간은 자신의 욕망을 충족시키기 위해 자연의 순리와 흐름을 거부하고 속도와 양의 경제 원칙 속에서 자연의 생명 질서를 왜곡시킨다. 자본주의 시장 경제 원리란 철저히 자연의 본질에 역행하는 흐름으로 나아갈 수밖에 없다." 이점은 "양계장에는 밤이 없다. 밤이면 낮보다 더 강렬한 불빛이 오직 생산! 생산만을 다그친다"는 표현에서 읽을 수 있다. 그뿐 아니라 이 시에서 양계장의 달걀은 현대 도시사회에서 살아가는 도시인들의 삶을 비유한다. 도시인은 새로운 생명체로 부화하려는 꿈을 상실한 채 자본주의적 틀 속에서 소외된 인간이다. 꿈을 이룬 인간, 소외를 벗어난 인간은 도시 어디에서도 찾아 볼 수 없고 단지 환청 또는 환상으로만 존재한다.

오늘날 세계에는 약 80억 명에 달하는 엄청난 인구가 살아가고 있고, 또한 이들이 살아가기 위해 매년 어마어마한 수의 가축이 도축되고 있다. 가장 많이 도축되는 가축은 닭으로 연간 500~600억 마리가 소비된다. 그 다음은 오리(26억 마리), 돼지(13억 마리), 토끼(11억 마리)의 순이고 소는 약 3억 마리로 개체수로는 8위이지만 무게가 많이 나가기 때문에 실제 먹는 양은 상위권에 속한다고 한다. 오늘날 식용 가축들 대부분은 공장식 사육을 통해 공급된다. 이러한 공장식 가축 사육은 아프리카돼지열병, 조류인플루엔자, 구제역 등 각종 가축전염병에 극히 취약하여, 일단 발병하면 수십만, 수백만 마리의 살아 있는 가축이 그대로 땅에 묻혀 살처분 된다. 이러한 공상식 축산에 대한 문제점들이 지적되면서, 동물 복지를 촉구하는 요구가 증가하고 있지만 실제 거의 시정되지 않고 있다.

이로 인해 최근 많이 거론되고 있는 인류세 담론에서는 과거 공룡처럼 닭 뼈가 오늘날 지질시대를 가늠하는 주요 지표가 될 것으로 예측한다. 인류세란 오늘날 과학기술의 발달로 인류가 지질학적 힘을 가지고 지구 시스템에 영향을 미치게 되었지만, 이로 인해 황폐화된 지구 생태환경이 인간사회에 재앙적 위협을 가하고 있음을 강조하기 위해 제시된 개념이다(최병두, 2021). 인간에 의해 변화된 자연이 인간사회를 위협하고 있다는 인식은 결국 인간에 의해 변화된 자연이 인간에 의해 통제되지 않을 뿐 아니라 소원한 힘으로 돌아와 인간을 위협하고 있음을 의미한다. 이러한 자연으로부터 인간의 소외는 인간 자신으로부터 인간의 소외로 이어진다. 즉 인간은 오늘날 지질학적 영향을 미칠 정도로 강력한 힘을 가지게 되었지만, "자신이 가진 힘을 스스로 조절하는 게 불가능해 보이는 … 기이한 상황"(해밀턴, 2018: 5)에 처해 있다. 이러한 점에서, 인류세 담론은 인간이 자연으로부터 소외되어 있을 뿐 아니라 종으로서 인간 자신으로부터 소외되어 있음을 의미한다.

2020년부터 몇 년간에 걸쳐 전 세계를 경악의 도가니로 몰아넣었던 코로나 팬데믹은 오늘날 인류가 처해 있는 사회·생태적으로 소외된 삶을 전형적으로 보여준다. 코로나19의 최초 발병에 대해서는 아직 제대로 밝혀지지 않았지만, 황폐화된 자연에서 변형된 코로나19 바이러스가 야생동물을 숙주로 인간에게 감염됨으로써 시작된 것은 분명하다. 이러한 점에서 코로나 팬데믹은 인간에 의해 파괴된 자연이 인간에 가하는 역습이라고 주장된다. 인간은 이러한 자연의 역습을 통제할 수 없을 뿐더러 자신의 생명조차 희생당하고 사회경제체계가 붕괴되는 고통을 겪어 왔다. 우리는 코로나 팬데믹을 통해 생태적 소외가 어떤 결과를 초래할 수 있는가를 깨닫기 위해 엄청난 희생을 치른 것이다.

코로나19 상황이 완전히 끝난 것은 아니지만, 심각한 위기상황은 지나간 것처럼 보인다. 전 지구적인 코로나 팬데믹에 대처하기 위해 선진국들을 중심으로 코로나 백신이 개발, 접종되었고, 그 효과인지 알 수 없지만 2022년 후반부터 점차 완화되었다. 2023년 5월 세계보건기구(WHO)는 코로나19에 의한 국제적 비상사태를 해제했고, 우리나라에서도 6월부터 확진자에 대한 격리 의무도 풀었다. 그러나 분명한 점은 코로나19가 만연했을 때 가장 실효성 있는 대책은 '사회적 거리두기'였다는 점이다. 사회적 거리두기란 결국 사람들 간 관계를 소원하게 만들면서, 타자로부터 그리고 자연으로부터 소외된 삶을 살아가도록 한다. 이제 인류가 코로나 팬데믹 상황을 어느 정도 벗어났다고 할지라도, 황폐화된 자연생태계가 제대로 회복되지 않는다면 바이러스 변종들이 생성되어 제2, 제3의 코로나 팬데믹을 유발할 수 있다는 점을 아무도 부정하질 못한다. 코로나 팬데믹을 해결하는 방법은 인류의 역사에서 심화시켜 온 자연과의 소외된 관계를 정상적인 것처럼 받아들이고 이른바 언택트(비대면) 기술을 개발하는 것이 아니라, 역사 속에서 잃어버린 자연과의 유기적 상호관계를 재구축하여 정상화하는 것이라고 하겠다(최병두, 2021).

소외에 관한 관심과 그 배경

현대 사회에서 소외는 다양한 요인들에 의해 유발·심화되고 있지만, 근본적으로 자본축적 과정에 내재된 모순들에 기인한 것이라고 하겠다. 그러나 이로 인해 유발되는 소외는 경제적 영역에 한정되는 것이 아니라 사회적, 생태적 영역으로 확장되어 보편화되고 있다. 특히 오늘날 도시 공간은 자본주의적 생산이 집중되어 있을 뿐 아니라 일상생활 속에서 사회적 관계가 재생산되는 곳으로, 총체적인 인간의 소외가 구체적으로 드러나는 장소이기도 한다. 저임금 노동(실질임금의 저하)과 고용 불안(실업과 비정규직화), 세분화된 분업과 고도화된 기술에 의한 통제(탈숙련화), 점점 심화되는 소득·자산의 양극화, 광고와 대중매체들에 의해 강제되는 과시적 소비, 급증하는 부채와 투기적 부동산·금융자본의 압박, 낯선 도시 경관과 인위적으로 조작된 도시 문화, 그리고 빈번한 재해와 자연으로부터 거리감, 이들 모두는 도시공간에서 다양한 유형의 소외를 유발하는 요인들이며 또한 그 양상들을 표현한다.

이와 같은 소외 문제를 전면에 부각시키는 것은 소외를 단순히 인간의 심리적 상태나 개인적인 문제가 아니라 자본주의적 도시의 경제·정치적 조건 속에서 인간의 삶을 억압하는 요인들을 분석하고 탈소외된 새로운 도시적 삶과 공간을 추구하기 위한 것이라고 할 수 있다. 현대 사회에서 소외를 자본주의적 경제정치 구조와 관련시켜서 이해하려는 연구는 헤겔과 마르크스에게 소급될 정도로 상당히 오래된 과제이다. 그러나 도시의 사회공간적 소외에 관한 관심이 최근 새롭게 부각되고 있는 것은 도시의 일상생활 공간에서 소외 문제가 더욱 심화되고 있으며, 이로 인해 단순한 개인적 고통이나 사회적 희생에서 나아서 행성적 규모로 보편화된 소외가 사회경제적, 생태환경적 위기를 촉발하고 결국 인류와 지구를 파멸시킬 수 있다는 깊은 우려에서 비롯된 것이라고 하겠다.

소외에 관한 연구의 계보는 루소 이후 크게 두 갈래, 즉 한편으로 헤겔과 마르크스에서 비롯된 정치경제학적 소외 연구와 다른 한편으로 키에르케고르와 하이데거로 이어지는 실존주의적 소외 연구로 구분된다(Jaeggi, 2014). 헤겔은 소외를 인간 노동과 관련된 보편적 현상으로 파악한 반면, 마르크스는 소외를 자본주의적 생산과정에서 나타나는 노동의 소외를 강조한다. 마르크스는 후기 저술에서 소외의 개념 대신 상품의 물신성 개념을 강조했으며, 이 개념은 사람 간 관계가 사물 간 관계로 나타나는 현상, 즉 루카치가 제시한 물화(reification) 개념에 반영되었다.

마르크스적 연구가 소외를 자본주의적 생산과정에서 초래되는 것으로 간주한 반면, 실존주의의 전통에 바탕을 둔 하이데거의 연구는 선험적 "세계-내-존재(being-in-the-world)" 개념에 근거하여 소외를 인간 존재를 구성하는 현존재(Dasein)가 주변 세계에 순응하여 진정성 또는 존재론적 근원을 상실한 상황으로 이해한다. 이처럼 소외에 관한 마르크스와 하이데거의 비판은 상이한 개념적 이해에도 불구하고, 이들의 소외 연구는 근대적 인간이 사회 및 자신과 가지는 관계의 물화, 즉 자신이 창출한 세계와 자아 양자 모두에 대한 진정한 관계의 단절 또는 비판적으로 지적한다는 점에서 공통점을 가진다.

르페브르는 소외에 관한 연구를 생산영역의 소외된 노동과 상품 물신화와 관련된 개념에서 일상생활의 영역들로 확장된 개념으로 전환시켰다. 정통 마르크스주의에서 소외의 개념이 주로 경제적 영역에 한정된 것과는 달리, 르페브르는 이러한 한계를 넘어서 소비와 여가생활 등 일상생활에서 발생하는 소외에 더 많은 관심을 가졌다. 그의 소외 연구는 마르크스뿐 아니라 하이데거로부터 많은 영향을 받은 것으로 이해된다. 특히 그는 『도시혁명』(1970)과 『공간의 생산』(1974) 등의 후기 저술을 통해 일상생활의 소외 현상들이 자본주의적, 기술관료주의적 도시화를 배경으로 유발되었다는 점을 강조하며 '도시적 소외'에 관심을 가지도록 했다.

프랑크푸르트학파의 여러 이론가들(특히 마르쿠제와 프롬)은 소외를 인간의 보편적 조건 또는 일반적 감정으로 이해했으며, 이들을 이은 하버마스나 호네트 등도 소외 문제에 관심을 가지고 이를 여러 개념적 틀(예로 생활세계의 식민화 또는 인정 투쟁 등)에 기반을 두고 분석하고자 했다. 포스트모던 사회이론가들(드보르, 보드리야르 등)도 소외의 개념에 관심을 가지고, 현대 사회에서 만연한 비물질적 생산과 소비와 관련시켜 연구했다. 이들의 연구에서 소외는 경제적 영역에서 사회 전체로 확대된 것으로 이해된다. 이러한 철학자 및 사회이론가들의 연구는 사회 전반에서 심화되고 있는 소외를 이론화하고 있다고 할지라도 오늘날 도시적 (그리고 공간적) 배경에 적용될 수 있을 것이다. 소외에 관한 연구는 이러한 사상가들의 영향을 받고 1960~70년대에 절정을 이루었다.

사실 소외 연구가 정점을 이루었던 1970년대에는 명시적으로 '도시 소외'를 다룬 여러 논문들도 발표되었다(Seeman, 1971). 예로 피셔(Fischer, 1973)는 워스(Wirth)의 '생활양식으로서 도시성' 개념을 원용하여 '도시적 소외'에 관해 서술했다.[1] 반면 파커(Parker, 1978)는 도시성이 사회에 대한 소외를 증대시킨다고 흔히 주장되지만, 경험적 연구들을 검토해 보면 "소외는 도시성 자체보다는 도시화 과정과 더 관련된다"고 논박했다. 이처럼 당시 도시 소외에 관한 연구는 논쟁으로 이어질 정도였지만, 이에 관한 연구는 소외 현상들이 도시에서 집중적으로 드러난다는 점을 지적할 뿐이고, 도시 그 자체가 소외를 유발하는 결정적 장 또는 매체가 된다는 점을 적절히 설명하지 못했다.

이러한 개념사적 발달 과정을 거치면서 소외 연구는 1960~1970년대에 정점을 이루었지만[2], 그 이후 철학자나 사회이론가들의 관심에서 멀어졌다. 소외에 관한 학문적 관심이 멀어진 이유는 확실하지 않지만(Yuill, 2011), 산업사회에서 탈산업사회로 전환하면서 소외 현상이 완화된 것처럼 보인 것도 한 이유로 추론된다. 그러나 현실에서 소외는 자본축적에 내재된 모순과 위기들로 인해 계속 확대·심화되어 왔다고 할 수 있다. 소외의 개념이 1970년대 후반 이후 왜 학자들의 관심에서 멀어졌는가라는 의문과 더불어, 소외의 도시적 양상이나 그 배경에 관한 논의도 그 이후 왜 거의 이루어지지 않았는가라는 의문이 제기될 수 있다.

그러나 최근 소외 현상과 이에 관한 개념이 새롭게 관심을 끌기 시작했다

---

1 짐멜(Simmel)과 파크(Park)의 저서들에 바탕을 두었던 워스의 도시성(urbanism) 연구에 의하면, 다양한 사람의 엄청난 집괴가 개인적 무력감의 현실과 인식을 창출하며, 이로 인해 사회적 연대가 파괴되고, 도시인들은 고립된 상황으로 내몰리며 다른 사람들로부터 두려움을 느끼고, 또한 이로 인해 그 사람들에게 적대적인 감정을 가진다고 인식된다(Fischer, 1973).

2 무스토(2011)는 "1960년대에는 소외 이론의 진정한 유행이 시작됐고 소외 이론에 대한 수백의 책과 기사들이 전 세계에서 출판되었다. 요컨대 소외의 시대"였지만, "소외 개념의 인기와 이 개념의 무차별적인 적용은 심각한 개념상의 애매모호함을 낳았다"고 주장한다. 서은주(2018)에 의하면, 1960년대 세계적으로 소외론이 유행했고, 한국에서도 주로 프롬과 마르쿠제의 이론을 통해 소외론이 확산된 것으로 추론된다. 이 시기는 서구에서 68혁명(학생운동)이 대학과 지성계를 휩쓸었고, 이 운동에 프랑스의 르페브르나 좌파 지식인들과 독일의 프랑크푸르트학파 등이 상당한 영향을 미쳤다. 우리나라에서도 68학생운동의 영향으로 마르쿠제의 『이성과 혁명』이 학생운동의 교재로 활용될 정도였다.

는 점에 주목할 필요가 있다. 이러한 연구는 르페브르 이론에 대한 지리학자 및 도시 공간 연구자들의 연구에서 찾아 볼 수 있지만(예로 Fraser, 2015), 다른 한편으로 탈산업 자본주의 사회에서 소외가 더욱 심화되고 광범위하게 확산되었으며 또한 새로운 유형의 소외가 나타나고 있기 때문이고 할 수 있다. 즉 이러한 점에서, 하비(2014: 104)가 '보편적 소외(universal alienation)' 개념을 제시하면서 주장한 바와 같이, "갈수록 많은 사람들이 문명이 직접 빚어낸 야만에 넌더리를 내며 외면함에 따라 보편적인 소외감이 훨씬 위협적인 수준으로 증폭하고" 있다. 물론 하비가 소외에 관심을 가지는 또 다른 중요한 이유는 자본축적의 모순을 극복하기 위해 어떤 기본 개념을 중심으로 정치적 주체성이 결집되어야 하는데, "이러한 기본 개념으로 가장 적절한 것이 소외의 개념"이라고 인식하기 때문이다(하비, 2014b: 387).

하비는 이러한 보편적 소외의 관점에서 소외의 다양한 근원을 추적하면서 자본의 모순들과 관련시킬 뿐 아니라 마르크스의 저술에서 그 동안 숨겨져 있었던 새로운 소외의 개념을 찾아내어 재해석하고자 한다. 그는 소외가 상품이 사용가치에서 교환가치로 전환되는 과정에서 발생하는 것으로 이해하면서, 현대 사회에서 "소원한 상품화가 사회생활의 모든 측면들로 확산되고 있다"고 주장한다(Harvey, 2014). 그 동안 마르크스의 초기 저술에서 강조되었던 소외의 개념이 후기 저술에서 거의 완전히 사라진 것으로 이해되었지만, 하비(Harvey, 2018)는 초기에서 후기로 넘어가는 과정에서 쓰여진 『요강』에서 초기 '인간주의적 소외 개념'과는 근본적으로 다른 '과학적' 표현으로 소외 개념이 논의되고 있음을 찾아내고, 특히 '소외(alienation)'가 '양도'의 개념도 동시에 가진다는 점에서 생산과정뿐 아니라 '교환'과정과 관련된다고 재해석한다. 이러한 상품화 과정에 근거하여 하비는 보편적 소외의 개념이 자본주의적 생산양식 내에서 노동자의 노동과 일상생활의 현실에 뿌리를 둘 수 있게 되었다고 주장한다.

소외의 총체적 장으로서 도시공간

소외는 기본적으로 도시적 현상이며 메커니즘이다. 도시는 인구와 산업이 집중·집적된 곳이며, 사회의 모든 현상들이 집약적으로 발생하는 곳이다. 자본주의 사회에서 도시는 자본과 임노동 간 생산관계가 규정되고 노동이 이루어지는 곳이며, 또한 사회적 관계가 형성되고 일상적 생활과 소비가 이루어지는 곳이다. 도시는 기본적으로 잉여가치가 생산과정에서 창출되고 소비를 통해 실현되는 장이다. 이에 따라 도시는 이윤 창출을 위한 경쟁과 갈등이 끊임없이 전개되며, 또한 동시에 소외된 노동과 소외된 소비가 일상화된 공간이다. 뿐만 아니라 오늘날 도시는 자본축적을 위한 여러 과정들, 기술혁신과 건조환경의 발달, 지구화, 정보화, 금융화 등이 복잡하게 얽혀 사회공간적 소외를 심화시키고 총체화하고 있다. 즉 자본축적을 위한 메커니즘이 역동적으로 작동하는 현대 도시 공간은 자본주의적 발전과정에서 점점 더 심화되고 만연하게 된 소외가 보편적으로 드러나는 장소이며 또한 이의 구조적 배경이 된다.

그러나 또한 도시는 이러한 소외를 극복하기 위한 가능성을 잠재한 공간이다. 오늘날 거대도시에서 하루하루를 바쁘게 생활하는 많은 사람은 자신이 이러한 보편적 소외의 한 가운데 있음을 잘 깨닫지 못한다. 생산과 소비에서 시간을 절약할 수 있는 기술의 급속한 발전에도 불구하고 탈소외된 노동, 즉 자유롭게 창조적 활동을 할 수 있는 시간과 공간은 점점 더 줄어들고 있다. 소외 극복을 위해 필요한 가정과 이웃의 결속과 소속감은 급격히 사라지고, 지역 공동체적 연대와 상호 협력의 네트워크는 거의 완전히 무너지고 있다. 자본주의적 국가는 만연한 소외를 완화시키기 위해 복지정책을 외형적으로 강구하기도 하지만, 궁극적으로 물신화된 권력과 자본으로 도시인들의 소외가 해소될 것 같지는 않다.

도시적 소외는 결국 소외가 발생하는 도시공간에서 소외를 겪고 있는 도시인들에 의해 극복되어야 한다. 도시인들의 소외가 깊어지고 만연해질수록, 소외에 대한 자각의 가능성은 점점 더 커질 것이다. 자본이 만들어내는 다중적 소외에 대한 집단적 대응 역시 도시공간에서 시작되고, 도시공간을 전환시키는 것을 목적으로 한다. 소외를 심화시키는 자본의 논리에 반대하는 집단적 대응은 도시의 거리와 광장에서 자신의 권리를 되찾기 위한 운동으로 시작하여, 스스로 자신의 의식과 일상생활을 변화시키고 궁극적으로 자본주의 생산양식을 전환시켜 탈소외된 도시공간을 만들어내는 것을 목표로 한다. 도시는 이처럼 소외와 탈소외의 변증법이 작동하는 실천 공간이며 이러한 관계를 연구하기에 풍부한 담론의 장이다.

이러한 논의를 배경으로 이 책은 제1부에서는 현대 도시에서 만연해 있는 소외의 여러 양상들을 예시적으로 살펴보고 소외 관련 이론들도 간략히 논의한 후, 소외의 역사적 전개과정에 초점을 두고 산업 자본주의 및 탈산업 자본주의의 도시에서 나타나고 또한 이를 통해 매개되는 다양한 소외 양상들을 개념적으로 고찰하고자 한다. 특히 산업혁명 이후 급속히 발전해 온 근대적 산업도시는 자연 및 토지로부터의 소외에서 시작되었으며, 소외된 노동과 이를 촉진하는 분업과 기술의 발달로 소외의 기본적 메커니즘을 형성, 작동시켰다. 지구화, 정보화, 금융화 등에 의해 추동되는 오늘날 탈근대적 탈산업도시는 소외를 생산과 경제의 영역에서 소비와 비경제·비물질적 영역으로 확장시키고 보편화시키고 있다.

제2부에서는 그 동안 지리학 및 관련 연구 분야들에서 단편적으로 논의되었던 장소 상실과 관련된 개념들(예로 무장소성, 비장소, 장소 전치, 장소 착오, 역공간 등)을 검토하여, 이들을 체계적으로 통합하고 이론화할 수 있는 '장소 소외'의 개념을 제시하고자 한다. 여기서 처음 제시되는 장소 소외의 개념은 마르크스적 전통에서 논의된 소외의 개념을 원용하는 한편, 장소의 구성요소들(즉 위치, 로케일, 장소감)에 관한 아이디어에 준거하여 위치(제자리)의 상실, 구조에 의한 행위의 지배, 장소감(또는 장소 정동)의 상실로 정형화된다. 또한, 이러한 장소 소외의 형성 및 심화 과정을 역사적으로 서술하기 위해, 경제·정치적 발전과정에서 기능적 체계공간이 일상적 삶이 영위되는 장소인 생활공간으로부터 어떻게 분리되고, 다시 되돌아와 이를 식민화시키는가를 고찰한다. 그리고 이러한 장소 소외 개념의 유의성과 확장 가능성을 확인하기 위하여, 장소와 소외에 관한 기존 이론가들, 마틴 하이데거, 한나 아렌트, 발터 벤야민, 그리고 미셸 드 세르토의 저술들을 재해석하고자 한다.

제3부에서는 먼저 소외에 관한 기존 철학적, 사회이론적 연구들을 간략히 살펴본 후, 도시적 소외 개념을 본격적으로 논의하기 위해 르페브르가 일상생활 비판 및 도시공간 연구에서 제시한 소외 및 이와 관련된 여러 개념들을 세밀하게 논의하고자 한다. 르페브르(Lefebvre, 2003a: 32)는 "도시적 소외는 소외의 다른 모든 형태들을 담고 있으며, 또한 이들을 지속시킨다"고 주장한다. 사실 오늘날 도시는 시골과 구분되는 어떤 특정한 사회

공간이라기보다 지구상의 모든 공간들, 심지어 자연까지도 행성적 규모로 진행되는 도시화에 포섭되어 있다고 할 수 있으며, 따라서 현대 사회에서 심화되고 있는 소외는 모두 도시적 소외라고 할 수 있을 것이다.

제4부는 최근 새롭게 논의되고 있는 공간적 정의를 탈소외와 관련시켜 재개념화하고자 한다. 소외는 단지 개인의 고립된 심리적 감정이라기보다 사회공간적 불평등과 부정의의 근원이며 자아실현을 억압하는 사회구조적 문제라고 할 수 있다. 이러한 점에서 탈소외는 정의롭고 자율적인 도시의 핵심 목표이며 실천을 위한 개념적 준거라 할 수 있다. 즉 하비가 주장한 바와 같이, (탈)소외 개념을 중심으로 정치적 주체성을 결집하여 도시적 소외를 극복하고 탈소외된 노동, 탈소외된 도시 공간으로서 정의로운 도시로 나아갈 이론과 실천이 요구된다. 르페브르와 하비가 주장한 '도시에 대한 권리' 개념을 탈소외를 위한 핵심적 실천 전략으로 이해하고, 이에 따라 탈소외된 도시로서 정의로운 도시가 어떻게 전망되고 구현될 수 있는가를 논의하고자 한다. 이를 위해 르페브르가 지적한 바와 같이 (공간적) 정의는 규범적 덕목이나 사회 제도로 규정될 수 있지만, 또한 소외/탈소외의 변증법적 모멘트로 규정될 수 있다는 점에서, 르페브르가 제시한 탈소외를 위한 모멘트로서 (공간) 정의 개념을 자세히 살펴보는 한편, 도시에 대한 권리의 구체적 내용을 구성할 뿐 아니라 이를 위한 실천이 추구할 정의 개념의 유형에 관해 설명하고자 한다.

제2장

근대 도시와 소외의 근원

근대적 도시공간의 발달과 소외

서구의 역사에서 봉건제는 시골에 터전을 두고 유지되었다면, 자본주의는 도시에 토대를 두고 발전했다. 물론 도시는 그 이전에도 존재했지만, 근대 자본주의적 도시와는 다른 특성을 가지고 있었다. 특히 이러한 특성은 그 사회체제를 배경으로 형성될 뿐 아니라 시골(또는 농촌)과의 관계 속에서 이해될 수 있다. 이러한 점에서 마르크스는 다음과 같이 서술했다.

> "고대의 역사는 토지 소유와 농업에 기반을 둔 도시의 역사이며, 아시아적 역사는 도시와 시골의 미분화된 통합체…이고, 중세시대는 역사의 자리로서 토지에서부터 시작하여 더욱 발전하여 도시와 시골 간의 모순을 향하게 되었으며, 근대는 고대처럼 도시의 농촌화가 아니라 시골의 도시화로 전개되었다"(Marx, 1973: 405).

봉건영주는 토지 소유를 통해 이를 경작하는 농민을 지배했고, 이들은 자급자족적 농촌공동체, 즉 장원을 구성하고 있었다. 농민들이 영주에게 시불하는 지대의 유형이 점차 노동지대에서 화폐지대로 바뀜에 따라 이들 간 관계는 신분적 지배/예속 관계에서 단순한 토지 소유 관계로 전환되었다. 이에 따라 농민들은 거주 이전의 자유가 커졌고, 농촌에서 이탈한 농민들은 집단화하여 도시를 형성하게 되었다. 11세기 이후 생산력의 발달로 잉여생산물이 생기고 정치적 안정으로 인구가 증가함에 따라 교역과 상업이 발달하였고, 특히 십자군 원정 이후 해외 장거리 무역이 발달하면서 도시가 성장하기 시작했다.

14세기 흑사병의 만연과 농촌 경제구조의 변화로 장원제는 결국 붕괴되었다. 특히 봉건영주들은 소유지에 곡물 생산 대신 목축업을 경영하면서 인클로저(enclosure)를 통해 토지의 사적 소유를 강화함에 따라 시골의 농민들은 도시로 내몰려 임금노동자가 되었다. 상업으로 부를 축적한 도시의 부르주아는 임금노동자를 투입하여 새로운 상품을 생산·유통함으로써 이윤을 얻는 산업자본주의를 촉진하게 되었고, 이에 따라 17~18세기 새로운 산업도시들이 급속히 발달하게 되었다.

'도시의 공기가 인간을 자유롭게 한다'는 서양 속담처럼, 도시의 노동자들은 봉건영주로부터 자유를 얻었지만, 또한 아무런 생산수단도 가지지 못했다는 점에서도 이중적으로 자유로웠다. 그러나 실제 도시 노동자들은 시골의 자연환경과 토지로부터 소외되었을 뿐 아니라 임금을 얻는 대신 자신의 노동력을 자본가에게 양도하는 소외된 노동으로 내몰리게 된 것이다. 즉 근대적 도시(공간)는 자본주의적 잉여가치의 창출을 위한 중심지이며 또한 동시에 소외된 노동의 집중·집적지로 발달하게 되었다.

자본주의적 산업화와 도시화가 진행되면서, 이러한 소외된 노동은 기술

<그림 2-1> 근대 도시적 소외의 근원

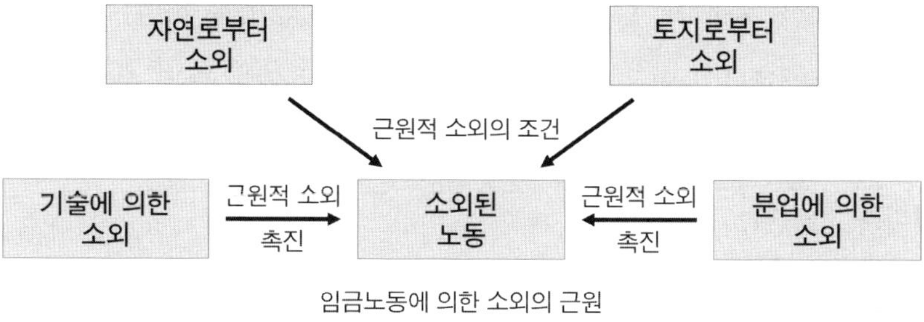

과 노동 분업의 발달에 따라 더욱 심화되었다. 자본주의 도시에서 '소외된 노동'은 가장 근원적 소외이지만, 도시 공간에서 그리고 도시 공간을 매개로 이와 관련된 다양하고 다중적 소외의 양상들이 나타난다. 즉 근대적 도시 공간은 자본주의적 소외의 근원을 이루는 소외된 노동과 더불어 근원적 소외의 조건으로서 자연과 토지로부터의 소외가 전제되어 있었고, 또한 근원적 소외를 더욱 심화시키는 요인으로 생산의 효율성 증진을 위한 기술과 분업이 촉진되는 장이기도 했다(〈그림 2-1〉 참조).

이 장에서는 자본주의 도시 공간에서 소외의 근원을 이루는 소외된 노동과 이를 조건지우는 자연 및 토지로부터의 소외, 그리고 소외된 노동을 더욱 촉진하는 기술과 분업에 의한 소외를 개괄적으로 살펴보고자 한다. 그러나 이들에 관한 서술에 앞서, 도시 공간과 소외에 관한 연구방법론 또는 공간에 관한 인식론에 관해 간략히 논의하고자 한다. 제8장에서 자세히 설명할 것처럼, 르페브르는 도시 공간과 소외에 관한 연구를 위해 복잡한 계기(모멘트)들로 구성된 삼항변증법을 제시했다. 여기서는 이 방법론을 원용하기보다 르페브르의 연구에서 도출되었지만 좀 더 간단하면서도 매우 유의한 '사회와 공간의 변증법'에 근거를 두고자 한다. 소자(Soja, 1980)가 르페브르의 연구에서 도출한 이 개념은 공간이 단지 사회적 과정을 통해 만들어진 결과물이 아니라 공간적 과정도 사회를 재구성한다는 의미를 가진다.

르페브르는 도시 및 공간에 관한 연구에서 기본적으로 공간은 '사회적 공간'이며, 또한 사회적으로 생산된 것으로 이해한다. 그러나 그는 이러한 사회공간이 사회화된 것일 뿐 아니라 사회화하는 공간이라고 주장한다(르페브르, 2011: 289). 즉 공간은 단순히 생산된 것, 대상에 그치는 것이 아니라 공간 또한 사회를 생산한다는 것이다. 이러한 점에서 사회공간은 특정 생산양식의 산물이지만 또한 이를 통해 사회적 생산관계의 공간적 재생산이 비로소 가능해진다(같은 책, 499). 지리학 및 공간연구 분야에서 이 개념을 둘러싼 논쟁이 있었고, 특히 공간이 사회와 동일한 실체적 요소로 간주될 수 있는가라는 의문을 유발하기도 했다. 그러나 사회와 분리된 공간이 존재하지 않는 것처럼, 사회도 공간과 분리된 실체로 인식될 수 없음은 분명하다. 이러한 점에서 이 개념은 철학적 및 사회이론적 관점에서 공간의 개념화에 중요한 의미를 가진다.

공간에 관한 철학적 인식론의 관점에서 르페브르의 사회공간 개념 또는 여기서 도출된 사회-공간 변증법은 우선 공간이 그 내용물(즉 자연적 또는 사회적 사물)들과 분리될 수 없음을 의미한다. 즉 텅 빈 공간이란 존재하지 않는다. 모든 공간은 항상 사물 간 관계에서 형성되고, 유지·변화하며 또한 소멸·재형성된다. 그러나 서구의 계몽주의적 사고(근대성)는 공간을 사물들과 분리된 텅 빈 공간 또는 선험적 공간으로 인식하도록 했다. 특히 데카르트는 공간을 동질적이고, 연속적이며, 모든 자연적 및 사회적 사물이나 내용물들이 소거된 선험적인 것으로 간주하도록 했다. 이러한 데카르트적 개념화에 따라, 공간은 계산가능하고 통제가능한 것으로 인식됨으로써 공간에 대한 사회적, 기술적 지배가 촉진되었다. 그러나 르페브르가 주장하는 바와 같이 이러한 데카르트적 공간 개념은 자본주의적 생산관계의 유지와 국가의 기술관료적 통제를 위한 도구 또는 이데올로기로 사용되면서 추상공간의 계획된 생산에 기여하게 되었다. 이처럼 르페브르가 주장하는 바와 같이 근대 사회에서 기하학적, 선험적 공간이 사회적 공간을 지배하고 인간의 의식과 생활 방식을 규정하게 됨에 따라, 공간적 소외가 유발·심화되게 되었다.

또한 사회이론적 관점에서, 공간은 주어진 것이 아니라 사회적으로 생산된 것이며, 또한 사회적으로 생산하는 것으로 이해되어야 한다. 즉 자본주의의 발달은 원거리 교역이나 원료와 에너지(철과 석탄 등)의 조달이 용이한 입지에 새로운 도시 공간을 구축했고, 이러한 도시 공간의 구축은 상업적 및 산업적 자본주의 발달을 촉진하는 중요한 발판이 되었다. 마찬가지로 자본주의적 생산체계는 도시 내부에서도 주거지와 작업장이 분리된 도시 공간을 만들어 내었다. 자본주의 초기 소규모 가내수공업에서 생산은 주거지와 혼재한 작업장에서 이루어졌지만, 점차 공장제 수공업으로 전환하면서 작업장은 주거지와 분리되면서 임금노동자들과 대형 기계들이 배치된 공간으로 편성되었다.

이러한 직·주 분리는 자본주의적 생산관계의 조직과 도시인들의 일상적 시공간적 관계의 조직에 지대한 영향을 미쳤다. 즉 주거지와 분리된 공장은 노동자들의 작업에 대한 훈련과 통제를 보다 용이하게 했으며, 외부의 환경변화와 무관하게 작업이 지속될 수 있게 했다. 또한 개인의 일상생활에서 노동과 비노동의 시·공간이 확연히 구분되었고 노동의 사회공간적 분업(가사노동과 임금노동 간 분업)이 촉진되었다. 그뿐 아니라 노동자들은 정해진 시간에 맞추어 출퇴근을 하게 되었고, 이에 따라 시간은 시계시간으로 측정되고 표준화되었다. 도시의 공간(토지)이 도심으로부터 물리적 거리에 따라 이용되고 가격이 매겨지는 것처럼, 도시의 시간은 양적으로 측정된 노동시간에 따라 화폐적 가격으로 상품화되었다. 이처럼 도시의 공간과 시간은 보편적, 계량적으로 표현되고 추상화되면서 구체적 내용물들을 상실하게 되고, 도시인들은 일상생활의 시·공간을 스스로 통제할 수 없는 소외를 느끼게 된다.

자연과 토지로부터의 소외

인간의 역사에서 도시의 건설은 기본적으로 자연 속에서 인간의 집단적 거주지를 만드는 과정이다. 그러나 르페브르(Lefebvre, 2011: 345~371)가 '절대적 공간'의 개념으로 서술한 것처럼 고대의 도시 공간은 자연과 대립하여 구축된 인간의 거주지라기보다 자연을 신성시하는 상징적 건축물들의 입지 장소이기도 했다. 이러한 도시공간은 비생산계층이 잉여물의 전유를 위해 점차 그 주변 공간(즉 농촌 공간)과 갈등 관계에 들어가면서 계급사회의 등장 배경이 되었다. 이러한 도시/시골 간의 갈등은 봉건제 하에서 다소 완화되지만, 자본주의의 발달과 더불어 근대 도시들이 새롭게 등장하면서 도시 주변에서 나아가 전체 사회 공간을 도시화시키게 되었다.

자본주의 도시는 잉여가치를 추출하기 위한 활동이 활발하게 이루어진 곳이지만, 또한 생태적 손상을 먼저 그리고 가장 심각하게 입은 장소이다. 도시 공간의 개발은 자연환경의 파괴를 전제로 했다. 이러한 도시의 발달은 인간과 자연 간 물질대사적 상호행위를 교란시켰다. 도시인의 필요를 충족시키기 위해 농산물의 생산이 점차 증가하여 도시로 공급되었지만, 도시인들이 버린 폐기물들은 자연으로 되돌아가지 못했다. 도시 노동자들의 노동 및 주거 환경은 점차 악화되었을 뿐만 아니라 농촌 노동자들의 경작 양식의 변화와 더불어 자연의 황폐화가 초래되었다(Marx, 1976: 637; 최병두, 2010: 254~255).

그러나 근대 도시의 발달은 단지 자연의 순환과정과 이로 인한 인간의 생산 및 생활 조건을 물리적으로 악화시키는 것만이 아니었다. 인간의 본성은 기본적으로 '사회적'이며 또한 동시에 '자연적'이다. "인간의 물리적, 정신적 활동이 자연과 연계되어 있다는 점"은 간단히 "인간은 자연의 일부"라는 사실에서도 확인된다. 자연과의 상호관계에서 인간은 다른 종들과는 달리 능동적이며, 계획적이다. 인간이 능동적으로 자연과 관계를 가지도록 하는 것은 바로 노동이다. 노동과정에서 인간은 자신의 신체적, 정신적 본성을 (재)생산하고, 사회를 (재)구성·발전시키게 된다. 인간은 대상적 세계, 즉 자연에 대한 그의 노동을 통해 자아를 실현하고 유적 존재임을 확인할 수 있다. 그러나 근대 자본주의 도시의 발달은 인간의 생활과 생산 활동을 자연으로부터 점점 더 멀어지게 함으로서, 유적 존재로서 자아실현의 기회를 점점 더 박탈하게 된다. 근대 도시에서 자연으로부터의 소외는 난시 자연으로부터 멀어짐 즉 거리감 그 자체라기보다는 자연으로부터 인간 본성의 괴리에 따른 것이다.

근대 도시화 과정에 내재되어 있는 자연으로부터의 소외는 인간 본성으로부터의 소외이다. 이러한 자연으로부터의 도시적 소외는 특히 유한한 자연으로부터 자원을 획득하여 무한히 '축적을 위한 축적'을 추구하는 자본주의 경제의 발달로 심화된다. 자본주의 경제의 바탕을 이루는 사적 소유제와 교환가치의 일반화는 자연으로부터의 소외를 초래한다. 사적 소유제로 인한 생산수단으로부터 생산자의 분리는 "인간을 그 자신의 신체 그리고 외적 자연과 정신적 측면, 즉 그의 인간적 측면으로부터 괴리시킨다"(Marx, 1977: 69). 또한 "교환가치가 지배하는 세상이 되면서 상품(그 사용가치)과의 촉감을 통한 접촉은 사라지고 자연과의 감각적인 관계는 막혀 버렸다"(같은 쪽). 자본주의적 기술의 발달은 이러한 자연으로부터의 소외를 더욱 촉진한다. 도구와 기술은 인간과 자연 간을 매개하는 노동의 연장이며 이를 통해 자연과의 효율적 물질대사 관계를 구축할 수도 있지만, 근대 사회(도시)에서 기술은 인간에 의한 자연의 대상화와 지배를 가속화하는 방향으로 발전해 왔다.

이러한 자연으로부터의 소외는 최근 자본과 국가에 의한 신자유주의적 자연 관리(또는 생산)전략에 의해 심화되고 있다(최병두, 2009). 즉 자본은 자연의 모든 측면들을 사유화, 상품화, 화폐화, 산업화하고 있다. 공해오염물질의 처리시설에서부터 유전물질의 복제에 이르기까지 자연을 통제하고 관리하고 생산하는 과정이 자본의 논리에 종속됨에 따라, 자연을 구성하는 무수한 이질적이고 다양한 구성요소들은 독점적으로 소유, 이용되고, 상품으로 거래되는 과정에서 교환가치로 환원됨에 따라 동질화, 정량화,

추상화되게 되었다. 추상화된 자연은 그 내용물을 상실하고 도구적 기술의 지배 대상이 되지만, 동시에 인간 본성으로부터 소외되고 또한 인간 본성을 소외시키게 된다. 요컨대 자본주의 도시의 발달은 인간과 자연과의 물질대사 관계를 점점 더 자본의 지배하에 두도록 했으며, 이로 인한 자연으로부터의 소외는 결국 인간 본성과 인간 종이 지닌 잠재력으로부터의 소외를 동반하게 된다(최병두, 2010, 제6장 참조).

이러한 자연의 구성요소들 가운데, 토지는 인간 생활과 자본축적 과정에 가장 밀접하게 연계되어 있는 자원이다. 토지는 기본적으로 자연의 일부로서 '자연의 공여물'이며 따라서 모든 사람이 공유하고 공동으로 이용하는 공유재로 인식된다. 그러나 사적 소유제의 확립과 이에 기반을 둔 자본주의 경제의 발달과정은 토지의 물신화와 이에 따른 도시적 소외의 주요 근원이 되었다. 역사적으로 공유지의 사유화 과정은 봉건제에서 자본주의로의 전환 과정에서 나타났던 인클로저(울타리치기)와 이에 따른 '시원적 축적(primitive accumulation)' 과정에서 대규모로 이루어졌다. 16~17세기 장원체제에서 근대적 토지 소유관계로 전환하면서 자행되었던 인클로저는 토지의 사적 소유관계를 확립시켰을 뿐만 아니라 농노들을 토지로부터 분리시켜 도시의 자유 임금노동자가 되도록 했다. 즉 역사적으로 인클로저는 영세농민들의 토지 이용을 박탈하고 토지를 사유화함으로써 자본의 순환 과정에 투입될 초기 자본의 형성에 기여했으며, 또한 봉건영주로부터 뿐만 아니라 생산수단(토지)으로부터 자유롭게 된 도시의 임금노동자의 누적을 가능하게 했다.

이러한 인클로저는 단순히 농촌 공동체의 해체나 장소성의 상실에서 나아가, 토지, 즉 생산 및 생존수단으로부터 농업노동자들을 분리시키고 소외를 심화시키는 물화 과정이며, 또한 명목상 자유로운 주체가 도시의 노동시장과 자본축적의 객체로 전환하는 소외 과정이었다(Amaral, 2015). 그뿐 아니라 인클로저를 통한 시원적 축적은 토지로부터 농노의 분리와 토지 및 노동시장의 창출을 가져옴에 따라, 공간은 "세습적이고 집단적 재화로서 신성화되고 양도불가능한 것"에서 벗어나 "다른 모든 것들과 똑 같은 상품이 되었다"(Lefebvre, 2009b: 214). 이에 따라, 공간은 단위 필지로 시장에서 매매되는 상품이 되고, 교환가치에 따라 등질성, 분할가능성, 교환가능성의 속성을 획득한다.

인클로저에 의한 토지의 탈취 과정은 단지 자본주의 초기 단계 즉 시원적 축적단계에서 나타났다가 사라진 것이 아니라, 현대 대도시에도 만연해 있다(Sevilla-Buitrago, 2015; 김용창, 2015). 오늘날 선·후진국을 막론하고 도시 공간 전역에서 일어나고 있는 도시 재개발과정은 이러한 인클로저의 현대판이라고 간주된다. 즉 도시재생, 젠트리피케이션 등의 이름으로 전개되는 도시 재개발과정은 도시 공간의 기존 사용가치(또는 공적 가치)를 제거하고 도시 하위계층의 약자들을 축출·배제하여 토지로부터 소외시키는 한편, 토지 그 자체가 마치 가치를 가지는 것처럼 물화시킴으로써 더 높은 교환가치와 더 많은 이윤을 얻을 수 있는 상품으로 전환시킨다. 이러한 점에서 젠트리피케이션은 현대 도시 공간에서의 울타리치기라고 할 수 있다. 이는 기존에 울타리 안에 살던 사람들을 쫓아내고, 공간을 사유화하여 그 바깥에 있는 사람들의 이용을 차단함으로써 토지로부터 소외를 촉발하는 과정이다.

도시 노동의 소외

인간의 노동은 맹목적 생존을 위해 일하는 거미나 꿀벌과는 달리 어떤 목표를 가지고 계획된 과정이자 인간의 삶을 가치 있게 만드는 것으로 이해된다. 노동은 인간과 자연 간 물질대사를 매개하는 과정이며, 지적 활동과 고안한 도구를 가지고 자연에 개입하여 유용한 자원을 획득하고 이를 소비함으로써 자신의 욕구를 충족시키려는 총체적 행위이자 자기실현의 과정이다. 이러한 노동을 통해 인간은 자신을 재생산할 뿐 아니라 사회를 발전시켜 나간다. 그러나 인간의 역사에서 노동은 한편으로 점차 자유롭게 된 것처럼 보이지만, 다른 한편 점점 더 심각하게 소외되게 된다.

자본주의 사회에서 인간의 노동력이 상품처럼 사고 팔리는 것은 노동자가 자신의 노동력을 팔 수 있는 자유를 가지고 있기 때문이다. 그러나 자본주의 사회에서 노동자는 자신의 노동 외에 아무런 생산수단을 가지고 있지 않기 때문에 자신의 생존을 위해 자유로운 노동을 포기하고 노동력으로서 자본의 축적과정에서 투입되게 된다. 마르크스에 의하면, 자본의 축적과정에 투입된 노동은 생산활동으로부터, 생산물로부터 소외되고, 소외된 노동을 통해 인간은 유적 본질로부터, 그리고 인간으로부터 소외되게 된다. 자본주의 사회에서 노동의 역사는 곧 자유로운 개인의 출현에서 시작되지만, 또한 동시에 소외된 노동의 역사라고 할 수 있다.

자본주의 도시에서 소외는 자연과 토지로부터의 소외로 조건 지어진다고 할지라도, 가장 근본적 요인은 인간 노동의 소외이다. 생산수단이었던 토지로부터 분리되어 농촌을 떠나온 도시 노동자는 생존에 필요한 생필품의 구입, 즉 자신의 노동력의 재생산에 요구되는 임금을 받기 위해 자신의 유일한 소유물인 노동력을 자본가에게 팔지 않으면 안 된다. 즉,

"노동자들은 법적으로 자신의 노동력에 대한 사용권을 정해진 기간 동안 임금을 받고 자본가에게 양도(소외)한다. … 노동자는 노동계약 기간 동안, 그리고 … 일반적으로 계약 기간 이후에도 다른 노동자로부터, 자연과 사회생활의 모든 측면들로부터 멀어질 뿐만 아니라 자신의 노동의 산물에서도 멀어진다. 박탈과 탈취는 노동자 자신의 창조적 본능이 좌절된 데 대한 슬픔과 상실의 감정으로 경험되고 내면화된다(하비, 2014b: 388)."

이와 같이 노동력이 양도되기 위해, 우선 노동시장에서 노동의 상품화와 화폐에 의한 측정이 전제된다. 이 과정에서 구체적 노동은 시간 단위로 측정되는 추상적 노동이 된다. 이러한 노동의 상품화는 노동시장에서 평등한 것처럼 보이지만, 작업장(즉 생산과정)에서는 불평등한 관계와 소외의 근원이 된다.

상품화된 노동은 작업장에서 자신이 받은 임금보다 더 많은 가치 즉 잉여가치를 창출하지만, 실현된 잉여가치의 대부분은 자본가에 의해 이윤으로 전유된다. 이러한 과정을 촉진하기 위해 작업장의 생산과정은 잉여가치의 창출을 극대화하기 위해 교환가치 생산의 효율화와 합리화를 중심으로 조직되지만, 노동자들은 생산된 상품들에 대해 아무런 통제권을 가지지 못할 뿐 아니라 작업장의 사회공간적 배치를 포함하여 상품의 생산과정에 전제되는 노동의 조건들에 대해 아무런 자기 결정권을 가지지 못한다. 이러한 소외된 과정을 통해 생산된 상품은 분명 노동의 산물임에도 불구하

고 마치 그 자체로 가치를 가지는 것처럼 신비화, 즉 물신화된다. 상품의 물신성과 이를 매개하는 교환가치는 인간들의 사회적 연계를 사물들의 사회적 관계로 전환시킨다.

이에 따른 “사물의 인격화와 인간의 사물화”는 노동의 물질적(그리고 비물질적) 조건이 마치 자율적인 힘을 가지는 것처럼 보이도록 하며, “노동의 물질적 조건이 노동자의 지배를 받는 것이 아니라 노동자가 그것들에 의해 지배받는” 관계를 만들어낸다(Marx, 1976: 1054). 노동자는 가치를 생산하지만 자신이 만들어낸 가치에서 소외되고 노동의 조건으로 지배되게 된다. 이와 같이 자본주의 (도시)사회에서 소외란 개인의 문제 또는 심리적 문제가 아니라 사회적 현상이며 제도와 권력의 문제로 이해된다. 이러한 점에서, 소외는 생산과정에서 임금노동을 통해 유발되며, 그 결과로 사람들 간의 사회적 관계가 상품(사물)들 간 관계로 전환하고, 이에 의해 지배되는 과정을 의미한다.

기술과 분업에 의한 소외

자연(토지 포함)과 노동의 상품화와 이에 따른 소외는 이들 간의 관계에 개입하는 기술 및 분업의 발달에 의해 더욱 심화된다. 기술은 자연에 개입하는 인간 노동의 연장이라고 할 수 있다. 노동과정에 투입되는 기술은 노동자의 존재를 풍요롭게도 할 수 있고, 또한 초라하게 만들 수도 있다. 기술은 분명 노동의 효율성을 향상시키고 시간을 단축시켜주며, 노동에 수반된 고역과 위험을 줄이는 방향으로 사용될 수 있다는 점에서 인간의 해방가능성을 내재하고 있다. 그러나 자본주의 사회에서 기술은 노동을 단조롭게 획일화, 탈숙련화시키는 경향을 가졌으며, 기술변화의 역동성은 노동자의 권력을 빼앗고, 노동의 참여 기회를 축소시키는 방향으로 전개되어 왔다. 즉 기술은 그 자체로 양면성을 가진다. 하지만 자본주의 사회에서 기술은 자연을 도구적인 방식으로 대상화하고, 진정한 노동의 실현 기회를 박탈했다.

자본축적 과정에서 생산성과 잉여가치의 증대에 동원되는 기술은 자연을 더 많이 지배하고 또한 이를 위하여 인간의 노동과정, 나아가 인간의 삶 전체를 지배하고자 한다. 특히 자본주의 산업혁명을 가져온 핵심적 요인으로 장인-도제 관계를 전제로 주문자 생산에 주로 의존했던 가내수공업에서 시장 공급을 위한 대량 생산체제의 공장제 기계공업으로의 전환은 기본적으로 노동자들이 기계를 관리하고 통제하는 것이 아니라, 단순한 기계조작자, 기계의 부속물이 되도록 했다. 새로운 기술의 발전은 자본축적의 추동력이 되지만, 결국 인간의 자리를 점점 더 대체하고, 소외시키게 되었다. 그뿐 아니라 작업장에서 기계의 부품이 된 노동자들은 자신의 노동을 자신의 삶을 위한 것으로 느끼지 않게 되었고, 시계시간에 맞춘 작업장 출근은 도시인들을 소외의 공간으로 들어가도록 했다.[1]

자본주의의 발달과 더불어, 작업장의 장인 노동으로 운영되던 주문제

---

1 이러한 점에서, 마르크스는 당시 노동자들이 비노동(시간)의 장소에서는 소외로부터 벗어난다고 서술했다. 즉 "작업장에서 노동자들은 자신의 노동을 "자기 삶을 드러내는 것으로, 즉 삶으로 여기겠는가? 정반대다. 그의 삶은 이러한 활동이 멈출 때, 이를테면 식탁에서, 선술집 의자에서, 잠자리에서 시작된다"(Marx, 1977: 203). 그러나 오늘날 이러한 비소외의 장소들, 즉 일상생활의 장소들도 모두 소외의 공간으로 바뀌게 되었다.

수공업이 공장제 기계공업으로 전환하고 특히 이른바 포드주의적 생산체계가 도입·일반화되면서 노동의 소외는 더욱 증대하였다. 20세기 초 자동차공장을 설립한 포드는 규격화된 부품들을 미리 설계, 생산하여 이들을 일괄생산라인(즉 컨베이어 벨트시스템)을 통해 조립하여 표준화된 완성품을 대량생산하는 방식을 도입했다. 이 방식은 노동의 생산성 증가와 이에 따른 임금 인상 및 구매력 증대를 통해 대량소비로 이어질 수 있도록 했다. 일괄생산라인이 설치된 작업장은 제조 공정의 흐름에서 마찰을 최소화하고 효율성을 극대화하도록 공간을 편성하고, 자본의 회전시간을 크게 단축되도록 했다. 그러나 이러한 과정에서 노동은 점점 더 탈숙련화되고, 소외된 기계공간 속에서 수행되게 되었다.

그뿐 아니라 포드주의 생산체계는 연구개발 및 인사경영을 담당하는 구상기능과 물질적 상품생산을 담당하는 실행기능이 사회공간적으로 분리될 수 있도록 했다. 이에 따라 전자의 기능을 담당하는 기업의 본사와 연구소는 자본과 권력, 고급인력, 정보가 누적된 대도시에, 후자의 기능을 담당하는 분공장은 값싼 노동력과 자원 조달이 용이한 도시 교외지역이나 지방공업도시에 입지하게 되었다. 이로 인해 분공장이 입지한 지방 공업도시들은 생산을 위한 물리적 인프라(공단이나 도로의 확충) 등을 특혜적으로 제공함에도 불구하고, 지역에서 창출된 이윤의 (본사 소재 대도시로) 이전이나 지역 재투자 여부에 관한 의사결정과정에 아무런 권한을 가지지 못한 채 공간적으로 소외를 겪게 된다. 이러한 포드주의적 기술혁신의 궤적은 대량생산·대량소비를 통해 노동자의 삶을 풍요롭게 했다기보다는 노동의 사회공간적 소외를 촉진하면서 자아실현에 대한 희망으로부터 점점 더 멀어지도록 했다.

기술의 발달은 이처럼 생신의 효율성 증대를 위해 사회공간적 소외를 유발할 뿐 아니라 이에 내재된 도구적 합리성과 이를 추동하는 기술관료적 계획에 의해 도시적 소외를 촉진한다. 르페브르는 근대 기술의 본질적 위험을 기술적 생산물이나 과정보다는 특정한 재현양식(또는 그가 명명한 '틀지우기(enframing)')에 기인한다고 주장한다. 즉 기술의 위험은 자연의 물리적 파괴만이 아니라 틀지우기가 모든 다른 재현 양식들을 배제하는 상황과 이에 따른 세계(그리고 공간)의 소외를 초래한다는 점에 있다. 기술관료적 (도구적) 합리성에 바탕을 둔 이러한 재현은 단순히 자본주의적 사회적 관계의 물신화된 표현이라기보다 "체험된 경험에 대해 다시 무서운 권력을 휘두르는 추상화"의 기술로 기능한다(Lefebvre, 2011: 105 번역 수정). 예로, 이러한 기술관료적 합리성에 바탕을 둔 공간의 재현은 오늘날 도시 공간의 계획과 재편이 도시인의 삶을 배제하고 자본과 권력이 지배하는 추상공간을 만들어 내도록 한다. 이러한 점에서 현대 도시의 소외는 생산 수단의 소유와 임노동에 기반을 둔 소외와 더불어 노동에 활용되는 기술관료주의적 속성에도 근거를 두고 있다.

기술의 발달이 자연과 인간 간의 노동과정에 물리적으로 개입하는 방식을 고도화하는 것이라면, 분업의 발달은 노동과정의 효율성을 증대시키기 위해 사회적 관계를 조직하는 방식을 체계화하는 것이라고 할 수 있다. 분업은 인간의 개별적인 신체적, 정신적 조건에 근거를 두고 육체적 노동과 정신적 노동 간 사회적, 기능적 분화에서 출발했다. 그러나 자원 분포의 지리적 차이에 근거하는 생산의 지역적 특화와 이에 따른 생산물의 교환, 즉 노동의 공간적 분업도 생산성의 증대와 경제 발전에 지대한 기여를 했다. 하지만 공간적 분업 역시 생산과 소비의 공간적 분리, 생산체계의 공간적 분화, 그리고 교환에 전제되는 사적 소유와 상품화의 촉진 등을 통해 자연과 노동의 소외를 심화시켜왔다.

우선 사회공간적 분업의 발달은 특정 지역에 특정한 생산과 소비를 촉진함으로써 생산 지역의 자원 고갈과 소비 지역의 폐기물 누적을 초래한다. 생산과 소비의 사회공간적 분리는 특정 집단이나 지역에서 생산된 상품이 다른 어떤 집단이나 지역에서 소비될 것인가를 알기 어렵게 하고, 또한 그 역도 마찬가지이다. 이로 인해 생산자는 소비에 대해, 소비자는 생산에 대해 소외되도록 한다. 즉 노동의 분업은 생산과정에서 투입되는 노동과 자연의 능력을 착취하는 것이고, 이들의 존엄성을 박탈함으로써 이들로부터의 소외를 심화시킨다.

오늘날 노동의 사회공간적 분업은 생산체계의 분화로 더욱 촉진되게 되었다. 즉 상품의 생산체계가 원료 생산에서 부품이나 중간재의 생산, 그리고 완제품의 생산에 이르는 다양한 단계들로 분화되고 특히 상품을 기획하고 연구·개발하는 구상기능과 이를 직접 생산하는 실행기능 간 분화가 발달하고 있다. 이에 따라 사무실 공간에서 구상기능을 담당하는 노동자들은 작업장 공간에서 실행기능을 담당하는 육체노동자들에 비해 노동의 물리적 강도는 약화되고 노동 시간과 이에 대한 자율성이 어느 정도 보장된 것처럼 보이게 되었다. 그러나 공장노동자들이 기계의 부속품처럼 노동하는 것처럼, 오늘날 사무실 노동자들도 컴퓨터와 각종 전자사무기기에 의해 억매인 노동을 하고 있다.

요컨대 노동자들은 갈수록 복잡해지는 분업체계 안에서 자신이 생산하고자 하는 상품이 무엇인지, 누구를 위해 생산을 하는지를 알지 못한 채, 분업체계 내의 한 지점에 붙들려서 파편화된 객체로 전락하게 된다. 분업은 생산을 점차 추상화하면서 기계적으로 이뤄질 수 있도록 하며, 이로 인해 노동은 점차 세분화되고 탈숙련화되면서 자아실현을 위한 실천으로서 노동이 아니라 목적을 상실한 공허한 행위가 된다. 이로 인해 노동자는 고립·개별화되고, 경쟁에서 서로에게 소외되며, 전체에 대한 느낌이나 의식을 상실하게 된다. 분업의 사회공간적 확장으로, 지역적 불균등과 사회적 불평등은 더욱 커질 뿐만 아니라 노동자들의 소외는 더욱 깊어가고 있다.

제3장

탈근대 도시와 소외의 심화

탈근대적 도시공간으로의 전환

(탈)근대적 도시공간에 관한 논의에서 '근대'란 단순히 역사의 특정한 기간을 지칭하기보다 사회의 특정한 성격이나 이의 실현과정을 의미한다. 이러한 점에서 근대적 도시(공간)는 근대성을 함의하고 이를 반영한 근대화 과정을 배경으로 이해된다(최병두, 2002). 근대성이란 17세기경부터 유럽에서 시작되어 점차 전 세계로 영향력을 확대하게 된 사회생활의 의식 및 조직 양식을 의미한다. 이러한 근대성의 형성과 확대과정에 결정적 역할을 담당했던 계몽주의는 인간의 이성에 대한 신뢰와 인간 사회의 진보에 대한 믿음을 전제로 했다. 서구 사회(특히 도시 사회)는 이러한 근대성에 근거를 두고 경제적·정치적 합리성의 제도화와 새로운 사회문화적 생활양식을 추구했다. 기든스(1991b)는 이러한 근대적 역동성의 원천으로 시간과 공간의 분리, 장소 귀속 탈피 메커니즘, 지식의 성찰적 사유라는 3가지 요소를 지적했다. 이러한 3가지 요소들로 구성된 근대성과 이의 실현과정으로서 근대화는 인간 사회의 모든 측면에서 시공간적 존재 양식을 바꾸어 놓으면서, 근대 사회의 삶을 불안정하고 예측 불가능한 폭주적 성격을 가지도록 했다고 주장한다.

탈근대성이란 근대성의 한계를 뛰어넘는 새로운 시대로의 전환, 즉 근대성 이후(또는 후기)의 뜻으로 이해될 수 있다. 현실 세계의 변화라는 관점에서 탈근대성은 탈산업사회, 소비사회, 정보사회 등의 이름으로 지칭되는 사회공간적 전환을 동반한다. 즉 탈근대성은 물질적 상품생산체계에서 소비·정보중심적 체계로의 이행이라는 제도적 변화와 관련된다. 인식론적 전환이라는 관점에서 탈근대성이란 기존의 사회공간적 인식과 이에 따른 질서를 비판하고 새로운 인식체계로 전환하려는 시도로 이해된다. 예로 리요타르(Lyotard, 1985)에 의하면 포스트모더니즘이란 거대한 "인식론의 토대를 구축하려는 시도를 포기하고 인간에 의한 진보를 믿는 것으로부터 탈피하는 것을 말한다." 하비(1995)는 이러한 두 가지 측면을 결합하여 탈근대성을 규정한다. 즉 근대성에 근거하여 발달했던 포드주의적 축적체제가 포스트포드주의로 전환하게 됨에 따라, 탈근대성은 그 상부구조로 형성된 사회공간적 의식과 생활양식으로 이해된다. 특히 하비는 근대적 시공간 경험의 변화가 모더니즘의 탄생을 불러오고 이로 인해 시공간적 관계의 여러 측면을 혼란스럽게 파고들었던 것처럼, 포스트모더니즘의 등장도 새로운 시공간 경험과 이에 따른 시공간적 관계의 변화를 유발하고 있다고 주장한다.

근대사회에서 탈근대사회로의 전환(또는 산업사회에서 탈산업사회로의 전환)은 소외를 완화시켰는가 또는 더 심화시켰는가에 대한 논란이 있었다(Archibald, 2009). 일부 학자들은 작업장에서 소외된 노동이 오늘날 높은 소비 수준에 의해 보상되고 있을 뿐만 아니라 학력의 상승과 기술의 체화로 노동과정에 대한 노동자의 통제력이 증가함에 따라 소외가 점차 줄어들거나 사라지게 되었다고 주장한다. 그러나 이러한 탈산업·탈근대사회로의

<그림 3-1> 탈근대 도시적 소외의 확장

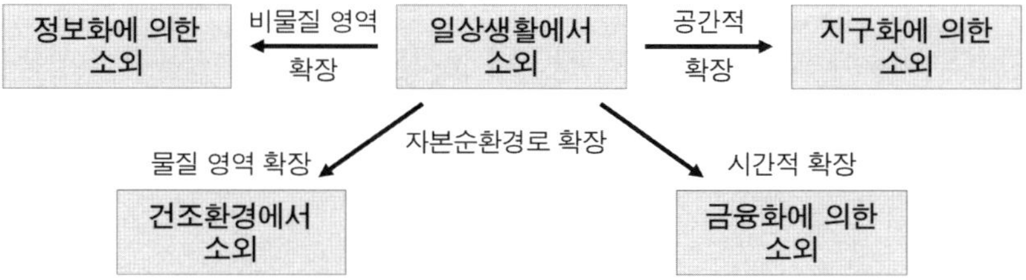

전환에도 불구하고, 소외가 줄어들었다기보다는 오히려 심화되었다는 증거나 주장들이 훨씬 더 많다. 르페브르(Lefebvre, 2002: 207)가 주장하는 것처럼, 소외는 자본주의적 발전과정의 다차원적이고 다면적인 힘으로 작동하며, 이로 인해 유발되는 소외는 다양한 형태를 가진다. 탈근대적 도시공간에서 새로운 시공간적 경험은 자본축적의 메커니즘 또는 자본의 순환경로가 시·공간적으로 확장되고, 물질적 영역뿐 아니라 비물질적 영역들을 포섭하는 다양한 과정들을 통해 이루어지고 있다(〈그림 3-1〉).

우선 탈근대적 도시공간에서 소외는 작업장에 한정되었던 노동의 소외를 훨씬 더 능가하여 도시의 일상생활 전반으로 확장되고 있다는 점이 강조된다. 이러한 확장은 (잉여)가치가 창출되는 노동의 생산과정과 작업장에서 소외가 유발될 뿐 아니라 가치가 실현되는 상품의 소비과정과 이것이 이루어지는 일상생활의 공간에서 소외가 심화되었기 때문이다. 또한 이러한 확장은 노동의 생산과정 자체가 과거 한정된 작업장을 벗어나 도시공간 전체에서 이루어지고 있기 때문에 촉진된 것으로 이해될 수 있다. 탈산업도시에서 경제활동은 단순한 물질적 상품의 생산보다는 도시공간 전역에서 노동자들이 직접 창출하여 소비자들에게 공급하는 각종 서비스들의 생산, 특히 지식과 정보를 활용한 문화적, 비물질적 상품들의 생산이 중심을 이룬다. 이러한 점에서, 탈근대 도시는 물질적 및 비물질적 상품들의 생산과 소비가 동시에 진행되는 공간이며(네그리와 하트, 2014), 이로 인해 소외는 더욱 심화되고 다양화되었다.

이와 같은 탈근대적 도시의 일상생활 공간에서 심화되고 있는 소외는 탈산업 자본주의를 특징짓는 다양한 과정들, 특히 지구화, 정보화, 금융화 등으로 인해 더욱 촉진된다. 우선 지구(지방)화 과정 속에서 생산체계는 지구적 규모로 분화되고, 각 지역의 생산과 소비는 지구적 거리로 멀어졌을 뿐만 아니라 초국적 자본에 의해 완전히 통제되게 되었다. 또한 정보통신기술의 발달과 이에 발판을 두거나 이를 매개로 촉진되는 정보(산업)화 과정은 일상생활에서 초공간적 연계성을 촉진하면서 시공간적 압축을 통한 추상화를 촉진하고 있다. 그리고 과잉축적의 위기를 해소하기 위한 자본과 국가의 신자유주의적 전략은 금융화와 건조환경을 통한 '탈취에 의한 축적'을 만연시킴에 따라 도시적 소외는 새로운 국면에 접어들게 되었다.

탈산업 자본주의 사회(도시)에서 노동자들은 노동시장과 작업장에서 피고용자의 지위 향상이나 노동조건의 개선으로 소외를 줄였다기보다는 오히려 더욱 심각하게 실업과 고용 불안을 겪으면서 소외된 노동을 벗어나지 못하고 있다. 게다가 도시인들은 생산수단뿐만 아니라 생활수단들이 상품화되면서 소외된 소비로 내몰리게 되었고, 이러한 소외된 생산과 소비는 물질적 부문에서 비물질적 부문(다양한 서비스 부문들과 더불어 과학과 지식, 정보, 이미지, 등의 생산과 소비)으로 확대되었다. 요컨대 오늘날 도시인들은 자본주의 경제의 지구·지방화, 지식과 정보의 상품화를 촉진하는 정보화, 도시 건조환경을 통한 자본 순환의 확대, 그리고 금융자본의 발달과 도시공간(부동산 시장)의 금융화 등에 의해 더욱 심화된 소외에 봉착하게 되었다.

이처럼 정보통신기술의 발달과 신자유주의적 지구화 과정을 통해 발달하고 있는 탈근대적 도시공간에서 과거 생활공동체를 규정했던 대면적 접촉과 물리적 근접성은 전혀 문제가 되지 않는 것처럼 보인다. 도시인들은 국지적 규모에서 지구적 규모에 이르기까지 다규모로 소통하고 관계를 구축함에 따라, 하나의 장소에 속하기보다 다규모적 공간에서 활동하면서 다면적 정체성을 가지게 된다. 예로, 지구화과정에서 고취된 '지구촌' 의식이나 이데올로기적 측면에서 강조되는 '세계시민주의' 등은 국지적 장소에 근거를 둔 개인들의 삶과 정체성을 지구적 규모로 확장시키고 있다.

그러나 이러한 도시 공간과 도시인들의 정체성은 한편으로 전 세계로 통합되지만, 다른 한편으로 일상생활의 파편화·분절화가 촉진된다. 이러한 도시 공간에서 우리의 일상생활은 낯설음 또는 타자성이 갖는 우연적이고 부수적인 상황에 압도된다. 우리는 내가 어느 세계에 존재하며, 나의 개성 가운데 어떤 것을 발휘해야 할지 제대로 알지 못한 채, 다원적이고 타자적인 것들 속에서 절충적이고 무국적 공간(가정의 식탁이나 TV 프로그램에서 대도시 백화점이나 광장, 거리에 이르기까지)을 구성하고 있다. 이로 인해 "우리는 출구를 알 수 없는 미로 속에서 방향감각을 상실한 채 당혹스러워하고 있다"(최병두, 2002: 32).

일상생활의 소비에서의 소외

탈산업사회에서 도시적 소외는 자본주의적 생산체계 그리고 생산-소비 관계의 지구적 (외연적) 확장뿐만 아니라 자본에 의한 소비 영역의 지배 그리고 생산 영역에서 물질적 생산뿐만 아니라 비물질적 생산의 (내포적) 포섭에 의해 더욱 심화되고 있다. 자본에 의한 소비 영역의 식민화는 생산과정(즉 잉여가치의 생산)에 기본적으로 근원을 두었던 소외가 잉여가치를 실현하기 위한 소비의 촉진과 소비과정 및 여가생활 자체의 상품화를 통한 일상생활의 소외를 동반하게 되었다. 대도시에서의 소비는 개인의 물질적 필요의 충족에서 나아가 서로 차별화하거나 또는 다른 사람들과의 비교를 통해 자신을 드러내기 위한 과시적 소비의 경향을 점점 더 강하게 띠게 되었다.

예컨대 오늘날 유행하는 명품 소비(심리)는 자본이 기존에 사용하던 것과 사용가치가 동일하거나 더 적지만, 값은 오히려 더 비싼 상품에 대한 욕구를 만들어내기도 한다. 다양한 방식의 광고와 마케팅 홍보를 통해, 자본은 소비자들로 하여금 특정 상품의 구매가 사치스러움과 여유, 행복감과 신분감을 높여 준다는 식으로 인식하도록 만든다. 이러한 점에서 자본에게 더 필요한 것은 도시인들의 필요(사용가치로 파악되는)의 충족이라기보다 욕구(교환가치로 비교되는)의 새로운 창출이다. 도시인들은 자본에 의해 창출된 이러한 욕구를 스스로 통제하지 못하고 어떠한 수단과 방법으로도 충족시키고자 한다. 이러한 소외된 소비를 위하여 (즉 자신의 필요에서 소외된) 도시인들은 과도한 장시간 노동도 마다하지 않지만, 반면 금전적 보상이 없는 활동은 더 이상 수용하지 않는다.

이러한 점에서, 드보르는 다음과 같이 서술한다.

업무시간이 끝나면, 노동자는 갑자기 생산의 조직과 감시의 모든 측면에서 그토록 노골적으로 가해지던 총체적 멸시로부터 벗어나 소비자라는 이름으로 지극히 공손하게 어른 취급을 받게 된다. 바로 이 순간 상품의 휴머니즘은 노동자의 '여가와 인간성'을 책임지는데 그 이유는 단지 정치경제가 이제 이러한 영역들을 지배할 수 있게 되었고 또 지배해야 하기 때문이다.

이러한 충동소비 또는 과시적 소비는 인간의 필요나 욕구의 충족과는 별로 관계가 없는 보상적 소비에 불과하다. 오늘날 도시인들은 "소비주의적 도시공간에서 길을 잃고, 넘쳐 나는 보상심리 해소용 상품 속에서 허우적댄다"(Gore, 1989; 하비, 2014b: 398에서 재인용). 이러한 보상적 소비는 소비 상품에 대한 경쟁을 통해 개인주의를 부추김으로써 사회적 연대와 결속력을 해체하는데도 기여한다. 그러나 이러한 소비주의는 과잉생산에 따른 상품시장의 포화와 더불어 임금 억제로 인한 유효수요의 저하나 기술에 의한 노동의 대체, 기업의 구조조정 등으로 유발된 대규모 실업과 비정규직화에 따른 임금 소득과 소비 지출의 감소로 인한 잉여가치 실현의 한계를 해결하기 위한 자본의 전략에 불과하다.

이러한 소비 자본주의의 발달로 인한 소외의 심화는 물질적으로 생산된 상품의 소비뿐만 아니라 특히 비물질적 생산과 소비 과정에서의 소외에도 더 많은 관심을 기우리도록 한다. 드보르는 이미지들에 의해 매개되는 사람들 간의 사회적 관계를 스펙타클로 개념화하고, 스펙타클의 사회적 기능은 구체적인 소외 생산"이며, 스펙타클을 통해 "상품의 물신숭배는 … 궁극적으로 실현된다"고 주장한다(Debord, 2002: 11~12). 이러한 상황에서 소외는 개인들이 자본에 의해 창출된 필요의 충족을 위해 소비하도록, 즉 '지배적인 이미지들과 동일시'하도록 하여, 개인들을 자신의 실제 필요의 충족, 실제 자신의 존재로부터 더욱 멀어지도록 한다.

보드리야르도 드보르와 유사하게 소외의 개념에 초점을 두고 탈산업 자본주의의 소비 사회를 비판한다(Baudrillard, 1998; 김남희, 2002). 그에 의하면, 오늘날 (도시)사회에서 일상적 삶은 상품의 생산보다 기호(또는 코드)의 법칙에 의해 틀지어지며, 특히 상품의 교환가치가 사용가치로부터 분리됨에 따라 소외를 유발한 것처럼, 특정한 기호가 그 지시대상으로부터 분리됨에 따라 소외를 유발한다. 즉 산업자본주의에서 상품의 교환가치적 질서에 의해 착취와 억압 그리고 소외가 주도되었다면, 탈산업 자본주의 사회에서 이들은 기호에 부여된 이데올로기(지시대상과 괴리된)를 통해 이루어지고 있다. 이와 같이 지시대상(물질적 상품)과 괴리된 기호가치로 의해 발생하는 소외의 개념은 언어나 지식, 문화와 습관, 관행과 제도 등 다양한 비물질적 요소들의 생산과 소비에도 적용될 수 있다.

도시의 일상생활 공간에서 나타나는 소외는 단지 좁은 의미의 소비생활에 한정되지 않는다. 일상생활은 재화의 생산뿐만 아니라 인간 자신과 인간들 간 관계가 형성되는 구체적 삶의 장이며, 또한 자본주의적 경제 메커니즘이 작동하고 기술관료적 권력에 의한 억압과 착취가 실질적으로 이루어지는 곳이기도 하다. 이러한 일상생활 속에서 화폐와 권력에 의해 매개되는 사회공간적 관계가 재생산되며, 현대 사회의 소외문제가 가시적으로 드러나고 있다. 이러한 점에서 르페브르(Lefebvre, 1991a: 249)는 "소외는 일상생활의 모든 영역에서 경험되고, 마주치고, 수용되고, 무시되고, 타협되고 있다"고 지적하며, 이러한 일상생활에서의 소외는 인간을 자아로부터 분리시키고, 사회적 관계를 사물들 간의 관계로 전환시킨다고 주장한다.

신자유주의적 지구화에 의한 소외

오늘날 자본주의 경제의 지구(지방)화로 인해 상품뿐 아니라 자본과 노동이 세계적으로 이동하게 되었고, 이에 따라 생산과 소비 간 관계, 생산체계의 각 부문들 간 연계, 그리고 자본과 노동 간의 관계가 세계적 규모로 확대되었으며, 이에 따라 소외의 메커니즘은 지구적 맥락으로 확장되었다. 특히 1970년대 서구 경제의 침체 위기를 탈피하기 위해 등장한 신자유주의는 다른 '대안이 없음'을 부각시키면서, 기존의 복지국가 역할을 축소하고 탈규제와 민영화를 촉진하면서 시장메커니즘으로의 복귀를 추구했다. 이러한 맥락에서 지구적 자유무역과 세계적 시장 통합을 강조하는 신자유주의는 국가 간 교역을 가로 막는 모든 장애들을 제거함에 따라 생산과 소비 간의 물리적 거리를 지구적 차원으로 확대시켰다.

이러한 신자유주의적 지구화과정은 무한경쟁 속에서 노동의 질적 및 양적 유연화, 구조조정과 기업의 인수합병, 초국적 기업의 발달과 세계적 무역 전쟁 등을 가져왔을 뿐 아니라 일상생활에서의 소외를 지구적 차원으로 확장시켰다. 소외란 단순히 물리적으로 멀리 떨어져 있기 때문에 느끼는 소원함을 의미하는 것은 아니지만, 생산과 소비 간 물리적 거리의 확장은 상품의 기능적 관계를 강화시킴으로써 사회적 관계가 상품들 간의 관계로 치환되는 것을 더욱 촉진한다. 하비(2014b: 196)가 서술한 것처럼, 이러한 상황에서, 즉 "무엇보다 노동자들이 매일 아침 식사를 차리기 위해 멀리 떨어져 있는 낯선 이들에게 이렇게도 깊이 의존하고 있는 상황에서 어떻게 자신의 운명을 직접 지배하고 있다는 느낌을 갖기를 기대할 수 있을까?"

이러한 자본주의 경제의 지구(지방)화 과정에서, 사회공간적 분업은 지구적 규모로 확장되고 다규모화된다. 즉 자본이 생산성 증대와 잉여가치의 창출을 위해 생산-소비관계와 더불어 생산체계 내 노동과정을 효율적으로 조직하고자 함에 따라, 분업은 작업장 내에서 이루어지는 세세한 분업에서부터 지역들 간 분업, 국가 간 국제적, 지구적 분업에 이르기까지 다규모적으로 발전하게 되었고 불균등발전을 촉진했다(스미스, 2017). 특히 교통통신기술의 발달에 따른 시공간적 압축에 의해 촉진된 글로벌 생산체계의 진화는 상품 생산의 각 과정이나 단계를 담당하는 공장들을 세계의 어떤 지점이든 이윤을 극대화할 수 있는 곳으로 이전하도록 한다. 이러한 분공장 또는 다공장체제의 운명은 지역경제와 지역노동자들과는 무관하게 역외 초국적 기업에 의해 좌우된다. 제3세계의 분공장 노동자들은 단지 자신에게 주어지는 임금이 얼마인지에 관심을 가질 뿐이고, 자신의 노동과정과 생산품이 누구에 의해 통제되고 관리되는지를 더욱 알 수 없게 되었다.

이와 같은 자본주의 경제의 지구지방화 과정은 세계도시체계의 발달, 또는 '지구·도시화'나 '행성적 도시화'로 지칭되는 세계적 규모의 도시화 과정을 동반했다. 중심-준주변-주변 도시들 간의 포섭 관계를 나타내는 세계도시체계는 오늘날 대도시들이 인접한 주변도시들보다는 세계적으로 더 큰 대도시들과 연계되어 있음을 보여준다. 지구·도시화(glurbanization)란 오늘날 도시화가 도시 주민들에 의한 내생적 발전이 아니라 지구적 자본과 권력(초국적기업, 국제금융자본, IMF, 세계은행 등)에 더 많이 의존하고 있음을 의미한다(Jessop and Sum, 2000), 행성적 도시화(planetary urbanization)란 "지구적 규모의 광대한 영역들이 도시적 공간 편성의 확장을 통해 지구적 노동분업 속으로 재설계되고 통합되는 과정"을 지칭한다(Merrifield, 2013b).[1]

이러한 도시체계의 발달이나 도시화 과정은 전세계가 단일의 도시경제로 통합되어 고밀도로 모든 것을 집중시키는 초메가시티로 발전하거나 또는 대도시의 정체성이 세계시민주의로 재구축되었음 등을 의미하기도 한다. 그러나 신자유주의적 지구화과정에서 전개되는 이러한 도시화 과정은 세계의 모든 도시들이 신자유주의적 전략에 따라 이윤 극대화를 추구하는 초국적 자본(이들의 분공장이나 금융자본)에 의해 불균등하게 통제되고 있으며, 이로 인해 다양한 형태의 소외된 노동의 양태들이 지속적으로 유발·심화되고 있음을 의미한다. 지구적 규모로 통합된 경제체제 속에서 생산체계와 소비시장이 지구적 차원으로 확장됨에 따라 상품, 자본, 기술뿐 아니라 노동력의 지구적 이동도 촉진되었다. 초국적 이주노동자들은 고용 기회와 임금에 따라 낯선 환경으로 이주하게 되었으며, 이들의 의식은 단절화·파편화되면서 자신의 존재로부터 행성적 차원에서 소외되게 되었다.

---

1 행성적 도시화 개념은 르페브르의 『도시혁명』에서 제시된 것이다. 이 개념에 따르면, 인류의 역사에서 도시화가 그 어느 때보다 진전된 시대에 물리적 경계로 구분된 특정한 공간 단위이며 특정한 지역에만 형성된 정주패턴으로서 도시(city)의 개념을 폐기하고 행성적 차원에서 끊임없이 확장하고 변형되고 경합하는 보편적 과정이자 사회공간적 존재양식으로서 도시적인 것(the urban)에 관한 연구가 필요하다고 주장된다.

정보화와 비물질적 소외

최근 대도시를 중심으로 진행되는 기술혁신은 기본적으로 정보통신기술의 발달에 기반을 둔 사회공간적 변화, 즉 정보사회로의 전환을 전제로 한다. 이러한 정보통신기술을 동반한 산업혁명(즉 이른바 제4차 산업혁명)을 통해 노동자의 자율성은 확대되고, 도시인들의 삶은 더 풍요롭게 될 것으로 기대되었다. 첨단기술 서비스나 지식·정보경제에 종사하는 노동자들은 보통 높은 교육과 지식, 체화된 기능을 가지며, 이들의 노동과정은 시공간적으로 유연성과 자율성을 가지면서, 작업장의 육체노동자들에 비해 훨씬 덜 소외된다고 추정되기도 한다. 달리 말해, 노동의 유연적 전문화는 '인간화된 노동', 즉 소외가 경감되거나 해소된 노동으로 나아가고 있는 것처럼 보일 수도 있다.

그러나 실제 첨단기술산업에 종사하는 노동자들은 더 많은 지식과 기능을 가진 노동, 상당한 책임감과 통제력을 가진 노동과정에도 불구하고, 첨단기술이 근본적으로 노동과정에 더 깊게 개입함에 따라 소외를 오히려 더 심화시킬 수 있다. 첨단기술에 바탕을 둔 이른바 지식정보경제(또는 '창조경제')에서 심지어 인간의 창조성(정신적 노동)까지도 상품화되고 인간 자신이 아니라 자본의 축적에 기여하도록 추동된다. 달리 말해, 자본주의에서 과학과 지식의 발달과 기술과 정보의 역동성은 인간 창조성이 상품화·화폐화될 수 있을 경우에만 유의한 것으로 왜곡시킴으로써 자아 상실감을 오히려 촉진하고 인간의 실존적 영역을 축소시킨다.[2]

이러한 지식정보경제의 발전은 이에 종사하는 노동자들의 노동과정에서 나아가 대도시 일상생활의 시공간적 편성에 지대한 영향을 미치고 있다. 전형적인 사례로 휴대폰과 인터넷의 보급을 들 수 있다. 휴대폰의 상용은 언제 어디에 위치하든지 동시적 의사소통을 가능하게 할 뿐 아니라 같은 장소에서나 멀리 떨어져 있는 지역에서나 동일한 비용이 부가됨에 따라 통신시간과 단위 통신비용은 거리와 무관하게 되었다. 이에 따라 홈쇼핑, 홈뱅킹 등 시공간을 초월한 경제활동이 이루어질 수 있게 되었다.

또한 지구의 모든 지점들이 물리적 거리와는 무관하게 초공간적으로 연결되고 정보 전달이 가능해 졌다. 이에 따라 오늘날 거대 초국적기업들은 지구 전역에 걸쳐 수십 개의 지사, 수백 개의 영업점을 두고, 원료의 공급과 시장 개척, 금융과 기술 지원, 노동과정과 상품 품질의 관리 등에 대한 의사결정을 거의 동시에 진행하며 공장과 사무소를 운영한다. 올림픽이나 월드컵 경기는 물론이고 미국의 심장부를 타격한 9·11테러 장면이 실시간에 세계인에게 생생하게 전달된다. 정보통신기술의 발달과 이를 바탕으로 전 지표공간을 신경망처럼 뒤덮고 있는 전자 네트워크의 형성, 이를 통한 의사소통이나 이미지의 전달은 경제적, 정치적 활동 나아가 사회생활 전반에서 기존의 시공간적 편성을 파괴·재편시키고 있다.

이러한 정보통신기술의 발전을 동반한 대도시 경제활동은 물질적 생산에서 비물질적 생산들, 예로 독창적 아이디어의 개발, 새로운 디자인과 이미지 창출, 컴퓨터와 인공두뇌의 활용, 암묵적 지식과 공동학습, 상호협

2 뿐만 아니라 새로운 기술의 발달로 노동시간이 줄어들 수 있지만, 사실 도시 노동자의 삶에서 노동시간은 상대적으로 더 늘어나고 있으며, 삶은 더욱 팍팍해져 가고 있다. 하비(2014b: 397)가 지적한 것처럼, 여기에는 사회적 의도가 깔려 있는 것처럼 보인다. 자유시간이 많아져서 점점 더 많은 사람들이 자아실현을 추구할 경우 노동현장과 시장에서 자본이 지속적으로 노동을 통제하기 어려워질 수 있기 때문이다.

력과 사회적 자본 등에 더 많이 의존하는 것처럼 보인다. 이로 인해 오늘날 소비자들은 물질적 재화보다 정보, 이미지, 메시지 등 다양한 상징적 재화의 구입과 소비에 점점 더 많은 지출을 하게 되었다. 또한 경제활동 전반에서 물질적 재화의 생산과 소비보다 소비자 및 생산자에게 비물질적 재화를 제공하는 서비스경제(교육과 의료, 연구개발, 금융 및 보험, 법률 경영 자문, 광고와 시장조사 등)가 중심을 이루게 되었고, 축제와 관광, 스포츠 경기, 다양한 전시 및 예술 활동 등의 문화산업이 새로운 경제활동 영역으로 부상하고 있다. 이러한 비물질적 생산과 소비의 급속한 팽창은 도시생활과 공간의 재편에 지대한 영향을 미치고 있다. 산업도시들에서 자본축적이 대규모 생산설비와 거대한 사회간접시설 등에 물적 기반을 두었다면, 탈산업 자본주의의 포스트모던 도시들은 상징적 가치들이 도시공간을 뒤덮은 화려한 스펙타클의 생산과 소비를 자랑한다.

이처럼 탈근대 도시에서 경제활동은 비물질적 생산과 소비를 통해 문화적 상징적 영역까지 상품화시키고 자본의 순환과정에 편입되도록 할 뿐만 아니라 도시 공간 전체를 자본축적 과정에 포섭되도록 한다(조정환, 2011: 255~271; 네그리와 하트, 2014: 349~363). 즉 과거 물질적 생산(그리고 소외된 노동)이 작업장(공장)에 한정되었다면, 오늘날 비물질적 생산과 소비는 공장을 벗어나 가정(사적 공간)이나 거리(공적 공간)를 막론하고 심지어 사이버공간을 포함하여 도시 공간 전체로 확산되었다. 이로 인해 도시공간에서 생산과 유통, 소비의 구분이 어렵게 되었고, 생산에서 소비에 이르는 일련의 과정 전체가 소외되게 되었다.

특히 도시 공간에서 비물질적 이미지의 생산(엄격히 말해 재현)과 소비는 물리적 시공간에 의해 분리되지 아니하고 즉각적으로 결합한다. 예로 거리의 화려한 전자 광고판은 끊임없이 상징적 언어들을 생산하고, 그 옆을 지나가는 사람들에게 바로 유통되고, 소비된다. 그러나 이러한 비물질적 생산과 소비는 생산과 소비의 주체 없이 무작위로 작동한다는 점에서 물신화의 극치를 이룬다. 또한 언어, 이미지, 지식, 정동, 코드, 습관, 관행이나 도시경관의 상징성이나 심미성, 역사성 등은 사회적 생산물 또는 인공적인 공통재이고 이들이 작동하는 공간은 누구나 참여하고 이용할 수 있는 공적 공간이지만, 이들은 점점 더 자본축적 과정에 포섭되어 사적으로 전유되면서 도시인들로부터 소외되게 되었다.

건조환경과 금융화에 의한 소외

물론 이러한 도시공간에서 비물질적 생산과 소비의 역할과 이로 인한 소외에 관한 관심 증대는 도시의 경제활동과 사회생활에서 물적 토대의 역할이 감소했음을 의미하는 것은 아니다. 오히려 도시의 물질적 건조환경을 통한 자본순환의 메커니즘과 이에 내재된 모순은 도시적 소외를 심화시키는 데 여전히 또는 더 중요한 역할을 하고 있다. 즉 탈산업 자본주의에서 자본은 생산체계와 생산-소비 연계의 지구적 확장, 잉여가치 실현을 위한 소비영역의 지배, 그리고 비물질적 생산과 소비 부문의 편입 등을 통해 (임금노동에 의한) 확대재생산뿐만 아니라 도시의 건조환경을 통한 자본순환 경로의 확장과 이와 관련된 금융자본의 발달 및 도시공간의 금융화를 통한 축적, 즉 하비가 지칭한 '탈취에 의한 축적'을 통해 축적을 지속시키고자 한다.

탈취에 의한 축적은 "도시토지의 상품화(도시 주민들이 그들의 보금자리에서 내쫓기도록 유도하는), 공적 자산의 민영화와 상품화(자연자원과 토지, 공적 서비스와 기관들을 포함하여), 소유권의 전환, 국가 부채와 신용체계의 이용(노동과 토지의 장기적 탈취의 수단으로서 금융화), 토착적 생산 (그리고 생활) 형태의 억압, 교환의 화폐화 (즉 사용가치에 대한 교환가치의 지배) 등"을 통해 이루어진다(Bayirbag and Penpecioglu, 2015). 그러나 이와 같은 건조환경을 통한 자본의 순환과 탈취에 의한 축적을 위한 도시공간의 재편은 도시공간의 생산에서 소외와 건조환경의 물화를 더욱 심화시킨다(Amaral, 2015).

탈취에 의한 축적의 전형적 사례로 도시 재개발과정(도시재생 또는 도시 젠트리피케이션 등으로 지칭되는)은 도시의 공적 공간을 사유화하거나 공적 목적을 명분으로 사적 토지를 수용한 후 토지 소유권을 전환시키고 토지이용을 고도화함으로써 건조환경을 통한 자본축적을 촉진시키고자 한다. 이로 인해 도시의 서민과 영세 상인들은 토지 소유와 이용권을 박탈당하고 생산 및 생활수단으로부터 분리됨으로써 소외를 심화시키게 된다. 이와 같이 기존 토지 소유 및 이용관계를 해체하고 토지를 사유화하고 자본축적 과정에 편입시키고자 하는 인클로저는 자본주의 초기 단계에만 한정된 것이 아니라, 신자유주의적 지구화와 행성적 도시화가 진행되는 오늘날 세계적 대도시에서 자행되고 있다(Lees, Shin, and López-Morales, 2016). 이러한 과정을 통해 재편되는 도시의 건조환경 또는 도시 공간은 분명 도시인들(보다 분명히 말해, 도시 노동자들)의 생산물임에도 불구하고, 자본에 의해 사적으로 전유되고, 일반 도시인들은 통제할 수 없는 생산과 생활의 객관적 조건으로 대상화된다.

건조환경을 통한 자본축적은 이와 같이 도시인들로 하여금 자신이 소유 또는 이용하던 토지나 공적 공간으로부터 축출되어 소외될 뿐만 아니라 자신들이 만들어 낸 도시 건조환경(이에 부착된 경관도 포함하여)은 자본의 통제 하에 물화되어 일반 도시인들에게는 억압적 조건이 된다. 이러한 점에서, 하비는 [도시 건조환경을 통한] "자본의 실현 영역에서는 탈취에 의한 축적에 시달리며 누적된 불만이 끓어 넘친다. 자유는 지배가 되고, 노예의 삶이 자유를 대신한다"고 서술한다(하비, 2014b: 389). 이러한 점에서 오늘날 도시공간에서 소외의 본질적 유발요인은 바로 이러한 탈취에 의한 축적이라고 할 수 있다.

도시 건조환경을 둘러싼 자본축적 (특히 탈취에 의한 축적) 과정은 건설 및 부동산 자본에 의해서만 작동되는 것이 아니라 금융자본과 국가의 개입에 의해 뒷받침된다. 도로나 철도 기타 인프라 등 도시 건조환경의 구축과 운영은 기본적으로 공공적 목적을 전제로 하며, 투자의 규모가 클 뿐만 아니라 그 성과가 나오기까지 상당한 시간이 소요되기 때문에, 산업자본주의에서는 주로 국가에 의해 관리되었다. 그러나 오늘날 도시 건조환경은 금융자본이 뒷받침하는 건설·부동산자본에 의해 조성·운영되고 있다. 금융기관은 건설회사에 자금을 대출하고, 건설회사는 이를 투입하여 토지를 구입·개발하여 주택을 건설·공급한다. 금융기관은 또한 구매자들에게도 자금을 대출해 주고, 구매자들은 이 대출금으로 주택을 구입한다.

주택 구매자는 실수요자일 수 있지만 또한 주택가격의 상승을 기대하는 투기자일 수도 있다. 어떠한 경우일지라도 주택의 구매자들 가운데 상당 부분은 은행 대출(주택담보대출)에 의존하고, 일정 기간 동안 대출금의 이자와 원금을 갚아야 한다. 그러나 금융시장에 대한 접근성은 개인의 직업이나 신분, 정보이용능력에 따라 차별화되고, 이로 인해 저소득층은 부채상환을 위한 자금 마련이 어렵게 되면서 신용 이용이 제한되는 이른바 금융소외계층이 된다. 그 뿐 아니라 금융대출을 통한 주택 구매자들은 자신의 미래 수입 일부에 대해 통제권을 상실하게 된다. 특히 부동산경기가 하락하는 국면에서 주택담보대출을 통한 주택 구매자는 대출금이 주택가격을 능가하는 상황이 벌어질 수 있다. 이러한 상황에서 주택 구매자는 자신의 미래 수입에 대한 통제권의 상실뿐만 아니라 주택에 대한 소유권을 박탈당하게 된다.

이와 같이 도시 건조환경에서 작동하는 금융자본은 기본적으로 대출한 원금에 이자가 붙어 환수되기를 기대하고 투입되는 '의제적(ficticious)' 자본이다. 이러한 의제자본의 순환은 부동산 가치의 생산과 실현 과정을 완결시키는데 필수적이지만, 원칙적으로 미래의 수입에 의존하기 때문에 경기변동에 매우 취약하다. 미국의 서브프라임 모기지 사태에서 드러난 것처럼, 막대한 양의 의제적 자본이 주택금융으로 유입되어 주택의 공급과 수요를 부추겼지만, 예상된 소득에 의해 대출금(원금+이자) 상환이 보장되지 않을 경우 심각한 금융위기를 초래할 수 있다. 도시 부동산시장에서 작동하는 금융자본은 물론 단지 은행(대출)자본만 아니라 다양한 방식들(예로, 부동산펀드, 리츠, 프로젝트 파이낸싱 등)로 확보된 자본이지만, 공통적으로 투기성이 매우 높은 의제적 자본이다. 투기성이 높은 자본의 작동 메커니즘은 결국 이를 통해 얻게 되는 막대한 이익이 건전한 경제활동을 통해 발생하는 것이 아니라 매우 우연적, 우발적 요인에 의해 좌우되도록 하고, 여기서 배제된 사람의 상실감과 위화감을 극대화한다.

또한 이러한 의제적 자본의 작동은 신용체계의 발달에 기반을 둔다.

창출된 잉여가치가 실현되기 위해서는 신용체계의 발달이 필수적이다. 소비자들은 예로 신용카드를 사용하여 가전제품과 같은 내구성 소비재뿐만 아니라 고가의 자동차와 같은 과시적 소비상품들을 구매할 수 있다. 이러한 신용체계에 바탕을 둔 소비는 창출된 잉여가치의 실현을 원활히 함으로써 자본의 확대재생산을 지속시킨다. 그러나 신용체계의 발달은 생산에서 창출된 잉여가치의 실현을 위해 필수적이지만, 사람들을 금융 및 주택 시장체계에 종속시키고, 이들의 노동을 금융자본에 포획되도록 한다. 이러한 점에서 하비(Harvey, 2018)가 주장한 것처럼 "부채 구조 전체는 사회적 통제의 광범위한 네트워크를 형성하여, 이를 통해 기본적 자유를 축소시키고 이들의 소외감을 확대시킨다."

오늘날 대도시 경제는 기본적으로 부채경제에 의존하고 있다. 가계와 기업뿐 아니라 국가를 포함한 모든 경제주체들이 엄청난 부채를 안고 있으며, 이러한 부채가 조만간 해결되기 어려울 뿐 아니라 앞으로 더욱 증가, 누적될 것으로 추정된다. 그러나 이러한 부채경제를 작동시키는 의제적 자본의 순환과 이를 뒷받침하는 신용체계의 발달은 상품 세계의 물신화를 촉진하고 도시인들의 소외를 더 이상 감당하기 어려울 지경까지 고조시킨다. 의제적 자본의 순환과정은 어떤 가치를 창출한 것처럼 보이도록 하지만, 실제로는 아무런 것도 생산하지 않는다. 주택 구매자에게 대출된 자금은 이자가 붙어 자본으로 환수되지만, 여기서 이자는 실물생산에서 얻어진 수익의 일부를 전유한 것이다. 따라서 이러한 자본은 실물생산과 괴리된 채 이에 기생할 뿐이다. 도시 부동산시장에서 작동하는 각종 금융자본과 증권화를 통한 유통뿐만 아니라 각종 선물시장에서 작동하는 금융자본과 파생상품들은 이러한 화폐의 물신성을 엄청나게 확장시킨 것이다.

화폐의 물신성이란 “화폐는 다른 모든 상품의 겉모양을 벗겨낸 것이자 보편적 소외의 산물”임을 의미한다(Marx, 1976: 205). 이러한 화폐의 물신성으로 인해 화폐의 거대한 힘은 마치 그 자체로 자연적 속성과 같이 작동한다. 화폐에 대한 사람들의 태도는 자본주의적 물신숭배의 두드러진 사례이며, 그 절정은 ‘이자 낳은 자본(즉 의제적 자본)’이다(콕스, 2009). 의제적 자본은 자본의 물신성, 즉 자본이 스스로 증식하는 것처럼 보이는 신비화 과정을 가장 추상적이고 ‘폭력적’으로 작동시킨다. 금융화는 이러한 금융자본의 작동 과정을 미래 지향적이고 윤리적인 규범처럼 보이는 ‘신용’을 제도화한 것이지만, 이에 따른 복잡한 금융제도 및 수많은 금융상품은 자본축적을 지속하기 위한 금융자본주의의 고도화된 기만적 통치기술이라고 할 수 있다.

오늘날 이러한 금융자본의 물신성이 자본축적의 지속에서 중요한 모멘트로 작동할 뿐만 아니라 일상생활의 모든 곳들로 침투하고 있다. 주택구입에서부터 학자금 대출이나 생계유지를 위해 가속적으로 증가한 도시 서민들의 부채는 이런저런 형태의 비참한 문제들을 유발하고, 궁극적으로 인간 노동과 생존의 조건을 억압하고 있다. 생산과 소비의 현재 영역들을 넘어서 미래의 삶의 조건까지 확대된 자본주의적 소외와 물신성, 이를 어떻게 극복할 것인가의 문제는 자본주의의 모순 해결과 더불어 탈소외된 정의로운 도시공간을 만들어가기 위한 기본적인 과제라고 할 수 있다.

제2부

장소 소외

개념, 역사, 사유들

제4장

장소(성), 장소 상실, 장소 소외

'장소 상실'에서 '장소 소외'로

오늘날 복잡한 대도시 속에서 '장소가 사라졌다'는 말을 흔히 듣게 된다. 하루하루 정신없이 바쁘게 살아가는 도시인들에게, 대체 장소란 무엇이며, 그리고 장소가 사라졌다는 말은 무엇을 의미하는가? 장소라는 용어는 일상적으로 흔히 사용되지만, 학문적으로 살펴보면 상당히 복잡한 개념이며, 지리학을 포함하여 다양한 관련 학문 분야들에서 주요한 연구 주제가 되고 있다. 우리는 일반적으로 어떤 활동이 전개되거나 또는 어떤 사물이 있거나 사건이 일어나는 곳을 의미하기 위해 장소라는 용어를 사용한다. 현대 도시에서는 과거 전통 사회에서 이루어졌던 삶의 양식과 그 삶이 뿌리를 두었던 마을과 같은 장소를 더 이상 찾아 볼 수는 없다. 하지만, 오늘날에도 분명 우리의 삶은 어떤 물리적 위치와 일상적으로 대하는 국지적 환경(소환경, milieu)으로 구성된 '장소'에서 이루어지고 있다.

예컨대 가족 단위 활동이 이루어지는 단독주택 또는 아파트 단지, 노동 활동을 위해 매일 출퇴근하는 작업장이나 사무실, 그리고 상품 구입을 위한 재래시장이나 백화점, 문화 활동을 위한 박물관이나 전시관, 공연장, 경기장 등과 그 외 휴식이나 여가활동을 위한 장소들, 이처럼 다양한 유형과 기능을 가지는 수많은 장소들이 도시를 구성하고 있다. 그뿐 아니라 이러한 장소들 사이를 이동하기 위한 도시의 보행로와 도로, 철로, 그리고 역, 공항 등도 하나의 장소를 이룬다. 일상생활에서 이루어지는 모든 일은 여전히 이러한 장소들에 바탕을 두고 있다. 그렇다면 장소는 대체 어떻게 개념 정의되어야 하는가? 우리는 장소 그리고 이와 관련된 용어들을 좀 더 자세히 고찰하고, 명확히 규정할 필요가 있다.

다른 한편, 우리의 생활은 이제 더 이상 장소에 근거를 두지 않는다고 주장하더라도 부정할 사람은 거의 없는 것처럼 보인다. 일상생활이 영위되는 많은 장소들이 있지만, 대부분의 장소들은 어떤 애착감이나 안정감을 주지 않는다. 오늘날 일반화된 아파트 생활공간은 대표적인 사례이다. 일상적 활동이 반복적으로 이루어지는 곳이지만, 사람들 간 관계는 어색하고, 주변 환경은 낯설게 느껴진다. 단독가구가 급증하는 상황에서 주거공간은 보금자리라기보다 점차 단순한 숙식 공간으로 기능할 뿐이고 가족 간 또는 이웃 간 친밀한 교류나 다정한 분위기는 거의 사라졌다. 또 다른 사례로, 아침 식탁에는 어디에서 생산되었는지도 알지 못하는 각종 낯선 수입 식품들이 큰 몫을 차지한다. 소비자와 생산자는 서로를 전혀 알지 못하고, 이들 간 관계는 단지 화폐와 상품으로 연결될 뿐이다.

생산활동 자체는 개별 공장에서 이루어진다고 할지라도, 지방에서 자동차 부품을 생산하는 분공장의 노동자나 관리자들은 휴대폰과 인터넷으로 서울의 본사와 연구소, 나아가 뉴욕이나 런던과 직통으로 연결된다. 그뿐 아니라 여가생활을 즐기기 위한 관광 목적으로 매년 수백만 명이 해외 나들이를 하고 있고, 또 그만큼 많은 외국인 관광객들과 이주자들이 국내로 들어오고 있다. 월드컵 축구 경기나 올림픽 경기를 관람하기 위하여 세계 도처에서 사람들이 찾아오고, 경기가 열리는 도시의 경관과 생활양식은 고도로 발달한 전자매체를 통해 세계인들에게 실시간으로 전송된다. 이러한 사례들 모두는 오늘날 일상적 활동이 더 이상 한정된 범위의 친숙한 장소에서 이루어진다고 말하기 어렵게 되었음을 보여준다. 이러한 상황에서 사람들은 자신이 일상적으로 활동하고 있는 장소라고 할지라도 어떤 애착이나 정체성을 가질 수 있겠는가?

이러한 점에서 오늘날 대도시에는 '장소가 사라졌다', 또는 우리는 '장소를 상실했다'는 주장은 결코 틀린 것 같지 않다. 사실 이러한 장소 상실을 논의하거나 설명하기 위하여 다양한 용어들, 예로 무장소성뿐만 아니라 비장소, (장소)전치, 장소 착오 등과 같이 개념화된 용어들이나 장소의 종말, 소멸, 침식 등 아직 정형화되지 않은 여러 단어들을 포함하여 많은 용어가 사용된다.[1] 이러한 개념이나 용어들은 오늘날 일상적 삶이 이루어지는 장소가 그 곳에서 살아가는 사람들과 긴밀한 관계를 가지지 못하거나 단절되면서 아무런 애착이나 정체성을 느끼지 못하도록 할 뿐 아니라(무장소성), "역사성이 상실된 채 현재의 시간만이 중시되고 개인의 특이성이 사라진 공간"에 불과하며(비장소), 사람이나 사물들이 오랫동안 자리 잡고 있었던 장소로부터 내몰리거나(장소 전치), 심지어 이들이 제자리를 벗어나 있는 상황을 만들어 내어 사회공간적 질서의 위반을 범하도록 하기도 한다(장소 착오).

1 장소에 관한 기본적 이해를 위하여, 크레스웰(2012) 참조. 장소 상실과 관련한 논의들 가운데 대표적으로, 렐프(2005) 및 오제(2017) 등 참조.

현대 대도시의 장소 상실과 관련된 주장이나 설명에서 제시된 이러한 개념 또는 용어들은 나름대로 중요한 비판적 함의들을 가진다. 그러나 이러한 함의를 가지고 사용되고 있는 다양한 개념이나 용어들은 오늘날 대도시들이 봉착한 장소 상실의 위기를 체계적으로 이론화하지 못하고, 각기 다른 측면들을 단편적으로 부각시키거나 서로 다른 관점에서 설명하는 수준에 머물러 있다. 이러한 점에서 장소 상실의 여러 측면이나 관점들을 체계적으로 종합하고 기존의 철학적, 사회이론적 사유의 전통 속에서 그리고 이러한 사유를 더욱 확장하여 이론화하기 위하여, 장소 소외(place alienation)의 개념이 제시될 수 있다. 우리는 이 장에서 이러한 장소 자체의 개념과 장소 상실과 관련된 여러 개념들 그리고 이 책에서 새롭게 정형화하고자 하는 장소 소외의 개념을 논의하고자 한다.

'장소 소외'란 아직 정형화되지 않은 용어이며, 따라서 다양한 방식으로 개념화될 수 있겠지만, 여기서는 장소 소외의 개념화를 위해 2가지 방식으로 접근하고자 한다. 한편으로, 기존의 철학 및 사회이론에서 제시된 소외의 개념을 장소에 적용하는 것이다. 소외는 기존의 철학 및 사회이론에서 핵심적 논제들 가운데 하나로, 이 개념에 관해 오랫동안 많은 논의가 있었다. 특히 노동의 소외에 관한 마르크스의 초기 저술과 그의 후기 저술에서 제시된 물신성(fetishism)이나 루카치 등이 이론화한 물화(reification) 개념 등은 장소 소외의 개념화에 원용될 수 있을 것이다. 그러나 다른 한편으로 장소(그리고 장소 상실)의 개념 규정에서 소외 개념이 어떻게 함의되어 있는가에 주목하여 세심하게 고찰해 보면, 기존 장소의 개념에서 장소 소외의 개념을 도출할 수 있을 것이다.

장소 소외란 물론 이 개념의 정형화뿐 아니라 현실 세계에서 이루어진 역사적 과정으로 이해되어야 할 논제이다. 특히 장소 소외는 소외 일반과 마찬가지로 자본주의 사회공간을 배경으로 유발된 문제로 설명되어야 할 것이다. 달리 말해 장소 소외에 관한 연구는 장소 소외가 발생하게 된 사회공간적 배경과 이의 역사적 발달 과정에 관한 분석을 포함해야 한다. 다음 장(제5장)에서 우리는 장소 소외와 관련하여, 역사적으로 장소가 어떻게 상실 또는 소외되었는가를 규명하고자 한다. 특히 장소로 규정될 수 있는 생활공간으로부터 경제적, 정치적 체계공간이 어떻게 분화되었으며, 이러한 체계공간이 자본주의의 도래로 어떻게 생활공간을 지배하게 되었는가를 설명하고자 한다. 여기서 장소 상실 또는 장소 소외는 일상적 삶이 이루어지는 생활공간으로부터 경제·정치적 체계공간의 분화와 분화된 체계공간에 의한 생활공간의 식민화로 이해된다.

장소 소외에 관한 연구는 이의 역사적 전개과정에 관한 논의와 더불어, 이 개념이 현대 사회에서 이와 경험적으로 관련된 개별 사례들에 어떻게 원용될 수 있는가를 고찰하는 한편, 기존의 철학 및 사회이론의 거대 담론들에서 이러한 장소 (탈)소외 개념이 어떻게 사유되고 있는가에 관하여 해석하는 작업을 포함한다. 최근 철학 및 사회이론 분야에서 다양하게 제시되는 담론의 '전환(turn)'들 가운데 '공간적 전환'은 사실 '장소적 전환'으로 이해되어야 한다. 왜냐하면, 공간적 전환에서 거론되는 주요 이론가들의 관심 대부분은 기본적으로 추상화된 경제·정치적 공간에 관한 논의가 아니라 이러한 자본주의 공간에 의해 지배되고 소멸되어 가는 인간적 삶의 장소들을 어떻게 재구축할 것인가에 있기 때문이다.

이러한 점에서 제6장에서 우리는 공간적 전환과 관련하여 거론되는 여러 철학자 및 사회이론가들 가운데[2] 하이데거와 아렌트, 벤야민과 세르토

등 보다 명시적으로 장소 또는 이에 준하는 공간적 개념들과 실천적 은유들(예로, 거주하기, 산책자, 도시에서 걷기 등)을 제시한 학자들의 연구를 검토하여, 이들의 논의에서 장소 소외 개념이 어떻게 함의되어 있으며, 이를 해소 또는 극복하기 위해 제안한 장소의 탈소외화 전략들을 간략하지만 통찰력 있게 고찰해 보고자 한다.

장소와 장소성의 개념

장소(place)는 기본적으로 어떤 특정한 활동이 이루어지는 장, 또는 그 활동이 이루어지는 무대(setting)로서, 물리적 배경 또는 국지적 환경과 관련된 활동을 통해 부여된 상징적 의미 등으로 이해된다. 이러한 개념 규정은 일상적으로 사용되는 장소의 용례 구분에서도 확인될 수 있으며, 장소(場所)라는 한글 용어의 어의적 특성에 관한 고찰에서도 드러난다(이석환·황기원, 1997). 물론 우리가 흔히 사용하는 장소라는 용어는 매우 다중적인 의미를 가질 뿐만 아니라(서동진, 김주연, 2022), 때로 장소라는 용어 대신, 현장, 입지, 공간, 경관, 지역, 영토, 공동체 등 다양한 용어들이 사용되고 있다. 그러나 이러한 용어들은 엄밀하게 구분하면 장소와는 다르며, 각각 그 자체의 의미를 가진다.

2 공간적 전환의 관점에서 논의될 수 있는 거대 담론의 이론가들에 관하여, 크랭과 스리프트(2013) 참조.

장소는 일상적으로 사용되는 용어이지만, 또한 상당히 복합적이고 중층적이며, 때로 모호하고 혼란스러운 개념이기도 하다. 예로, 장소는 일정한 범위를 가지는 것으로 이해되지만, 또한 다규모적인 것으로 이해된다. 즉 우리는 장소라는 용어를 신체(또는 사물)가 위치하거나 차지하는 자리에서부터 가옥, 이웃, 구역, 지역사회 등 비교적 국지적 규모에서 일상생활이 이루어지는 공간, 즉 생활공간으로 이해하고 사용하지만, 때로는 국가나 세계적 차원에서 조국이나 지구촌이라는 장소감(또는 장소성)을 함의하는 개념으로 사용하기도 한다.[3] 이러한 점에서, 우선 장소의 개념을 예비적으로 정의하고, 이를 보다 세련시켜 나가는 것이 바람직하다고 하겠다. 이러한 점에서 우리는 일단 장소를 인간의 생존과 생활을 위해 일상적 활동이 구체적으로 이루어지는 물리적 배경과 이에 부여된 상징적 의미를 가지는 것으로 규정할 수 있다.

장소는 흔히 공간과 대비되는 개념으로 사용된다. 즉 공간은 인간의 활동이나 사물들 또는 환경을 가지는 위치들 간의 연장으로서 추상적이고 물리적인 범위와 관련된다면, 장소는 체험적이고 구체적인 활동의 기반이면서 맥락적이고 문화적인 의미와 관련된다. 물론 공간과 장소는 분리된 두 개의 실체나 사물이 아니라 동일한 것의 두 측면을 지칭한다. 이러한 점에서 공간과 장소 간 변증법을 주장한 하비(1995)나 메리필드(Merrifield, 1993)에 의하면, 공간은 사회적 과정의 결과이며 또한 동시에 그 자체로서

3 이와 관련하여 Massey(1997)가 제시한 '지구적 장소감(global sense of place)' 개념과 이를 둘러싼 논의들에 관하여, 크레스웰(2012), 제3장 참조.

하나의 과정이라고 할 수 있다. 장소는 기본적으로 사회적 실천들이 전개되는 곳이라는 점에서 실천적 공간이다. 실천의 장으로서 장소는 과정으로서 공간 속에서 이루어지며, 또한 동시에 공간은 이러한 장소의 구축을 통해 형성되고 재형성되게 된다.

인간의 활동이나 사물이 등장하는 무대, 또는 사회적 실천들이 전개되는 자리라는 점에서 장소는 인간의 행위와 사회의 구조를 매개하는 장이라고 할 수 있다. 이와 관련하여, 행위와 구조의 변증법, 즉 구조화이론을 주창한 기든스(1991a: 204)는 장소라는 용어 대신에 상호행동의 무대를 함의하는 '현장'으로서 로케일(locale)이라는 단어를 사용할 것을 제안한다. 여기서 현장은 단지 상호행동의 배경 또는 물리적 환경과 관련되기 보다는 이 상호행동의 생산과 재생산에 참여하는 사람들에 의해 능동적으로 조직된 것으로 이해된다는 점에서 의의를 가진다. 그러나 다른 한편, 맥락성을 강조하는 '현장'이라는 용어는 장소가 가지는 상징적 의미나 규범적 가치 등을 간과한다는 점에서 지리학자들에 의해 거부되고, 대신 장소의 개념에 이러한 현장이라는 용어의 함의가 포괄될 필요가 있다고 주장되고 있다.

다른 한편, 장소는 인간의 활동, 특히 체험과 이를 통해 부여 또는 획득된 의미(감정 또는 정동)와 관련된다. 즉, 장소는 의미가 부여된 공간이다. 장소의 체험은 인간 활동과 공간 환경 간의 관계를 통해 구축되며, 의미부여의 동기가 된다. 이러한 점에서 렐프(2005: 25)는 하이데거를 인용하면서, "장소는 인간 실존이 외부와 맺는 유대를 드러내는 … 방식으로 인간을 위치시킨다"고 주장한다. 여기서 어떤 장소에 의미를 부여하는 것은 인간의 합리적, 의도적 의식이 아니라 인간의 실존, 특히 신체를 통한 감정이다. 이러한 점에서 신체를 통한 장소 체험은 "신체에 내재된 감각과 권능에

호소함으로써 공간의 보편성으로부터 장소의 특수성을 재생하거나 재창출"하는 것으로 강조된다. 시먼(Seamon, 1980)은 일상생활에서 연속되는 움직임을 신체-발레(body-ballet)라는 은유로 표현했으며, 이를 통해 개인의 신체 움직임을 넘어 반복적이고 집단적인 행위를 통해 형성되는 장소성을 설명하고자 했다.

전통적 의미에서 장소감(sense of place)이란 개인이 자신의 체험을 통해 부여하거나 또는 생성(획득)된 장소와의 관계를 통해 부여된 어떤 의미를 말한다. 엔트리킨(Entrinkin)에 의하면, 장소감은 객관적으로 공유하는 환경의 속성과 이 환경과 관련하여 주관적으로 특유한 경험 사이에 놓여 있다. 그는 이러한 점을 강조하기 위하여 장소의 사이성(betweenness of place)이라는 용어를 사용했다. 즉, 그는 "장소를 이해하기 위해서는 객관적인 현실과 주관적인 현실에 접근할 수 있어야 하며 … 장소는 그 중간지점에서 가장 잘 파악된다"고 기술하였다(Entrinkin, 1991: 5). 객관적 관점에서 보면 장소는 입지 또는 공유된 일련의 관계로 간주되며, 주관적 관점에서 보면 장소는 의미와 상징의 영역이다.

장소감은 체험적 실천을 통해 형성되며, 또한 동시에 일상적 실천을 위한 의식의 배경이 된다. 이러한 점에서, "장소감은 우리를 세계와 연결시키는 능력으로써 모든 사람들이 (정도의 차이는 있지만) 가지고 있다. 즉, 장소감은 세계가 어떻게 구성되어 있으며, 어떻게 변하고 있는가를 파악할 수 있도록 해주는 경험된 그리고 학습된 능력"이라고 정의될 수 있다(렐프, 2001: 309). 이러한 장소감은 대체로 집단이나 사회적 차원이라기보다는 개인의 활동이나 의식과 관련된다. 장소와 관련된 집단적 행위와 가치부여와 관련하여 흔히 '장소 정신(spirit of place)'이라는 용어가 사용되며,

이러한 장소감이나 장소 정신이 개인이나 집단의 행위 차원에서 사회적 의식으로 승화될 때, '장소성(placeness)'이라는 개념이 사용된다.

장소성이란 특정 사회의 구성원들이 집단적 생활을 영위하는 과정에서 그 생활의 기반이 되는 장소에 대해 가지는 사회적 의식 또는 공간적 정체성이라고 할 수 있다. 한 개인이 가지는 감정으로서 장소감이 어떤 집단에 의해 공통적 의미를 가지게 될 때, 특정 장소는 그 집단이 공유하는 사회적 장소성을 가지게 된다. 장소성을 구성하는 소재(loci)는 한 사회의 자연환경 및 인공환경이며, 이와 관련된 의미의 창출·부여·획득·상실은 그 곳에서 생활하는 사람들의 상호행위와 의미의 (재)구성, 생활양식, 나아가 사회체제 등에 근거한다. 이러한 장소성의 개념은 장소감을 형성하는 개인의 주관적 감정의 단순한 확장이라기보다는 최근 새롭게 관심을 끌고 있는 사회(공간)적 정동의 의미로 해석될 수 있다.

정동(affect)이란 삶을 통해 형성되는 신체적 감응상태 또는 잠재적 역량으로, 그 자체로는 재현불가능하며 가시화할 수 없지만, 도시(장소)를 구성하는 중요한 요소로 간주된다(Thrift, 2004; 2008; Anderson, 2006).[4] 정동과 감정은 흔히 혼용되지만, 정동은 장소가 가지는 초개인적인 분위기와 관련된다면, 감정은 이러한 정동이 주관화된 상태를 의미한다. 이러한 점에서 보면, 전통적 의미에서 장소감은 감정으로, 장소성은 정동의 개념으로 이해될 수 있다. 이러한 정동의 개념은 최근 철학 및 사회이론에서 많은

4 장소에 관한 입문적 논의에서 크레스웰(2012: 60~61)은 쓰리프트의 '비재현이론'을 소개하면서, 정동의 개념 자체를 언급하지 않지만, 이 이론은 "정통적인 … 해석과 재현보다 사건의 실천을 강조하는 접근"이며, 신체를 통해 "장소는 세계와의 관계가 구현되는 것으로 이해"하고자 한다고 서술한다.

관심을 끌고 있으며, 이에 따라 지리학 및 공간 관련 연구 분야에서도 원용되고 있다.

도시 및 공간 연구분야의 사례로 콘라드슨과 라담(Conradson and Latham, 2007)은 특정한 장소들과 관련된 정동적 공간을 '정동적 장(affective field)'으로 지칭하고, 감정과 정동적 장의 역동성을 통해 도시와 도시인들의 삶 사이의 관계를 이해하고자 한다. 파일(Pile, 2010: 9)은 감정과 정동이 생산되는 과정을 이해함에 있어 관계적 존재론의 관점에서 신체를 통한 마주침의 과정을 강조한다. 이러한 도시 정동에 관한 연구들은 장소와 관련된 정동의 생성뿐 아니라 정동으로서 장소의 약화 또는 상실에도 적용될 수 있을 것이다(Duff, 2010; 신진숙, 2019; 문규민, 2021). 이처럼 정동의 개념은 장소 체험과 이를 통해 형성된 감정을 보다 깊이 있게 이해할 수 있도록 하지만, 기존의 장소감에 내재된 규범성에 관한 논의에서는 한계를 가지는 것처럼 보인다.

장소감 또는 장소성에 관한 전통적 논의에서는, 장소의 정체성, 뿌리내림 (존재론적 안전감) 등과 같은 규범적 가치가 흔히 거론된다. 즉. 인간의 삶이 지속적으로 영위되는 장소는 상호행위와 생활양식에 근거한 정체성, 소속감, 안전감을 제공하는 것으로 이해된다. 사람들은 일상생활의 체험적 활동을 통해 장소를 구성하는 물리적 및 인공적 소환경에 대해 다양한 상징적 의미나 가치를 부여할 뿐만 아니라, 이러한 체험에 대한 기억의 반추를 통해 자신의 생존과 생활에 대한 의미를 (재)형성하게 된다. 이러한 국지적 환경들은 물론 어떤 물체 그 자체로 존재하기 보다는 사회적 관계를 매개하는 것으로 이해된다. 장소를 통해 매개되는 사회적 관계는 사람들 간뿐만 아니라 그들의 장소와 어떻게 상호 작용하는가를 반영하며,

또한 장소의 사회적 생산에 내재된 특성을 설명해 준다. 따라서 과거 사람들이 자신들의 이름과 출신지로 그 사람의 됨됨이나 신분을 확인하는 것이 일반적 관례였던 것처럼, 이름에서 확인되는 혈연과 더불어, 출신 장소에서 확인되는 지연은 그 사회 구성원들의 소속감이나 동일성에 근거한 정체성 형성과 확인에 필수적인 준거가 되었다.

장소를 통한 정체성의 형성은 물론 단지 사회적 관계에서의 소속감을 드러내는 것이라기보다는 장소에의 '뿌리내림(rootedness)'을 통한 삶의 안전감과 관련된다. 투안(Tuan, 1980)에 의하면, 뿌리내림은 국지적 소환경에 대한 의도적 가치 부여가 아니라, 무의식적이며 비(또는 선)반성적으로 안전하고 안락한 존재 상태를 의미한다. 이에 따라 장소에의 침잠은 시간의 흐름에 의해 크게 좌우되지 않으며, 그 사람의 즉각적인 주변 환경을 넘어서는 세계에 대해서도 의식하지 않는다. 뿌리내림에 근거한 장소성은 단지 소속감뿐만 아니라 하이데거의 용어로 '집에 있음(being at home)'의 상태, 즉 존재론적 안전성을 전제로 한다. 현대 사회에서 장소감은 흔히 국가적, 지역적 정체성을 기념하기 위한 역사적 보전과 관련되지만, 투안에 의하면 물리적 배경(자연적 환경이나 인공적 시설이든지 간에)과의 연계를 의도적으로 설정함으로써 의미를 창출하고자 하는 자의식적 장소감은 이러한 선반성적(즉, 실존적) 뿌리내림의 속성을 결하고 있다고 주장된다.

현상학이나 실존주의의 전통에 있는 학자들은 뿌리내림에 근거한 장소성이 정체성뿐만 아니라 존재론적 안전감을 가져다준다는 점에서 더 나아가고자 한다. 즉, 장소는 단순한 사건이나 활동의 현장이 아니라, 존재의 근원으로 간주된다. 이러한 주장은 '장소'란 존재의 진리가 구현되는 장이라고 주장한 하이데거에게로 소급된다. 그에 의하면, 인간 존재(즉 현존재)

란 '터-있음'을 의미하며, 거주함(dwelling)은 인간과 사물들 간의 영적 통합을 이루어내는 힘으로 존재의 의미를 실현하는 것으로 해석된다(제6장 참조). 이러한 전통의 한 변형된 견해로서, 장소감이나 공동체는 어떤 규범적 가치 또는 공동의 선을 내재하는 것으로 이해된다. 또한 공동체의 규범은 장소기반적 집단의 계약적 의무라는 점에서 정당성을 가진다고 강조되기도 한다. 지역사회의 집단적 의무 또는 책임성에 대한 강조는 오랜 생활의 토대가 되는 장소기반적 가치, 필요, 규범에 근거한다는 점에서 사회적 유의성을 가질 수 있다.

그러나 문제는 장소 그 자체(특히 물리적 배경)가 어떤 내재적 가치를 가지는 것으로 이해되거나, 또는 장소기반적 정체성이 배타적 소속감으로 작동될 수 있다는 점이다. 이러한 점에서, 장소 및 장소성이 가지는 두 가지 측면, 즉 긍정적 측면과 부정적 측면을 살펴 볼 필요가 있다. 즉, 렐프(2005: 310)가 장소감의 진정성과 관련하여 지적한 바와 같이, 장소성은 공유된 문화적 전통을 반영할 수도 있지만 반대로 엄청난 부정을 감출 수도 있다는 점에서 "장소에 대한 조심스럽고 비판적인 관찰이 요구"된다. 사실 장소에 관한 전통적인 논의들은 대부분 장소성을 규범적이고 좋은 것, 선한 것 또는 진실된 것이며, 이의 개선을 통해 생활환경을 보다 아름답고 질서 있게 하며, 생활의 질을 향상시키고 나아가 정의로운 공동체를 위한 기본적인 능력을 육성할 수 있는 것으로 이해한다. 그러나 장소성은 항상 긍정적인 측면만을 가지고 있는 것은 아니다.

장소가 정체성이나 소속감과 관련되는 만큼, 배타성이나 차별성과도 관련된다. 어떤 장소에 소속되고 그곳의 정체성과 동일시하려는 사회적 욕구는 소속되지 않았다고 간주되는 사람들을 체계적으로 배제하려는 시도를 자극할 수 있나. 이에 따라, 장소성이 잘못 이용될 수 있다. 예로, 군사전략이나 식민지 통치 전략들 가운데 흔히 사용되는 한 방법은 적국이나 피식민국의 사람들의 의지를 약화시키기 위하여 기존의 장소를 파괴하고, 새로운 장소감을 갖도록 하는 것이다(김백영, 2007). 오늘날 경제적 또는 정치적 목적으로 장소성이 고취되거나, 특정한 장소성을 가지는 것처럼 포장된 소환경들이 조성되는 경우를 흔히 볼 수 있다. 이러한 점에서 장소(성)는 '의사적 것'과 '진정한 것'으로 분석적으로 구분될 수 있지만, 특정한 장소(특히 물리적 배경)가 고정적으로 어떤 의사성이나 진정성을 가지는 것은 아니다.

장소 상실에 관한 다양한 개념들

장소에 관한 연구는 이처럼 장소의 개념에 함의된 규범적 의미와 이의 한계 또는 부정적 측면들을 지적하는 한편, 현대 대도시에서 장소 상실과 관련된 다양한 유형의 개념들에 관심을 가지고 이에 대한 비판과 더불어 이론적, 실천적 대안을 모색하고자 한다. 기존 연구에서 장소 상실과 관련하여 가장 흔히 찾아볼 수 있는 개념으로, 무장소성, 비장소, 장소 전치, 장소 착오 등을 들 수 있다. 이 개념들은 공통적으로 현대 사회에서 장소와 관련하여 발생하고 있는 사회공간적 문제들을 다루고 있지만 서로 다른 측면이나 관점에서 장소 상실을 논의하고 있다. 이러한 개념들은 오늘날 대도시가 다양한 장소들로 구성됨에도 불구하고, 왜 장소가 사라졌다고 하는가에 대한 의문에 답하고자 한다.

'무장소성'의 개념은 실존주의적 지리학자 렐프(2005)가 1979년 출간한 저서 『장소와 장소 상실』의 핵심 주제이며, 그 이후 인문지리학을 넘어서 장소를 연구하는 많은 사회. 인문학자들의 관심을 끌었다. 렐프에 의하면, 현대 세계에서 우리는 일상적으로 살아가는 장소와 진정한 관계를 맺을 수 없는 무장소성이라는 보편적 조건에 처해 있다. 이러한 주장을 위해 그는 하이데거의 실존주의를 원용하여 장소 경험을 2가지 유형, 즉 내부성의 경험과 외부성의 경험으로 구분한다. "장소 내에 있다는 것은 장소에 속한다는 것이고 장소와 동일시된다는 것"이며, 반대로 장소의 바깥에 있다는 것은 "실존적 내부자로부터 나오는 무의식적인 소속감과 반대되는 것"이다(렐프, 2005), 크레스웰(2012: 71)의 해석에 의하면 오늘날 만연한 무장소성 때문에 사람들은 실존적 내부자가 될 수 없고 장소로부터 소외된 외부자로 전락했다고 주장된다.

렐프에 의하면, 이러한 무장소성이 유발되는 과정은 다양하며, 여기에는 중앙집중화된 거대 기업과 정치권력에 의한 국지적 장소성의 상실, 그리고 대중매체(매스 미디어)와 대중문화에 의한 장소-특정적 문화의 소멸, 또한 상품화된 관광을 촉진하기 위한 장소의 디즈니랜드화, 박물관화, 미래화 등이 포함된다. 예로, "미디어는 직간접적으로 '무장소성'을 조장한다. 다시 말해 장소의 정체성을 약화시켜서 결국 장소들이 서로 비슷하게 느껴지고 경험 가능성도 똑 같이 단조롭게 된다"(렐프, 2005: 198). 또한 교통통신기술의 발달에 따른 이동성의 가속화와 시공간적 압축은 이러한 무장소성이 세계적으로 만연하도록 한다. 예로 주변 경관으로부터 분리된 고속도로는 새로운 장소들 창출하거나 장소들을 연결하기보다는 오히려 장소를 파괴하고 장소감이 형성될 수 있는 기회를 박탈한다.

장소 상실에 관한 논의에서 무장소성의 개념과 더불어 많은 관심을 끌고 있는 개념이 '비장소(non-place)'이다. 비장소는 특정 공간을 이용하는 사람들 사이에 생길 수 있는 관계의 부재, 정체성의 부재, 역사성의 부재 등으로 인해 인간적인 장소가 될 수 없는 공간을 의미한다. 이 용어를 처음 사용한 학자로 알려진 웨버(Webber, 1964)는 이를 접근성의 통제와 관련된 것으로 이해했다. 즉 일상생활에서 접근이 통제된 곳은 의미를 가질 수 없으며, 따라서 비장소로 지칭될 수 있다. 그러나 이 개념이 점차 일반적으로 사용되면서, 비장소는 일상적 활동이 이루어지지만 친숙하기보다 낯설며 역사적 의미를 가지지 않을뿐더러 어떠한 애착이나 정체성, 안전감을 부여하지 않는 장소를 지칭하게 되었다.

특히 인류학자 마르크 오제(2017)는 비장소의 개념을 '초근대성' 사회에서 일상공간이 작동하는 구조와 관련시켜 분석했다. 오제에 의하면, 오늘날 근대성이 극한에 달한 사회, 즉 초근대성의 사회에서는 과거 시간 속에서 이루어졌던 경험과 사회적 관계와의 단절로 역사성이 상실된 채 현재의 시간만이 중시되는 공간들이 만연해 있으며, 이러한 공간에서 개인은 원자화되면서, 그의 특이성은 사라지게 된다. 그는 이러한 초근대성의 시공간적 조건들이 발현되는 공간을 비장소라고 지칭한다. "장소가 정체성과 관련되며, 관계적이고 역사적인 것으로 규정된다면, 관계와 역사성 그리고 고유한 정체성이 부재하는 공간은 비장소가 된다"(오제, 2017: 97; 김언영, 2020: 33에서 수정된 번역 재인용). 이러한 비장소는 머물면서 의사소통하는 장소가 아니라 단지 스쳐 지나가는 장소에 불과하지만, 오늘날 일상생활의 중심에 자리하고 있다.

예로, 오늘날 도시인의 대부분은 지하철역과 쇼핑몰 등을 중심으로 하루의 일과와 동선을 구성한다. 특히 시공간을 압축하는 교통수단의 발달과 여행의 공간은 이러한 비장소의 원형으로 예시된다. 과거의 기차는 각 역마다 이야기가 있는 장소에 멈추고 떠나가면서, 그 곳 사람들의 은밀한 일상성을 보고 느낄 수 있도록 했다. 그러나 오늘날 고속화된 기차는 작은 시골 역들은 서지도 않은 채 빠른 속도로 통과한다. 이렇게 과속으로 통과하는 장소들은 아무런 기억을 만들지 못한다. 속도를 증대시키는 이러한 초근대적 장치들은 비장소를 강화, 확대시킴으로써 전통적 의미의 장소들을 소멸시키고 장소감을 갖지 못하도록 한다. 오늘날 만연한 이러한 비장소들에서, 도시인들은 아무런 정체성, 관계, 의미를 가지지 못한 채, 장소로부터 소외를 경험할 뿐이다. 이러한 점에서 "초근대성은 개인적 의식이 비장소의 출현과 범람과 직접 관련된 새로운 소외의 경험과 시련을 겪도록 한다"고 주장된다(정헌목, 2013: 93).

다른 한편, 크레스웰(2012, 제4장; 또한 Cresswell, 1996)은 장소 상실과 관련하여, '장소 착오'라는 개념을 제시한다. 장소 착오(anachorism)란 어떤 사람이나 사물 또는 어떤 활동이나 사건이 제자리를 벗어나 있거나 잘못된 장소에 놓인 상태를 의미한다. 그의 설명에 의하면, 장소는 사람이나 사물의 '자리'로 설정된다는 점에서, 이들이 제자리에 있거나 또는 제자리를 벗어나 있다고 말할 수 있다. 즉 어떤 사람이나 사물들은 오랜 사회적 시간 동안 지속적인 활동이나 반복되는 과정을 통해 자신의 자리, 즉 제자리를 가지는 것으로 인식될 수 있다. 이렇게 설정된 사람들이나 사물들과 이들의 제자리(장소) 간 관계는 사회적으로 어떤 공간적 질서로 간주되고 제도화될 수 있다. 만약 어떤 사람이나 사물들이 제자리를 벗어나 있다고 판단되면, 이는 공간적 질서의 위반을 범한 것이 된다. 제도적으로 규정된 제자리를

벗어난 사람이나 사물들은 흔히 범법자이거나 쓰레기로 묘사된다.[5]

크레스웰이 제시한 장소 착오의 2가지 예시적 사례로, 섹슈얼리티 및 노숙자와 장소 간 관계를 살펴볼 수 있다. 예로, 이성애자들은 공적 공간에서 키스를 하는 것이 자유롭다고 느끼지만, 동성애자들에게 이러한 행동은 '제자리를 벗어나' 있는 것으로 인식되고 때로 불법적인 것으로 간주된다. 노숙자들은 자신들의 집(제자리)을 가지지 못하기 때문에, 사회적으로 매우 위험한 사람들로 인식되기도 한다. 이들은 흔히 공원이나 거리에서 생활하지만, 이 장소들은 이들의 자리가 아니라는 이유로 끊임없이 내쫓겼다. 이처럼 자신의 행동이 기존의 공간적 질서를 위반했다는 이유로 심각하게 제약되거나 이로 인해 장소에서 내몰리는 자들은 단지 성소수자나 노숙자들만 아니라 봉건사회의 해체기 유랑민이나 오늘날 이주노동자, 국제 난민, 그리고 젠트리피케이션으로 기존의 삶터에서 강제로 추방되는 자들을 포함한다. 이들은 사회의 주류 구성원들로부터 배제될 뿐 아니라 공간적으로 특정 장소에서 소외된 자들로, 자신의 장소로부터 내몰린 자들이라는 점에서 장소 전치와 관련된다.

다른 한편 장소 전치(dispacement)는 흔히 사회적 격변(전쟁, 재난, 빈곤 등)으로 인한 외적 강제로 발생하는 비자발적 이동을 의미하며, 이와 관련

5 예로 "신발은 그 자체로는 더럽지 않다. 그러나 그것을 식탁 위에 놓으면 더럽다. 음식은 그 자체로는 더럽지 않다. 그러나 침실에 조리기구를 놓아두거나, 옷에 음식물이 튀었을 때 음식물은 더럽다"(Douglas, 1966: 36; 크레스웰, 2012: 160 재인용). 여기서 신발과 식탁, 음식물과 침실 또는 옷과의 (부조응) 관계는 이들에 내재적인 것이 아니라 사회적으로 규범화 또는 제도화된 것으로 이해된다. 즉, 더글러스(Douglas, 1966)와 이를 인용한 크레스웰에 의하면, 어떤 사람이나 사물 또는 행위가 '제자리를 벗어나' 있는지 여부는 이전부터 존재해온 어떤 분류체계에 좌우된다.

된 구체적 사례로 난민이나 외국인 이주자들의 국제적 이동이나 도시의 젠트리피케이션으로 인한 원주민들의 내몰림 등을 설명하기 위해 원용되기도 한다. 장소 전치는 물리적 장소 이동을 전제로 하지만, 또한 기존 사회 또는 그 사회가 근거한 장소와의 관계성이 약화되는 상황, 즉 생계유지를 위한 경제활동에 대한 접근이 제약되거나 정치적 또는 사회적 혼란으로 인해 속해 있던 사회와 장소로부터 내몰리는 상황과 관련된다. 달리 말해, 난민, 이주자, 노숙자들의 이동과 같이 장소 전치는 "의미 있는 삶의 터전인 장소와의 분리" 또는 "제자리를 벗어난 장소 밖의 존재들에게 적용되는 개념"이라고 할 수 있다(정예슬, 2022: 83).

외적으로 주어지는 사회적 변화의 충격은 일상생활의 특정한 현장에서 형성되는 소속감과 정체성의 원천으로서 장소감을 불안과 내물림에 의한 전치의 감각으로 바꾸어 놓을 수 있다. 삶의 터전으로서 장소에서 전치된 사람들은 개인적, 집단적 정체성과 사회 구성원으로서 인정 등에서 분리됨에 따라, 불안정한 사회정치적 상태에 처하게 된다. 이러한 불안정이 심화되면, 장소 전치에 내재된 저항의 가능성으로서 장소의 재구성이 촉발될 수 있다. 이러한 장소 전치의 개념은 국가적 또는 국제적 규모의 거시적인 변화로 발생하는 소외된 국제 난민의 비자발적 이주와 불안정한 삶에 관한 연구에서부터 국지적으로 음식배달 플랫폼 노동자들이 법적 경계로 정의된 '노동자들의 장소' 밖의 작업장에서 관계를 기반으로 장소를 새롭게 재구성하는 과정에 관한 연구에도 적용될 수 있을 것이다.

장소 상실에 관한 비판적 논의는 장소 상실과 관련하여 학술적으로 개념화된 여러 용어들 외에도 장소 상실을 의미하는 장소 소멸, 장소 종말, 장소 침식(또는 잠식), 장소 붕괴 등과 같은 일반적 용어들을 사용하기도 한다. 이러한 용어들 자체는 개념화되지 않았다고 할지라도, 장소 상실의 개념적 함의들을 가진다. 예로, 크로논(Cronon)의 『자연의 메트로폴리스』에서 서술한 장소의 변화나 렐프가 『장소와 장소상실』의 핵심 주제로 제시한 무장소성을 설명하기 위해 '장소 침식'이라는 용어가 사용될 수 있다(크레스웰, 2012: 65~71). 또한 비슷한 맥락에서, 쓰리프트(Thrift)는 가짜 장소들이 진정한 의미의 장소를 잠식하고 소멸하도록 한다고 주장한다. 즉 "장소는 '격렬한 무대'로서 이동, 속도, 순환의 흔적이다. 아마도 어떤 이들은 '대부분의 장소'에 대한 이같은 묘사를 … 보들리아르의 용어로 표현하자면 삼류 시뮬라크르의 세계로 읽을 것인데, 이 세계에서는 잠식해 들어가는 가짜 장소들이 마침내 장소를 완전히 없애버릴 것이다(Thrift, 1994: 212~213; 크레스웰, 2012: 77 재인용)."

이와 같이 장소의 상실을 의미하거나 관련된 여러 용어들을 사용하여 오늘날 도시사회(공간)가 안고 있는 문제들(즉 장소 소외와 관련된 문제들)을 논의할 수 있지만, 장소라는 용어를 직접 사용하지 않더라도 장소 상실과 관련된 상황들이 논의될 수 있다. 예로, 두 가지 상이한 유형의 공간이 연속적으로 이어져 있거나 또는 한 장소에 혼재되어 있음을 의미하는 역(閾)공간의 개념을 들 수 있다. '역공간(liminal space)'의 영어 의미를 그대로 번역하면 문지방 공간, 또는 사이 공간을 뜻한다. 쥬킨(Zukin, 1991)은 역공간을 "공적인 것과 사적인 것, 문화와 경제, 시장과 장소 등을 가로지르고 결합하는 공간"으로 규정한다. 예로, 오늘날 대도시들에서 자본이 소유, 통제하는 사적 공간인 대형 백화점이나 서점 등의 출입구가 공적 공간인 지하철 통로와 직접 연결되어 있고, 때로 그 경계가 구본되지 않는 경우를 흔히 볼 수 있다. 특히 민간 자본으로 건설된 민자역사(驛舍)의 경우, 그 소유권은 국가에 이전되지만, 민간 기업에 임대, 운영된다는 점에서 역사의 장소 자체는 공적/사적 구분이 불가능하게 혼종적이다.

이러한 역공간은 특정 장소가 가지는 공간적 기능들, 즉 공적 공간과 사적 공간 간의 구분을 붕괴시키고 이들 간 연속적 또는 혼성적 속성을 부각시킨다. 이와 같이 장소의 혼성적 속성은 만자 역사처럼 사적 공간이 공적 공간을 설계, 건설, 관리하게 됨에 따라 발생하는 경우 외에도 사적 공간에 공적 문화적 기능을 이식함으로써 발생할 수도 있다. 예로, 대형 서점들은 책 판매와 더불어 고객의 독서와 토론, 휴식과 만남의 기능을 추가함으로써 사적 경제와 공적 문화를 결합시키고자 한다. 이러한 역공간의 적절한 설계, 건설, 운영은 오늘날 대도시의 공간 활용에 활력을 주는데 기여할 수 있지만(조경진, 한소영, 2011), 또한 공적 공간으로서 장소의 의미를 침식시키고, 사적 공간에 의해 지배되도록 한다는 점에서, 전통적 의미에서 장소 상실을 촉진하는 전형적인 사례라고 할 수 있다.

장소 소외의 개념화: 1) 소외의 개념에서

오늘날 지리학 및 관련 학문 분야들에서 장소는 상당히 전통적인 주제이고, 장소 상실에 관한 논의는 다소간 진부한 것처럼 보인다. 그러나 장소 상실에 관한 다양한 개념적 논의와 경험적 사례 연구들은 현대 도시에서 장소가 왜 파괴되고 장소성이 사라지게 되었는가에 대한 원인 규명을 통해 구조적 배경으로서 자본주의적 경제 및 정치체계, 그리고 이로 인해 상업화되고 이데올로기화된 문화와 의식의 문제를 비판하고, 해결 방안을 모색하고자 한다는 점에서 의의를 가진다. 이러한 점에서, 장소(상실) 연구는 오늘날 대도시가 처해 있는 사회공간적 위기를 진단하고, 나아가 미래의 삶과 그 삶터를 전망하기 위해 매우 중요한 주제를 다룬다는 점을 이해할 필요가 있다.

하지만 장소(상실)에 관한 기존 논의들은 다양한 개념이나 용어들을 사용하면서 관련 주제에 관한 상이한 측면들에 초점을 두었으며, 이들을 체계적으로 연계시키고 종합하려는 시도는 부족했다고 할 수 있다. 이로 인해 장소(상실) 연구는 현재까지 이어져 오고 있지만, 체계적이고 정형화된 이론체계를 발전시키지 못한 상태에 머물러 있다. 예로 지리학에서 장소(상실)에 관한 연구는 1970년대부터 상당한 관심을 끌어왔지만, 대체로 인간주의적(특히 실존주의적) 관점에서 장소의 규범적 속성과 장소 상실의 문제점을 규명하는 정도였다. 그 이후 장소의 개념과 관련된 크고 작은 논쟁들이 있긴 했지만, 연구의 관점을 정치경제학이나 포스트모던 사회이론으로 확장하지 못했다. 그러나 장소 상실에 관한 연구는 이러한 관점이나 이론을 원용함으로써 더욱 발전할 수 있을 것이다. 이러한 점들에서, 기존의 장소 상실 연구들을 종합하고, 연구의 관점과 이론적 기반을 확장하기 위하여, 장소 상실에서 장소 소외로의 개념적 전환이 요구된다.

장소 소외는 장소 상실과 관련된 논의에서 간혹 등장하는 용어이지만, 아직 정형화된 개념은 아니다.[6] 예로 크레스웰(2012: 71)은 렐프가 장소

---

6 그러나, 예로, Diaz-Parra(2020)는 스페인의 세비아(Seville) 지역을 사례로 과잉관광(overtourism)으로 인한 장소 소외의 문제와 이를 해소하기 위한 방안으로 '도시에 대한 권리'를 강조한다. 그에 의하면, "장소 소외는 장소 전치의 느낌, 또는 현재 [속해 있는] 공동체에 대해 소속감을

경험을 내부성과 외부성으로 구분한 것과 관련하여, "실존적 외부성은 장소로부터의 소외와 관련"된다고 서술한다. 그러나 장소 상실에 관한 연구들은 흔히 장소 소외를 개념적으로 함의함에도 불구하고 장소 소외 자체를 개념화하거나 명시적으로 논의하지는 않았다. 렐프(2005: 292)는 오늘날 '무장소는 필연적인가'라는 의문을 제기하면서, "정작 장소와의 의미 있는 관계가 사라져가는 것을 막기 위해 한 일은 아무 것도 없는 것 같다"고 서술한다. 여기서 '장소와의 의미 있는 관계가 사라져 가는 것'은 분명 장소 소외의 개념으로 재해석될 수 있다. 그러나 렐프는 하이데거의 이론에 준거하여 장소 상실을 논의하면서도 그의 소외 개념에 대해서는 주목하지 않았다.

이처럼 '장소 소외'를 개념화하고자 하는 시도는 거의 없었을 뿐 아니라 이에 관한 명시적 논의도 매우 드물다. 하지만 소외는 일상생활에서 흔히 사용되고 있으며, 기존의 철학 및 사회이론에서 매우 중요한 논제들 가운데 하나이다. 일반적으로 소외란 유기적 관계를 가지는 어떤 것(개인, 집단, 사회, 사물, 자연 등)으로부터 관계가 단절되거나 배제된 상황을 의미한다. 그러나 좀 더 학술적 의미로, 소외는 인간이 만들어낸 것(상품, 화폐, 제도 등)이지만 자신에 의해 통제되지 아니하고 오히려 인간을 지배하는 낯선 힘으로 나타나는 현상을 의미한다. 이러한 점에서 예로 일상생활에서 소외에 관한 연구에 생애를 바쳤던 르페브르(Lefebvre, 1991a: 249)에 의하

발전시킬 수 없는 무능력으로 특징 지으"며, "젠트리피케이션, 장소 전치, 장소 소외는 사회적 부정의를 초래하는 사회-공간적 과정들과 뒤얽혀 있다"고 주장된다(Diaz-Parra, 2020: 4).

면, 소외란 "벌거벗겨져 그 자신의 바깥으로 내쫓긴 인간이 어떤 힘, 사실 인간에서 시작했지만 인간으로부터 벗어나 탈인간화된 힘의 자비에 내맡겨져 있는" 상황으로 규정된다(제3부 참조).

이러한 소외의 개념은 사회의 모든 부문들, 경제적, 사회적, 정치적, 이데올로기적 부문들에도 적용되며, 철학적 사유 자체도 인간의 보편적 소외의 일부로 간주되거나, 나아가 인간 자체는 소외된 존재로 규정되기도 한다. 이처럼 소외는 인간 생존의 가장 중요한 특징들 가운데 하나이며, 사회체제의 유형이나 특정한 구조적 배경과는 무관하게 초역사적으로 나타나는 현상으로 이해되기도 한다. 또한 소외는 오늘날 자본주의 경제정치 체제의 특징으로 간주된다고 할지라도 매우 포괄적으로 현대 사회에 만연한 정신적 불안의 일종으로 이해되기도 한다(Sayers, 2011). 이처럼 소외는 자본주의적 사회구조 속에서 발생하는 객관적 현상 또는 근대인들의 정신적 불안정과 관련된 주관적 상황과 관련되기도 한다. 소외의 개념에 함의된 이러한 두 가지 측면은 소외에 관한 철학적, 사회이론적 연구에서 대별되는 마르크스주의와 실존주의의 전통과 조응한다. 이들은 각각 소외의 사회(구조)적 측면과 정신(심리)적 측면을 부각시키지만, 현실 세계에서 소외의 양상들은 사회적 측면과 정신적 측면이 결합된 상태로 이해되어야 할 것이다(Jaeggi, 2014).

이와 같은 전통적 철학 및 사회이론에서 제시된 소외의 개념을 장소 소외의 개념화에 원용하면, 장소 소외란 인간이 자신의 생존과 생활을 위해 유기적 관계를 가지는 장소로부터 분리되거나 배제된 상황을 의미한다고 하겠다. 특히 장소 소외란 인간 자신이 만들어낸 장소가 탈인간화된 힘으로 작동하면서 인간을 억압하는 사회공간적 상황과 이로 인한 심리 상태라고 할 수 있다. 이러한 점에서 하비(2014b: 267)는 소외를 재산권의 법적 양도나 사회적 관계에서 정체성의 전환과 관련되며, 또한 어떤 (수동적 및 능동적) 심리 상태로 가치 있는 것과의 연결의 단절로 인한 고립감, 상실감, 억압감 그리고 이에 따른 적개심의 표출 등과 관련되는 것으로 보았다. 물론 이러한 장소 소외의 개념이 의미를 가지기 위해서, 장소란 인간이 만들어 낸 것, 즉 장소는 물질적으로, 상징적으로 인간에 의해 생산(또는 구성)된 것으로 간주되어야 한다.[7] 또한 장소 소외의 개념은 인간이 탈인간화된 장소에 의해 억압되고 불안정한 (사회적 및 심리적) 상황에 처해 있음을 의미할 뿐 아니라, 장소 자체가 탈인간화된 힘이 되거나(즉 비장소의 개념에 함의된 것처럼) 또는 장소가 탈인간화된 힘(즉 정치·경제적 힘과 이에 의해 작동하는 공간 메커니즘)에 의해 지배됨을 의미한다.

장소 상실에 관한 기존 논의들(특히 인간주의적 지리학에서의 논의)은 하이데거 등 주로 실존주의적 철학에 의존했다면, 다른 한편 장소 소외의 개념화를 위해 헤겔-마르크스로 이어지는 전통에서 소외가 어떻게 이해되었는가를 살펴 볼 수 있다. 헤겔은 소외를 인간의 정신이 자기 자신으로부터 외화 또는 대상화된 상태(즉 자기소외)를 의미하며, 특히 사회적으로 인간이 자신의 본성을 실현하기 위하여 노동을 대상화하는 과정으로 이해한다. 이러한 소외 개념은 잘 알려진 바와 같이 마르크스의 초기 저작,

7 장소(성)는 외적으로 존재하는 실체가 아니라 사회적 구성물로 이해되어야 한다는 주장은 사회구성주의적 관점뿐 아니라 인간주의적 지리학자들이나 공간의 생산에 관한 르페브르적 주장에서도 제시된다. 예로 하비는 "공간이나 시간과 마찬가지로 장소도 사회적 구성물이며, 따라서 그렇게 읽히고 이해되어야 한다"고 주장한다(하비, 1995b: 64).

대표적으로 『경제학·철학 수고』(1844)에 비판적으로 계승되면서, 헤겔의 관념론에서 유물론으로 전환하게 되었다. 이에 따라, 소외는 자본주의 사회에서 임금 노동자가 자신이 생산한 생산물을 통제하지 못할 뿐 아니라 이들과 적대적 관계에 처하게 되는 상황을 뜻하게 되었다(Marx, 1975: 324). 나아가 소외된 노동은 자신의 생산물로부터 소외될 뿐 아니라 이 생산물을 생산하는 노동과정으로부터, 또한 그가 생산하기 위하여 관계를 맺고 있는 자연과 다른 인간들로부터, 그리고 결국 인간의 자기소외로서 인간 본성(즉 유적 존재)로부터 소외를 초래한다고 주장된다(같은 책, 324~334).

마르크스의 초기 저술에서 핵심 주제로 제시되었던 소외의 개념은 그러나 그의 후기 저작에서는 큰 관심을 끌지 못하고 논의에 나타나지 않는다. 대신 그는 물신성(fetishism)이라는 개념을 통해 자본주의 사회에서 상품, 화폐, 자본 등이 가지는 속성을 설명하고자 한다.[8] 상품 물신성이란 상품은 노동의 산물임에도 불구하고 마치 그 자체로 가치를 가지는 것처럼 보이는 현상을 의미한다. 나아가 상품 물신성은 한 개인의 노동이 다른 사람들의 노동과 연계되는 관계가 사람들 간 사회적 관계가 아니라 이들 간의 물적 관계 또는 사물들 간 사회적 관계로 나타나는 상태를 서술한다(Marx, 1976: 63). 이러한 물신성의 개념은 루카치(2015)가 제시한 물화의 개념과 연결된다. 물화(reification)란 자본주의 사회에서 노동력을 포함하여 모든 것이 상품화되어 물적 성격을 가지게 되고, 이로 인해 사람들 간의 관계가 사물들

8 마르크스의 초기 저술과 후기 저술 간 관계, 특히 그의 논의에서 소외와 물신성의 연계성은 오랜 논쟁 주제들 가운데 하나로, 이 주제를 포함하여 마르크스의 소외 개념에 관한 논의의 진행 과정에 관하여, 무스토(2011) 참조.

간의 물적 관계로 나타나는 경향을 의미한다. 이러한 물신성 및 물화의 개념은 자본주의 사회에서 생산물이 생산자로부터 소외되어 독립적인 힘으로 신비화되어 나타나는 현상과 관련된다.

이러한 마르크스의 소외 개념 및 물신성과 물화의 개념을 장소 소외의 개념화에 반영하면, 장소 소외란 사람들은 자신의 (신체적, 정신적) 노동을 통해 장소를 생산하지만, 자신이 생산 또는 구성한 장소를 통제하지 못할 뿐 아니라 오히려 그 장소로부터 지배되고 억압되는 상황을 의미한다. 나아가 장소 소외는 장소를 만드는 사회적 활동 과정에서 소외되고 또한 장소에서 이루어지는 다른 사람들 및 자연(환경)과의 관계에서 소외되며, 나아가 유한한 인간에게 부여되는 장소의 존재론적 안전감으로부터 소외되는 상태를 포괄한다.

그리고 물신성과 물화의 일반 개념을 장소 개념에 원용하면, 장소의 물신성은 장소를 구성하는 사물들이 상품화될 뿐 아니라 장소 자체가 상품화됨에 따라 장소 그 자체가 마치 어떤 가치를 가지는 것처럼 인식되는 것을 말한다. 예로, 특정 장소에 부착된 토지나 건축물뿐 아니라 장소가 가지는 분위기의 판매를 강조하는 장소 마케팅의 개념은 전형적으로 이러한 장소 물신성을 반영한 것이라고 할 수 있다.[9] 또한 장소 물화는 현대 도시를 구성하는 다양한 장소들에서 사람들이 마치 사물처럼 인식되고

9 장소 물신성의 개념은 실증주의적 공간 개념 및 공간과 사회 간 관계에 관한 논의에서 거론되었던 '공간 물신성(spatial fetishism)', 즉 공간이 사물이나 사회와 무관하게 그 자체로서 어떤 특성을 가지는 것처럼 간주하는 것에 대한 비판과도 관련된다. 예로 Soja and Hadjimichalis(1979) 참조. 상품 물신성에 관한 지리학적 논의에 관해서 Castree(2001) 참조.

사람들 간 관계가 사물들 간 관계처럼 변화하는 현상을 의미한다고 하겠다. 이러한 장소 물화와 이를 통해 장소 및 사회적 관계의 통제는 예로 비장소에 관한 오제의 설명에 흔히 함의된 것으로 해석된다. 즉 비장소에서 사람들 간의 소통적(인격적) 관계는 사라지고 개별화(원자화)된 사물로 간주되며, 권력은 이러한 장소 소외를 통해 대상화된 사람들을 정치적으로 통제하고자 한다.

장소 소외의 개념화: 2) 장소의 개념에서

장소 소외의 개념화는 기존의 철학적, 사회이론적 논의에서 제시된 소외의 개념에서 유도될 수 있지만, 장소에 관한 기존 개념 규정에서 도출하는 방식도 고려해 볼 수 있다. 이러한 대안적 방식은 장소 소외를 개념화하기 위한 논의를 보다 창의적이고 풍부하게 할 것이다. 지리학 및 관련 학문분야들에서 기존의 논의들은 장소(그리고 장소 상실)를 다양하게 규정하지만 대체로 장소 자체를 개념화하고자 했다. 하지만, 애그뉴(Agnew, 1987)는 장소를 몇 가지 구성요소로 구분하여 정의하고자 했다는 점에서, 장소 소외의 개념화에 매우 유의하게 원용될 수 있다. 그에 의하면, 장소는 기본적으로 3가지 요소들, 즉 위치(site), 로케일(locale, 현장), 그리고 장소감으로 구성된다. 장소 소외는 장소를 구성하는 이러한 3가지 구성요소들에 함의된 문제성으로 인해 발생하는 것으로 이해될 수 있다.

장소를 구성하는 한 요소는 지표면의 일정한 좌표를 뜻하는 위치 또는 입지이다. 오늘날 특정 지점으로서 위치를 물리적 또는 객관적으로 나타내기 위하여 흔히 절대좌표가 이용되지만, 장소 개념을 구성하는 한 요소로서 위치는 상대적 위치 또는 관계적 위치로 이해되어야 한다. 즉 여기서 위치는 장소와 다른 장소들 간의 관계를 전제로 하며, 나아가 장소와 사람 또는 사물과의 관계성을 함의한다. 장소는 그 자체로 존재하거나 고유한 속성을 가지는 것이 아니라, 사람이나 사물과의 관계 (재)형성을 통해 생성, 유지, 변화, 소멸된다. 예로 어떤 물건을 놓을 때 또는 옮길 때, 우리는 '이것을 어디에 둘까요?' 또는 '이것을 어디로 옮길까요?'라고 표현한다. 이처럼 위치란 '어디', 즉 사물이 있는 장소로서 '(제)자리'를 의미한다(크레스웰, 2012: 11).

이러한 사물의 자리로서 장소의 개념에서, 우리는 장소 소외를 사람이나 사물이 제자리에 있지 않는 상황 또는 장소와 사람 또는 사물의 관계성이 분리되거나 단절된 상황으로 규정할 수 있다. 즉 장소 소외는 장소 착오의 개념과 관련하여 논의되었던 '제자리를 벗어나' 있으며 이로 인해 '위반(transgression)'을 범한 것으로 인식되는 상황으로 인식될 수 있다. 또한 장소 소외는 장소 전치의 개념에서 논의된 바와 같이 사람이나 사물들이 자신의 자리에서 비자발적으로 이동되어 유기적 관계가 소멸된 상황에도 적용될 수 있다. 이러한 장소 소외로 인해, 사람이나 사물, 또는 어떤 활동이 제자리를 혼돈하거나 일탈하여 사회공간적으로 위반을 범한 것으로 제재될 경우, 또는 이들이 자신들의 자리로부터 강제적으로 내몰리게 될 경우, 이들은 자신이 장소로부터 소외되었음을 자각하고, 자신의 자리를 되찾기 위해 점점 더 강하게 저항하게 될 것이다.

애그뉴에 의하면, 장소를 구성하는 또 다른 요소는 로케일(현장)이다. 로케일로서 장소는 물리적 환경 및 사회적 구조를 배경으로 행위자들의 실천이 이루어지고 사회적 상호관계가 구성되는 무대(setting)를 의미한다. 이는 단순히 어떤 활동이나 사건이 전개되는 곳이라기보다 자연적, 사회적 힘에 의해 조건들(제약 조건들뿐 아니라 가능성의 조건들)이 작동하면서, 그 힘이 행위자들의 실천과 결합하여 즉시적으로 실현되는 장소이다. 이 개념은 구조화 이론으로 잘 알려진 기든스(1991a)가 제시한 용어로, 구조의 이원성이 작동하는 장, 즉 인간 활동과 이를 조건 짓는 구조적 과정이 즉시화되는 장소라는 점에서 '현장'으로 번역될 수 있다.[10] 또한 최근 관심을 끌고 있는 로컬리티(locality) 개념도 이와 관련된 것으로 이해될 수 있다.

로케일 또는 현장으로서 장소와 관련하여, 장소 소외는 구조적 힘(메커니즘)의 지배로 인간의 주체적 행위성이 상실되고 구조에 의해 행위가 지배되거나 왜곡되는 상황을 의미한다. 장소는 기본적으로 인간의 실천적 행위와 이의 구조적 힘(자본과 권력)이 결합적으로 작동하며 이로 인해 항상 긴장과 모순이 가득 찬 곳으로 이해되어야 하지만, 특히 장소 소외의 개념은 정치경제적으로 구조화된 힘이 기능적으로 강력하게 작동하는 장소들과 관련된다. 이러한 장소 소외의 현상들은 비장소에 관한 논의에서 흔히 거론되는 백화점이나 역, 공항 등에서 전형적으로 나타나며, 또한 역공간에 관한 논의에서처럼 사적 공간과 연결되고 이에 의해 침식되거나 혼합됨으로써 그 의미를 상실하게 된 공적 공간으로서 특정 장소들과도

10 애그뉴(Agnew, 1987)는 당시 기든스(Giddens)의 구조화 이론에 기반을 두고 장소와 정치 간 관계를 규명하고자 했지만, 기든스가 지리학에서 주요하게 논의되는 장소 개념의 한계를 지적하면서 로케일이라는 용어로 대체해야 한다는 주장에 대해서는 부정적이었다. 애그뉴의 서술에 의하면, "장소는 단지 어떤 활동이나 사회적 상호행위를 위한 무대로서 로케일(locale)일 뿐 아니라 입지(location)이다. 사회적 관계의 재생산과 전환은 어딘가에 자리(place)를 잡아야 한다"(Agnew, 1987: 27).

관련된다, 나아가 사실 오늘날 대도시를 구성하는 거의 모든 장소들은 자본과 권력의 구조적 힘에 의해 지배되고 있으며, 이로 인해 이러한 유형의 장소 소외 양상들이 만연해 있다고 하겠다.

장소를 구성하는 세 번째 요소인 장소감은 사람들이 한 곳에 오래 살아감에 의해 형성된 주관적 지향과 관련되며, 장소 애착, 장소 정신 등으로 개념화된다. 나아가 이러한 장소감이 사회화함에 따라 장소성이 형성된다. 장소감 또는 장소성은 정태적이고 고정된 것이 아니라 지속적으로 생성되고 발전, 변화 또는 소멸하며, 때로 다른 장소 또는 장소성으로 대체된다, 이러한 장소감에서 감정(sense)의 개념을 보다 체계적으로 이해하기 위해 최근 새롭게 관심을 끌고 있는 정동(affect)의 개념을 바탕으로 장소를 재해석해 볼 수 있다.[11] 즉 장소감에서 감정은 기본적으로 개인의 주관적 상태와 관련되지만, 정동은 외적 환경이나 타자에 대한 신체적 작용으로 형성된다. 이러한 점에서 장소는 외적인 물리적 사회적 환경과 신체 간에 이루어지는 상호관계로 형성되는 정동의 장으로 이해될 수 있다. 장소 감정에서 장소 정동으로의 전환 또는 개념적 재구성은 장소 소외에 관한 연구에도 새로운 통찰력을 제공할 것이다.

---

11 장소감(sense of place)에서 sense는 흔히 감정으로 번역된다. 하지만 sense는 일반적으로 감각(외적 자극에 대한 신체적 반응)을 의미하며 그 연장선에서 감성(sensibility) 즉 감각할 수 있는 능력이 이해된다. 감정의 영어 단어는 emotion으로, 감성을 통해 받아들여진 외적 자극에 대해 무의식의 영역에서 이루어지는 세포(의 화학적) 반응을 의미한다. 파일(Pile, 2010)에 의하면 지리학자들은 다양한 배경에서 매우 넓게 감정을 서술하고 있다. 본디(Bondi, 2005)는 지리학에서 이러한 감정에 관한 논의들을 3가지 갈래(인간주의 지리학, 페미니스트 지리학, 비재현의 지리학)로 정리하면서, 인간주의 지리학의 많은 연구들은 장소와 인간 생활의 감정적 질에 관한 것이라고 설명했다. 그는 감정에 관한 연구의 또 다른 갈래로 비재현 이론과 정동의 지리학을 분류한다.

감정과 정동은 비슷한 의미로 사용될 수 있지만, 정동은 초개인적이고 비재현적인 반면, 감정은 이러한 정동이 개인적 차원에서 주관화된 상태로 규정된다. 정동은 최근 철학 및 사회이론 전반에서 상당한 관심을 끌고 있는 개념들 가운데 하나로, 정치, 경제, 사회, 문학, 예술, 미디어 등 광범위한 분야에서 연구되고 있다. 특히 지리학자인 스리프트가 제시한 비재현 이론(non-representational theory)은 기본적으로 정동의 개념에 근거를 두고 있다. 그는 오늘날 "정동은 활력적인 도시의 한 요소로서 도시 전체에 편재해 있다. 도시에서의 활동은 저마다 장소를 정동적 색조로 물들이는 정동적 등록 과정을 수반한다"고 주장한다(Thrift, 2004). 스리프트에 의하면, 도시(그리고 이를 구성하는 장소들)에서 정동의 형성과정에 주목해야 하는 이유로, 첫째 정동의 형성과 이동에 관한 지식은 일상적인 도시 경관의 일부로 통합되어 있으며, 둘째 이러한 지식들은 어떤 목적을 가지고 의도적이거나 정치적으로 전개되며, 셋째 정동은 도시[의 장소들]를 직관적이고 창조적으로 이해하는 방식들 가운데 하나라는 점이 제시된다(신진숙, 2019 참조).

장소 감정 또는 장소 정동과 관련하여, 장소 소외는 인간(신체)과 장소 간에 형성된 정서적 감정(애착)이나 정동이 소멸 또는 약화되고 이로 인해 장소에 대한 진정한 태도와 이에 근거한 정체성이나 안전감이 상실되거나 무력화되어 불안과 불만이 고조된 상황을 의미한다. 이러한 장소 소외와 관련된 양상들은 장소 상실, 특히 무장소감과 관련된 논의들에서 찾아볼 수 있다. 예로 크레스웰(2012: 71)은 렐프의 무장소성에 관한 논의에서, 장소에 속하지 못하는 "실존적 외부성은 장소로부터의 소외와 관련 있는데, 실존적 내부자로부터 나오는 무의식적인 소속감과 반대되는 것"이라고 서술한다. 사회공간적(도시적) 정동과 관련하여, 장소 소외는 장소의 비재현적 정동 또는 이를 표현하는 느낌이나 감정이 배제되거나 무시되는 상황 또는 이로 인해 유발되는 딜레마로 이해된다.[12]

이와 같이 장소를 구성하는 3가지 요소들과 관련하여 개념화된 장소 소외는 각 요소들과 관련된 3가지 유형으로 분리되어 나타나는 것이 아니라, 서로 밀접하게 관련되어 있다. 이에 관한 사례는 장소 상실에 관한 기존 논의들에서 흔히 찾아 볼 수 있다. 예로 "지구화의 힘이 지역의 문화를 침식하고, 동질화된 지구적 공간을 생산하게 되면서, 장소감의 상실"이 초래되었다는 크레스웰(2012: 12)의 진술은 장소 구성의 3가지 요소들을 상호연계시켜 장소 소외를 서술한 사례라고 할 수 있다. 즉 '지구화의 힘에 의한 지역 문화의 침식'은 로케일로서 장소의 관점에서 지구화된 구조적 힘에 의한 국지적 장소(즉 로케일)의 침식 또는 억압을 의미한다. 또한 '동질화된 지구적 공간의 생산'은 사람이나 사물들이 가지는 장소(제자리)의 특이성(구체성)의 소멸로 해석되며, 이로 인해 장소에 대한 규범적 감정이나 정동이 상실된 것으로 이해된다. 이와 같이 장소 상실에 관한 연구들은 장소 소외에 관한 기본 요소들을 담고 있다는 점에서, 기존 연구의 연장선 상에서 장소 소외의 개념을 정형화하고 나아가 소외 일반에 관한 철학적 전통이나 비판적 사회(공간)이론과 연결될 수 있는 가능성을 내재하고 있다.

---

12 소외와 감정 또는 정동 간 관계에 관한 논의로, Burkitt(2019), TenHouten(2019) 참조. 도시(장소)와 직접 관련된 연구에서 '정동 소외'(affective alienation)에 관한 논의로 문규민(2021) 참조.

비장소에 관한 오제의 논의도 장소 소외의 개념과 직결된다. 그에 의하면, 비장소는 개인들의 특이성이 사라지고 진정한 소통이 이루어질 수 없는 환상의 공간이다. 현대 도시에 범람하는 비장소들에서 황망하게 스쳐 지나가는 도시인들은 모두 비슷한 얼굴로 유사성만 있을 뿐이고, 서로를 응시하는 행위는 또 다른 자신을 바라보는 것일 따름이다. 이처럼 "비장소에서 맞닥뜨리는 고독의 얼굴과 목소리들이 훨씬 절망적이게 느껴지는 것은 그것이 다른 수백만 명의 소리와 얼굴들을 반향하고 있기 때문"이다(오제, 2017: 103). 즉 비장소에서 사람들은 특정한 공간을 함께 이용하면서 물리적 위치상 매우 근접해 있지만, 이 공간은 소통의 부재, 관계의 부재, 공동 정체성의 부재 등으로 특징지어지며, 이를 이용하는 사람들은 추상적이고 비매개적인 관계를 가질 뿐이다. 요컨대 비장소는 인간적인 장소가 될 수 없는 사물들의 공간이다. 이러한 비장소에 관한 서술을 장소 소외 및 장소의 물신성이나 물화 개념과 연계시킨다면, 자본주의 사회에서 장소에 관한 비판적 논의는 훨씬 체계적으로 이론화될 수 있을 것이다.

제5장

장소 소외의 간략한 역사

장소/공간의 역사와 분석틀

장소에 관한 논의에서 핵심적 논제들 가운데 하나는 장소와 공간 간 관계이다. 일반적으로 공간은 텅 빈 우주공간이나 거리와 부피를 가지는 기하학적 공간 또는 구체적 특성을 가지지 않는 추상적 공간 등으로 간주된다. 이러한 공간 개념은 데카르트 이후 근대 계몽사상에서 비롯된 것으로, 사물에 앞서 선험적으로 존재하며, 고정적이고 불변적 틀로 인식된다는 점에서 절대적 공간을 의미한다. 이러한 선험적, 절대적, 기하학적(유클리드적) 견해에 따르면 공간은 사물이 부재한 공백이며, 표준적 계량화 방식으로 측정되고 계산될 수 있다. 이 같은 공간관은 오늘날에도 공간에 관한 일반적 인식에서 뿐 아니라 학술적으로 뉴턴적 자연과학이나 정책적으로 정부의 국토계획 등에도 만연해 있다. 그러나 이러한 공간관은 공간을 사물과 분리시켜 추상화시킴으로써 장소 소외 또는 공간 물신론에 빠지도록 하며, 사람이나 사물의 구체적 특성들을 무시하고 획일화시킴으로써 이들을 통제하기 위한 이데올로기로 작동할 수 있다.

이러한 절대적 공간관에 따르면, 장소는 텅 비고 추상적이며 절대적으로 고정된 어떤 공간 내에서 후차적으로 구성되는 것으로 간주된다. 즉 우리는 흔히 이런 한정된 공간을 지칭하기 위하여 장소나 지역, 구역, 국지성 등과 같은 용어를 사용한다. 이러한 용어 사용은 내적으로 분리가능한 공간이 우선 존재하고, 장소는 이의 일부로 특수하고 고유한 성질을 부여받는 실체라는 점을 전제로 한다. 예로, 어떤 총체적 공간 내에 구체적이고 개별적 특성을 가지는 가정이나 집, 이웃과 지역사회, 도시와 촌락, 다층적 행정구역, 그리고 지구를 영토로 분할한 국가 등과 같은 단위 공간들이 구분되는 것으로 인식된다. 이러한 인식은 일상생활에서 뿐 아니라 장소에 관한 학문적 논의, 심지어 인간주의적 지리학자로 장소 연구를 선도했던 이-푸 투안(Tuan, 1977: 6)의 서술, 즉 "동질적인 공간(차별화되기 전의 공간)은 우리가 그 공간을 더 잘 알고 가치를 부여하게 됨에 따라 장소가 된다"는 서술에서도 찾아 볼 수 있다. 이러한 점에서 어떤 땅에 이름을 붙이는 것은 "공간이 의미를 부여받고 장소가 되는 방식들" 가운데 하나로 이해되기도 한다(크레스웰, 2012: 13).

그러나 하이데거를 포함하여 그의 전통을 이어받은 현상학적 연구자들은 대체로 공간에 비해 장소가 더 근본적이고 선행적이라는 사고를 견지한다. 이러한 전통 속에서 대표적인 연구로 케이시(2016)를 들 수 있다. 그는 『장소의 운명』에서 고대 신화나 종교의 서사, 플라톤과 아리스토텔레스의 장소 개념에서부터 근대 철학에서 장소와 공간에 관한 논의, 그리고 포스트모던 사상가들의 장소에 관한 관심에 이르기까지 장소 개념의 역사적 흐름을 고찰했다. 이러한 장소의 계보학을 추적하면서, 케이시는 장소의 개념이 왜 사라졌으며, 공간의 개념으로 대치되었는가를 설명하고자 했다. 그에 의하면, 그 이유는 장소가 절대적인 것으로 추정되는 다른 개념들, 즉 근대적 시간과 공간 개념에 예속되었기 때문이라고 주장된다.

이로 인해 장소의 개념이 공간의 개념에 역사적으로 우선함에도 불구하고, 오늘날 장소가 공간의 단순한 부차적 변용으로 간주되고 있다.

하비(Harvey: 2009: 166)에 의하면, 공간이 장소에 앞선다는 근대적 사고는 "보편적 지식이 국지적 지식에 항상 선행해야 한다"는 칸트의 패러다임적 진술에 기반한 것으로 해석된다.[1] 이러한 진술에 근거를 둔 칸트적 견해에 의하면, "공간은 텅 비어있고, 순수하고 단일하며, 독특한 성질을 가지는 장소들로 분할되어 구획되기를 기다리는" 것으로 이해된다. 그러나 케이시(2016)는 이러한 공간 및 장소 개념에 반대하여, 다음과 같은 의문을 제기한다. "만약 공간이라는 사고가 장소라는 사고에 뒤따르는 것, 또는 장소의 사고로부터 파생되는 것이면 어떠할까? 만약 국지적 지식이 공간적 지식에 앞서는 것이라면, 어떠할까?" 이러한 의문에 대한 답으로 케이시는 "살아간다는 것은 국지적으로 살아가는 것이며, 안다는 것은 무엇보다도 그 사람이 속해 있는 장소를 안다는 것이다", 따라서 "국지적 지식은 체험된 경험과 일치한다." 장소, 즉 "체험된 경험과 일상생활의 특권적 자리"는 세계에 관한 우리의 이해에서 필수적으로 그 중심

1 토포스(topos)로서 장소의 개념과 지식 형성 간 관계는 칸트를 넘어 고대 그리스의 수사학으로 소급된다. 플라톤이나 아리스토텔레스의 저술에 의하면, 장소는 어떤 주장이 만들어지는 과정이나 배경과 관련을 가진다(Boswell, 1997). 이는 두 가지 측면에서 그러하다. ① 어떤 것이 알 수 있는 것으로 인식되기 위해서는 그것은 장소를 가져야만 한다. 즉 일 수 있는 것 따라서 의미 있는 것은 그것의 장소를 가리키는 것으로, "의미는 사물의 장소를 앎"이라는 점에서 이해된다. 사실 고대 희랍어에서 'topos'는 장소를 의미했을 뿐만 아니라 언술의 주제(topic)의 어원이다. ② 사람들은 같은 장소를 공유함으로써, 즉 공동의 장소(common place)에서 의사소통을 할 수 있다. 이러한 점에서, 장소는 또한 특이한 은유적, 규범적 의미를 가진다. 그러나 오늘날 장소는 분명 지식 형성과 관련되지만, 지식/권력에 관한 푸코의 논의처럼 지식의 생산을 통한 권력 창출의 장이라고 할 수 있다.

에 있다고 주장한다(Casey, 1996: 16~17; Harvey, 2009에서 재인용). 즉 보편적 지식과 공간은 이러한 체험을 통해 형성된 구체적 지식과 장소의 일반화 또는 추상화에 따른 것으로 이해될 수 있을 것이다.

장소와 공간 그리고 국지적 지식(특수성)과 보편적 지식(보편성) 간 관계에서 무엇이 근본적이고 선행적인가의 문제는 서구 철학에서 오래된 논쟁의 주제이며, 장소와 공간 간 관계와 이들에 관한 역사는 케이시의 연구에서 제기된 이러한 논쟁의 연장선상에서 이해될 수 있다. 그러나 지식(문화 등)의 특수성과 보편성 간 논쟁은 서구 철학이나 사회이론에서 아직 해결되지 않은 채 남겨져 있으며, 장소와 공간 간의 관계에 관한 논의도 지리학과 관련된 학문 분야들에서 대체로 이들 간 변증법적 관계를 설정하는 정도로 일단 잠재되어 있다. 그러나 여기서 강조되어야 할 점은 장소와 공간 간 관계는 케이시가 제시한 바와 같은 장소에 관한 개념(의식)의 역사라기보다 현실(세계)의 역사로 고찰되어야 한다는 점이다. 왜냐하면 공간과 장소의 역사는 단지 이 개념들 자체의 역사라기보다, 공간과 장소에서 이루어지는 인간 활동 및 사회체계의 변화 과정과 관련시켜 이해되어야 하기 때문이다(Debord, 2002: 13; 무스토, 2011: 98 재인용).

이 장에서 우리는 인간 활동과 사회체계의 발달에 근거하여 장소와 공간의 역사를 간략하게 고찰하고자 한다. 이를 위한 몇 가지 전제는 다음과 같다. 첫째, 개념적으로 장소는 인간의 생존과 생활을 영위하는 일상적 활동과 관련되며, 공간은 장소에서 이루어지는 이러한 활동에서 분화되어 구조화된 경제·정치적 사회체계와 관련된다. 둘째, 역사적으로 보면, 인간은 이 지구상에 등장한 이후 지구(공간)를 인식하기 이전부터 살아가기 위해 어떤 형태로든 장소에 근거를 두었으며, 이러한 점에서 장소는 공간에 선행한다. 셋째, 장소는 인간이 한 자리에서 정착생활을 하게 되면서 더욱 발달하지만, 물품의 교환과 분업의 발달, 집단 간 전쟁과 정복 등으로 촉진된 장소들 간 연계 활동은 이러한 활동들을 통해 형성된 경제정치체계의 발달과 이들 간 기능적 관계로 구성되는 체계공간의 발달을 가져왔으며,[2] 이를 통해 생활공간으로부터 체계공간이 분화될 수 있도록 했다. 넷째, 자본주의 체제의 발달로, 일상생활이 영위되는 생활공간으로부터 경제정치체계의 기능적 관계로 작동하는 체계공간의 분화가 촉진되었을 뿐 아니라 생활공간으로부터 분화된 기능적 체계 공간은 일상생활이 영위되는 장소를 침식하고 소멸시키게 되었다.

요컨대 우리는 경제·정치적 체계공간이 일상적 생활공간으로부터 어떻게 분리되고 되돌아 생활공간으로서 장소를 식민화하고 지배하게 되었는가를 고찰함으로써 장소(특히 장소 상실 또는 장소 소외)의 역사를 좀 더 체계적으로 이해하고자 한다. 이러한 고찰을 위하여, 우리는 장소 및 공간과 사회 간 관계를 개념적으로 좀 더 자세히 살펴보아야 하겠지만, 여기서는 이들 간 관계를 개념적으로 더 논의하기보다는 장소와 관련된 공간 개념의 범주화를 제시하여, 장소와 공간의 역사를 설명하기 위한 분석틀로 삼고자 한다.

〈그림 5-1〉에서 제시된 공간의 범주화는 두 가지 기본 축, 즉 기든스

2 장소들을 연계하는 활동들은 물론 인간 행위자들에 의해 매개되지만 상품들 간의 물질적, 기능적 관계를 전제로 한다. 이에 따라 장소들은 기능적 관계의 결절이 되면서 오제가 제시한 '비장소'로 전환하게 된다. 그러나 비장소에 관한 오제의 논의는 비장소들을 고립되고 개별적인 것으로 고찰함으로써 장소들 간 물질적, 기능적 관계의 특성에 대한 고려를 누락했다는 점이 지적될 수 있다.

<그림 5-1> 장소와 관련된 공간의 범주화

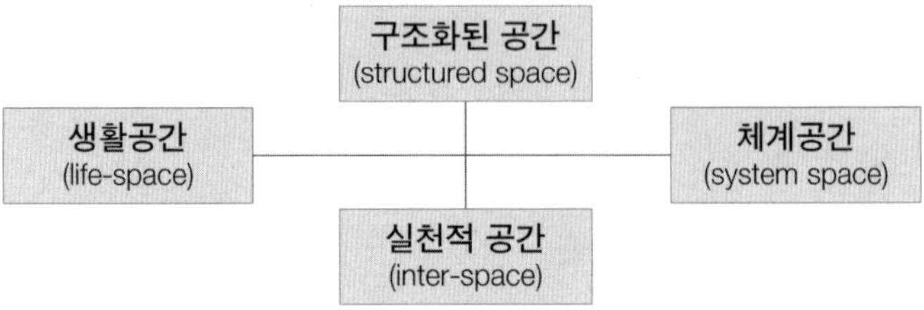

(1991a)가 그의 구조화이론에서 구분하는 행위/구조의 축과 하버마스(Habermas, 1984)가 그의 의사소통적 행위이론에서 구분하는 생활세계/체계의 축을 전제로 한다.(Choi, 1987). 실천적 공간(practical space) 또는 간공간(inter-space)은 실천적 행위 차원의 공간으로, 사람들 간의 대면적 관계와 상호행위 과정에서 즉시적으로 형성되며 일련의 행위가 끝나면 사라지는 공간을 지칭한다. 구조화된 공간(structured space)이란 구조 차원의 공간으로, 일정한 활동의 지속이나 사회 제도적으로 구조화되어 일정한 기능을 가지는 공간을 말한다. 생활공간(life-space)은 일상적 생활이 영위되는 사회·문화적 공간으로, 언어와 생활 규범에 의해 매개되며 이를 통해 사회적 가치가 (재)생산되는 공간이다. 체계공간(system space)은 경제적 활동과 정치적 행위가 이루어지는 경제·정치적 공간으로, 화폐와 권력에 의해 매개되며 이를 통해 사회적 부와 힘이 (재)생산되는 공간을 지칭한다.

이러한 공간의 범주화에서 장소는 일상생활이 영위되며 언어를 통해 의사소통이 이루어지고 사회적 규범이 통용되는 생활공간에 대체로 상응하지만, 구조화된 공간으로서의 장소와 실천적 공간으로서의 장소를 포괄한다. 즉 기든스(1991a)가 제시한 로케일(locale)의 개념으로서 장소는 구조적 메커니즘의 작동을 배경으로 실천적 행위가 전개되는 무대로 이해된다. 또한 하버마스가 제시한 생활세계의 식민화 개념은 여기서 생활공간으로부터 체계공간의 분화와 이에 의한 생활공간의 식민화를 이해하는데 바탕이 된다. 이처럼 이러한 공간의 범주화는 구조화이론이나 또는 의사소통적 행위이론 및 이를 원용한 다양한 분석들, 나아가 사회이론이나 철학 속에서 공간 및 장소의 개념이 어떻게 개입될 있는가를 이해하는데 도움을 줄 것이다. 또한 이러한 공간의 범주화는 장소와 공간의 역사 및 자본주의의 발달과정에서 장소의 상실 또는 장소 소외를 설명하는데 중요한 의미를 가진다.

생활공간에서 체계공간의 분화

인간의 역사에서 최초의 장소는 자연적 위협으로부터의 피난처인 동굴 속이었을 것이다. 동굴 속은 수렵이나 채취 활동으로 생존을 영위했던 고대인들에게 자연적 재해(비, 추위, 그리고 맹수의 위협)를 피하고 안전하게 잠을 잘 수 있으며, 가족들의 모임이 이루어지고 자녀를 양육하는 보금자리였다. 즉 동굴 속 장소는 일상적 생활의 일부가 이루어지는 실천적 장소였다. 물론 수렵이나 채취를 위하여 헤매던 산이나 들 그리고 하천은 점차 친숙해진 장소로 인식되었을 것이다. 이러한 장소들은 공감적 체험과 대화 과정에서 상징적 의미를 부여받게 되었으며, 사람들은 이 장소들에 대해 어떤 장소감을 가지게 되었다. 나아가 이러한 실천적 공간으로서 장소들은 오랜 생활습관 속에서 점차 구조화된 공간으로서 장소로 전환하면서, 동굴 속 또는 주변 특정 장소는 일정한 기능(예로, 숙소, 제사장, 놀이터 등)을 부여받았을 것이다.

유목생활에서 농경생활로 전환하면서 정착한 주거지와 주변의 농경지들은 매우 중요한 장소로 간주되었다. 정착 생활 속에서 이러한 장소들은 일정한 생활양식이 형성되는 바탕이 되었으며, 또한 그 생활양식을 반영한 경관과 장소성이 조성되었다. 예로 정착 주거지는 원거리 사냥이나 전쟁 또는 여행에서 귀소본능을 가지도록 하는 고향으로 성격지운 것처럼, 실천적 공간은 오래된 정착 속에서 구조화된 생활공간으로 제도화되었다. 거의 모든 일상생활은 이 장소 속에서 이루어졌으며, 따라서 일상생활의 사회적 관계와 문화적 활동뿐만 아니라 경제적 생산-소비활동 및 권위나 권력의 행사와 관련된 정치적 활동도 한 장소 내에서 이루어졌을 것이다. 즉 실천적 공간이 어느 정도 구조화되었다고 할지라도, 일상생활이 제도화된 생활공간과 경제·정치적 활동이 이루어지는 (체계)공간 사이에 아직 분화가 이루어지지 않았다.

그러나 점차 사회적 관계가 확대되면서, 노동의 분업과 이와 관련된 물물교환이 이루어지게 되었다. 노동의 분업에서, 성(젠더)이나 연령에 기초한 사회적 분업뿐만 아니라 장소의 환경적 특성에 기초한 공간적 분업이 중요성을 가지게 되었다. 공간적 분업과 이에 의해 동반된 물물교환은 그 동안 한 장소 내에서 이루어졌던 생산과 소비를 분리시키는 과정이었다. 생산과 소비의 공간적 분리는 처음에는 시장에서의 대면적 만남을 통한 물물교환을 통해 매개되었지만, 화폐가 교환의 수단으로 등장한 이후 생산자와 소비자 간의 대면적 만남이 불필요하게 되었다. 이에 따라 사람들은 예로 곡물을 생산하지만 누가 소비할 것인지를 알지 못하고, 또한 마찬

<그림 5-2> 생활공간에서 체계공간의 분화과정

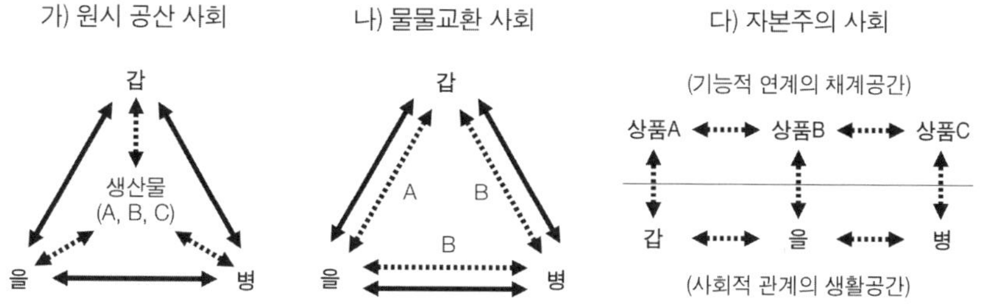

* 출처: Cohen(1978: 121).

가지로 소비하는 어떤 물건이 누구에 의해 생산된 것인지를 알 수 없게 되었다. 즉 화폐로 매개되는 상품들의 물신화뿐만 아니라 상품의 생산 및 소비 장소의 물신화(신비화)가 이루어지게 되었다. 요컨대 생산과 소비의 공간적 분리는 생활공간으로부터 경제적 체계공간의 분화를 의미한다.

〈그림 5-2〉는 코헨(Cohen, 1978)이 『마르크스의 역사 이론(Karl Marx's Theory of History: A Defence)』을 설명하면서 제시한 것으로, 공간적 분업과 교환을 통한 사회적 관계의 변화와 더불어 일상생활의 장소로부터 체계공간의 분화과정을 설명하기 위해 원용될 수 있다. 원시 공산사회에서 구성원들은 직접적 만남을 통해 사회적 관계를 형성했으며, 생산한 물품들은 교환 없이 공동으로 소유, 소비되었다. 사적 소유제가 등장하고 물물교환 사회가 형성되면서, 구성원들은 자신이 생산, 소유한 물품들을 교환했지만 이는 여전히 대면적 관계를 통해 이루어졌다. 그러나 교환과정에 화폐가 개입함에 따라, 물품들은 생산된 장소를 벗어나 점차 원거리로 유통되게 되었고, 생산자의 노동을 숨긴 채 그 자체로 가치를 가지는 것처럼 인식되

었다. 자본주의 사회의 도래로 이러한 상품들 간 기능적 관계로 형성된 체계공간은 생활공간을 완전히 벗어나 지구적 규모로 확장되었다. 하지만 이들을 생산한 노동자들은 자신이 생산한 상품을 전혀 통제할 수 없는 소외를 겪게 되었고, 또한 생산과정에서의 소외로 사회적 관계의 해체를 경험하게 되었다. 그뿐 아니라 이러한 상품의 소비자들은 화폐를 지불하고 상품을 구입, 소비하게 됨에 따라 자신의 필요라기보다 외적으로 자극된 (소외된) 욕망에 의해 지배되게 되었다.[3]

경제체계의 발달과 이로 인한 공간적 변화뿐만 아니라 혈연 및 지연에 기초했던 정치적 단위도 점차 확대되어 권력의 생성과 행사를 제도화한 국가로 발전하게 되었다. 그 동안 특정 장소(즉 영역)에 근거를 두고 집단의 합의와 규범 또는 직접적 폭력에 근거를 두었던 정치는 이들을 제도화하는 한편 그 영역을 점차 확장시키면서 국가체계를 발달시키게 되었다.즉 초기 국가들은 고대 그리스의 도시국가들처럼 일정한 장소(예로 polis)에 근거를 두었으며, 이 당시의 이상국가들은 대체로 대면적 관계(즉 직접 민주주의)를 전제로 한 것이었다. 그러나 국가의 영토가 점차 팽창하고 제국(주의)화되면서, 권력은 더 이상 장소에 근거를 두지 않게 되었다. 즉, 고대 국가의 발달과 더불어 권력은 사회의 구성원들로부터 도출되는 것이 아니

---

3 예로, 러시아 무역업자들이 알래스카 유목민들과 처음 교역을 시작하는 상황에 관한 크로논(Cronon, 1992: 38~39; 크레스웰, 2012: 68에서 재인용)의 서술에 의하면, "교역은 한 생태계의 자원을 다른 생태계에 속한 인간의 요구에 연결시켰다. 설탕, 알코올, 담배가 없던 알래스카 마을이 모피가 없는 커뮤니티와 교역함으로써 그런 것을 얻게 되었다." 이로 인해 마을 경제는 자급자족 필요를 넘어 시장의 영역으로 들어가게 되었고, "동시에 경제적 소비 행위가 점차 생태적 생산의 장소로부터 분리되면서, 사람들은 자신의 행위와 욕망의 결과로부터 멀어지게 되었다."

라 제도화된 신분집단(귀족) 및 성문화된 율법으로부터 도출된다는 점에서 물신화되었고. 이는 생활공간에서 정치적 체계공간도 분화하게 되었음을 의미한다.

고대사회에서 봉건제 사회에 이르기까지 전자본주의 사회에서 생활공간과 체계공간의 분화는 그러나 그렇게 기능적으로 발달하지는 못했다. 대부분의 지역들은 자급자족 경제체제를 이루고 있었으며, 화폐를 매개로 물물교환이 이루어지는 경우라고 할지라도 교환가치가 아니라 사용가치를 전제로 했다. 또한 봉건제 하에서의 권력 집단에 의한 정치적 지배는 모든 지역들에 항상적으로 영향을 미친 것은 아니라고 할 수 있다. 권력집단의 교체를 의미하는 왕조의 변화라고 할지라도, 각 지역 주민들의 일상생활에는 별로 큰 영향을 주지 않았을 것이다.

자본주의 이전 사회에서 일상생활의 대부분은 생활공간의 물리적 범위를 크게 벗어나지 않았다는 점뿐만 아니라 사회적 관계와 생활 규범 및 가치는 기본적으로 장소에 근거를 두고 있었다는 점에서 장소기반적이라고 할 수 있다. 또한 장소는 항상 구체적 사물들이나 사건들, 그리고 이들에 부여된 어떤 감정이나 가치와 관련하여 구성되었을 것이다. 이러한 장소기반적(또는 장소제약적) 생활 속에서 사람들은 자신이 살아가는 일정한 장소와 관련하여 정체성과 안전감을 가지고 생활했다고 할 수 있다. 따라서 실천적 공간으로서 장소와 구조화된 공간으로서 장소 간에 큰 괴리(또는 신비화)가 없었고, 또한 사회문화적 생활공간과 경제·정치적 체계공간 간에 본격적인 분리도 아직 이루어지지 않았다고 할 수 있다.

이러한 미분화 상태는 그러나 자본주의의 등장으로 급격히 변화하게 되었다. 노동의 분업이 더욱 발달하면서 지역적으로 생산의 전문화가 촉진되고 이에 기초하여 상품들의 교환이 급속히 증대하면서, 이를 매개하던 화폐는 단순히 교환수단에서 나아가 이윤추구를 위한 가치 증식의 수단, 즉 자본으로 운영되게 되었다. 자본의 이윤 추구를 위한 교환의 확대와 분업의 촉진은 상품거래를 위한 시장을 점차 팽창시켜서 세계적 규모로 확대시키게 되었다. 즉, 경제적 체계공간은 시장메커니즘의 기능적 작동에 의해 추동되면서, 국지적 생활공간과는 완전히 분리되게 되었다. 뿐만 아니라 일상생활의 장소와 관련된 물리적 배경으로서 국지적 환경들은 점차 자본주의적 생산을 위한 수단(즉 원료와 에너지원)과 장소(즉 공장이나 도로 등)로 이용되게 되었다. 이 과정에서 장소의 물리적 환경들은 점점 더 개발(파괴)되고 상품화되면서 자본의 축적과정에 편입되게 되었고, 장소의 속성은 일상생활의 필요 충족을 위한 사용가치보다는 이윤 추구를 위한 교환가치로 인식되게 되었다.

이러한 자본주의의 등장 및 발달과 병행했던 근대적 국민국가의 형성은 생활공간으로부터 정치적 체계공간을 완전히 분리시키는 계기가 되었다. 그 동안 영주 중심의 성곽도시에 근거하여 이루어졌던 정치는 국경을 서로 접하는 영토와 이에 귀속되는 국민들, 그리고 그 영토와 국민에 대해 배타적 권력(즉 주권)을 행사하는 국민국가에 기초한 정치체제로 전환하게 되었다. 국민국가의 권력은 명목상 국민들로부터 도출되지만 실제 권력은 대의정치에 의해 선출된 중앙집권적 정치집단과 폭력을 제도화(즉 제재수단을 정당화)한 공권력에 의해 행사되었다. 푸코(2011)의 생명권력 개념에 함의된 것처럼, 국민국가는 그 구성원인 국민들의 재산 및 생명의 안전을 위하여 봉사한다는 전제하에서 영토적 안전감을 국가적 차원에서 제도화하여 보장하고자 하지만, 오히려 국민은 과거 장소에 기초했던 능동적 안전감에서 국가의 제도적 장치에 의해 수동적으로 보장받는 안전감에 의존하도록 강제되었다. 아렌트(2006)에 의하면, 이러한 국민국가는 한 국가 내 다른 민족에 대해서는 배타적으로 억압하고 추방하면서, 물신화된 정치 영토를 확장시키는 전체주의로 변질되기도 했다.

생활공간에서 체계공간이 분화하는 이러한 과정은 궁극적으로 체계공간에 의한 생활공간의 식민화를 초래하게 되었다. 전자본주의 사회에서 경제적 생산과 소비는 한 장소 내에서 이루어지면서 그 장소의 구성원들의 암묵적 합의를 통해 공동으로 관리되었고, 정치적 제재와 질서는 때로 직접적 폭력에 의존했다고 할지라도 장기적으로 장소에 기초한 사회적 규범과 동의(예로, 향약)에 근거를 두었다. 즉 경제적 및 정치적 활동은 일상생활과 분리되지 않은 채 같은 장소에서 이루어졌다. 그러나 자본주의의 발달과 더불어, 생활공간으로부터 분화된 경제적, 정치적 체계공간은 '보이지 않는 손'과 같이 물신화된 어떤 힘 또는 그 자체의 운영 법칙에 의해 의사-자율적으로 작동하게 되었다. 뿐만 아니라 이러한 체계공간의 작동 원리(시장원리 및 대의정치의 원리)와 매체들, 즉 화폐와 권력은 생활공간에 침투하게 되었다. 생활공간에서 호혜적 관계를 전제로 언어를 매개로 한 대면적(인격적) 만남과 의사소통은 점차 줄어들고, 배타적 이해관계를 전제로 화폐와 권력에 의해 매개되고 이를 추구하는 기능적 접촉이 확대되었다. 이에 따라 생활공간은 점차 침식(물리적 범위에서 뿐만 아니라 질적 의미에서)되었고 결국 체계공간을 작동시키는 돈과 권력에 의해 지배되면서 전통적 장소의 성격을 박탈하거나 왜곡시키게 되었다.

현대 사회에서 장소 소외와 그 배경

오늘날 도시사회에서 장소 상실 또는 장소 소외는 이와 같이 경제·정치적 체계공간에 의한 생활공간의 식민화에 기인한다. 분명 일상생활이 영위되는 장소들은 존재한다고 할 수 있으나 이 장소들은 이제 더 이상 본래의 성격을 가지지 못한다. 예로, 오늘날 주거공간은 과거와 같이 일상적 생활이 영위되는 장소이긴 할지라도 또한 동시에 투자나 투기의 수단으로 이용되고 있다. 이에 따라 사람들은 어떤 임계적 상황에서 주거공간을 삶의 장소 또는 생활공간(주거라는 필요를 충족시키는 사용가치)으로 간주하기보다는 체계공간의 일부(재산의 저장과 증식을 위한 교환가치)로 인식하는 경향을 가지게 되었다. 오늘날 도시인들은 주택을 일상적 삶의 보금자리이고 이에 따라 가정생활의 규범이 내재되어 있는 장소로 인식한다고 할지라도, 만약 주택가격의 상승으로 차액이 생긴다면 언제든지 팔고 이사 갈 준비를 할 것이다. 이러한 의식 속에서 주거공간은 본래의 기능을 점차 상실하게 되고, 도시인들은 자신의 주거공간이나 그 주변 이웃사회에 뿌리를 내리기 못하고 소외되게 되었다.

현대 도시사회에서 이와 같은 뿌리 뽑힘, 특히 주거의 장소성 붕괴 또는 왜곡, 즉 장소 소외는 기본적으로 자본주의적 경제정치체제에 기인한다고 할지라도, 여러 촉매적 요인들, 특히 지구화와 정보화를 배경으로 가속화되고 있다. 우선 자본주의 경제의 공간적 불균등발전 및 지구화 과정에 의한 장소(성)의 상실을 지적할 수 있다. 자본주의 경제는 자본의 가치증식을 끊임없이 추구하지만, 주기적인 위기를 내재하고 있다. 일단 한 지역의 경제가 위기에 처하게 되면, 이를 극복하기 위하여 경제적 및 공간적 재구조화 과정을 추진하게 되고, 이에 따라 장소들의 상대적 지위가 변화하게 된다. 즉, 한 장소(지역이나 국가)에서 과잉축적의 위기가 발생하게 되면, 이를 해결하기 위한 공간적 조정(spatial fix) 과정은 과잉자본을 다른 장소로 이동시킴으로써 기존의 장소를 해체시키고 다른 장소에서 새로운 체계공간을 구축하고 팽창시킨다(하비, 1995). 이에 따라 한때 성장하던 도시의 장소들은 쇠퇴하고, 새로운 장소들이 자본의 위기 극복과 새로운 공간관계의 형성과정에서 부상하게 된다. 실제 어떤 장소의 경제적 안정성이 붕괴되면, 흔히 그 장소의 의미가 위축되거나 상실 또는 왜곡되게 된다. 달리 말해 한 지역의 경제적 체계공간이 기능적으로 발전하거나 또는 역으로 위협에 처하게 되면, 생활공간으로서 장소는 이로 인해 심각한 충격을 받게 되면서 결국 자본 축적과정에 포섭(식민화)된다.

이러한 자본주의의 내적 위기를 극복하기 위한 과정에서 자본주의 경제는 궁극적으로 지구화과정을 추동하게 되었다. 1990년 사회주의 체제의 붕괴 이후, 자본주의는 기존의 공간을 넘어서는 새로운 팽창전략을 추구했다. 이른바 신자유주의에 기초한 지구화 전략은 경제적으로 국경을 넘어 자유로운 자본 이동을 추동하고 정치적으로 새로운 제국의 출현과 세계시민사회의 도래를 천명한다. 특히 경제적 측면에서 지구화 과정을 주도하고 있는 초국적 자본은 어떠한 장소에의 소속감을 떠나서 최고의 이윤을 얻을 수 있는 곳을 찾아 쉼 없이 유동한다. 세계의 각 도시들은 기능적 관계로서 연계됨에 따라 개별 도시들은 더 이상 장소로서 인식되지 아니하고 세계도시체계의 결절지로서 역할이 부각되었다. 지구화 과정은 세계적 규모로 생활공간을 해체하고 체계공간으로 전환시키는 과정이라고 할 수 있다. 이러한 지구화 과정에서 이루어진 지역들 간의 기능적 연계성의 발달은 상호의존성('상품사슬' 등으로 지칭되는 매우 전문화된 국제적 분업)의 확대를 통해 자본축적 과정을 촉진하지만, 불균등발전이 심화되는 상황에서는 지역간 갈등과 긴장관계를 촉진하고 궁극적으로 지역의 차원을 넘어서 세계적 위기를 초래하게 되었다.

현대 사회에서 장소성의 상실을 촉진하는 또 다른 요인은 정보화 과정이라고 할 수 있다. 교통 및 정보통신기술의 발달은 물리적 공간 거리를 극복하고자 하는 인간의 욕구에 기초해 있다고 할지라도, 자본주의 사회에서는 특히 자본축적과 관련된다. 자본은 그 회전속도(즉 자본의 회전율)를 높여서 더 많은 이윤을 얻을 수 있도록, 원료 및 제품의 이동시간을 단축시키고자 한다. 즉, 자본은 '시간을 통한 공간의 절멸'을 위해 공간적 관계망의 기술적, 조직적 변화를 추구하게 된다. 공간적 거리의 극복(즉 시공간적 압축)을 위한 교통 및 통신수단들의 발달은 교통비용을 절감하고 자본의 공간적 이동을 보다 신속하게 함으로써 자본 축적에 기여한다. 고도화된 정보통신기술에 의해 세계적인 네트워크가 형성되었고, 이에 따라 자본은 어느 한 곳에 머물기 보다는 끊임없이 이동하는 '흐름의 공간'에서 떠다니게 되었다. 이러한 흐름의 공간에서 상품이나 자본뿐만 아니라 어느 정도 장소고정적인 특성을 가지는 노동력의 이동성도 현저히 증가하여, 선진국들이나 상대적으로 발달한 개발도상국들에서도 쉽게 외국노동력을 볼 수 있게 되었다. 교통 및 정보통신 기술이 고도화된 현대 사회에서 "지배적 조직이 문화적 정체성과 국지적 사회의 제약으로부터 분리된 것처럼, '흐름의 공간(space of flow)'은 역사적으로 구축된 '장소들의 공간(space of places)'을 지배하게 되었다"(카스텔, 2001: 20~21).

이러한 교통 및 통신기술의 발달과 시공간적 압축은 그 자체로서도 장소의 속성을 완전히 바꾸어 놓게 되었다. 어떤 한 고립된 시골 마을에 철도나 도로가 건설되고 그 마을이 급속도로 변화하는 것처럼, 새로운 교통 통신 기술의 발달과 이를 응용한 새로운 수단의 도입은 장소들 간 상호교류를 증대시키면서 개별 장소가 가지는 특수성을 급속히 사라지도록 했다. 심지어 근대적 교통시설이나 수단 자체가 탈장소화를 촉진한다. 과거의 골목길이나 오솔길은 그 자체로서 추억과 정감을 불러일으키는 (기억의) 장소였지만, 오늘날 고속도로나 고속철도의 발달은 차량 이동의 효율성만을 우선할 뿐이고 소규모 장소와 주변 경관에 대해서는 아무런 고려를 하지 않는다. 이로 인해 오제의 '비장소' 개념에 함의된 것처럼, "초근대성의 시대에서 속도의 발달은 개인의 통제력을 넘어서 있으며, 무수히 많은 장소를 단지 스쳐 지나가"도록 한다(김언영, 2020: 34).

요컨대, 새로운 교통·통신수단의 발달과 시공간적 압축으로 거리의 마찰이 극복되고 장소들 간 접근성이 증대되며 상호 만남의 가능성은 커진다고 할지라도, 기존 장소들이 가졌던 고유한 특성들은 점차 소멸되고 사람들은 더 이상 장소감을 갖지 못한 채 소외된다. 이러한 장소(성)의 상실은 정보통신기술의 고도화에 의해 구축된 사이버공간에서 극단적으로 나타난다. 오늘날 점점 더 많은 시간과 활동 영역들로 확산되고 있는 사이버공간의 활용은 시, 공간을 초월한 네트워크 형성과 새로운 사이버 공동체의 구축을 촉진하고 있지만, 현실의 사회공간적 관계는 오히려 위축되고 장소기반적 공동체의 특성은 와해되는 결과를 초래하고 있다.

이러한 지구화 및 정보화와 더불어 근대성의 발달은 장소성의 상실 또는 장소 소외의 주요한 배경으로 지목된다. 근대성이란 "대략 17세기경부터 유럽에서 시작되어 전세계적으로 영향력을 확대하고 있는 사회생활이나 조직의 양식을 의미한다"(기든스, 1991b: 17). 근대성에 관심을 가지는 많은 학자들은 이 주제를 흔히 시·공간적 문제와 관련시키거나 또는 이 문제로 귀착시키고 있다. 대표적인 예로, 기든스는 근대적 역동성의 원천으로 시간과 공간의 분리, 장소귀속 탈피 메커니즘, 지식의 성찰적 전유라는 세 가지 요소를 제시한다. 근대적 합리성의 발달은 시간과 공간을 표준화시키고 이들을 서로 분리시켰다. 과거 일상생활에서 시간과 공간은 분리되지 않은 채 다소 부정확하고 가변적이지만 구체적인 사건이나 사물들과 관련지어 인식되었다. 그러나 물리적 시간을 인식하는 달력과 시계, 그리고 물리적 거리를 측정하는 계측기와 근대적 지도의 발달과 보급 확대는 구체적인 사건이나 사물들을 시공간으로부터 분리시키고, 절대적(즉 추상적) 시공간의 인식과 활용을 일반화시켰다.

이러한 추상적 공간의 철학적 기반은 데카르트의 절대공간(또는 선험적 공간) 개념에서 도출된다. 데카르트적 절대좌표 체계에서는 우선 선험적 공간이 주어지고, 그 다음 사건이나 사물들의 위치가 정해진다. 이러한 데카르트적 관점은 공간을 추상화시키면서 그 속에 위치 지운 다양한 사물들과 사건들로부터 분리시키게 된다. 그뿐 아니라 이러한 추상적 공간관은 공간상의 합리적(또는 효율적) 사물 배치를 추구하는 근대적 도시계획의 바탕이 되었다. 구체적 장소들은 이제 추상적 공간관에 의해 설계되며 나아가 정책적으로 재개발되게 된다. 추상적 공간으로 인식되는 장소들은 더 이상 어떠한 가치나 의미를 가지지 못하게 된다. 이러한 공간에서 사람들은 자신의 삶의 터전인 장소와 어떤 구체적 관계성을 잃어버리고 결국 텅빈 공간의 느낌, 즉 공간적 소외감을 가지게 된다. 근대 사회에서 이러한 공간의 추상화와 장소의 탈가치화 그리고 이로 인한 공간적 소외감은 자본주의 경제에 의한 장소의 상품화와 손을 맞잡고 진행된다.

포스트모더니티는 이러한 근대성(모더니티)이 보다 급진적으로 진행, 또는 전환된 것으로, 포스트포드주의의 상부구조로 이해되며, 또한 모더니즘에 대한 일종의 반작용으로 등장한 포스트모더니즘의 역사적 측면과 관련된다. 하비(1995b)에 의하면, 모더니티에 바탕을 둔 근대화 과정은 공간을 상품화하여 자본주의 경제체제 특히 대량생산·대량소비로 특징 짓는 포드주의 축적체제에 포섭시켰다. 이에 따라 개별 장소의 특성은 사리지고, 절대적 공간 개념에 바탕을 둔 지리적 지식의 합리화, 추상화가 추구되었다. 포스트모더니티는 이러한 포드주의 축적체제의 위기에 대한 시공간적 해결책을 모색하는 과정에서 만들어진 시공간적 압축의 역사적 조건으로 이해된다. 포스트모더니티의 물적 토대로서 포스트포드주의는 시공간적 압축의 가속화로 공간 장벽의 중요성이 감소함에 따라 자본주의 경제체제를 지구적 규모로 확장시켰지만 또한 동시에 자본을 유인하기 위해 개별 장소를 차별화하고자 했다. 이 과정에서 공간은 다채롭고 다양한 특성을 가지는 것처럼 보이지만, 실제 상품화, 파편화되고, 추상화, 획일화됨에 따라 장소의 상실을 가속화시켰다. 건축양식 등에서 나타난 포스트모더니즘은 차이와 타자성, 절충성 등을 강조하지만 이는 사회공간적 변화를 수동적으로 묘사한 것으로 간주된다. 오제의 비장소 개념은 이러한 포스트모더니티(그의 용어로 초근대성)의 사회에서 탈주체화·탈역사회된, 소외된 공간의 작동 구조를 분석한 것으로 이해된다.

의사적 장소 창출과 그 한계

현대사회는 지구화 및 정보화 과정 그리고 (탈 또는 초)근대성의 발달로 인해 장소성을 상실하였다는 주장은 물론 모든 장소들이 소멸했으며 이로 인해 완전히 무장소로 전환했을 의미하는 것은 아니다. 여전히 우리의 일상생활이 영위되는 장소들은 대체로 물리적으로 국지적 범위에 한정되어 있다. 하지만, 이러한 장소들은 더 이상 사회적 가치나 규범을 함의하지 않으며, 사람들은 이러한 장소와 관련하여 어떤 정체성이나 안전감을 느끼지 못하게 되었다. 요컨대 한편으로 전통적 장소들은 현대사회의 구조적 힘에 의해 그 의미(장소감)를 상실하고 붕괴되고 있다.

그러나 다른 한편 오늘날 도시나 지역들에서 우리는 새로운 장소들이 끊임없이 만들어지고 새로운 장소성이 조작적으로 부여되고 있음을 목격할 수 있다. 대도시들은 지구화 과정 속에서 '세계도시'를 지향하는 거대도시 이미지의 제고와 새로운 장소 건설을 촉진하며, 지방의 중소도시들도 역외 자본이나 관광객을 유치하기 위하여 다양한 유형의 지역 축제나 이른바 장소 마케팅 전략을 통해 지역의 이미지를 개발하고 상품 가치를 높이고자 한다. 그 외에도 기존의 장소를 해체하고 새로운 장소를 창출하려는 시도는 도시 재생이나 젠프리피케이션 과정 등 다양한 방법으로 이루어지고 있다.

이처럼 현대사회에서 새로운 장소들은 여러 방식으로 창출되고 있지만, 궁극적으로 자본주의적 공간의 생산 논리에 의해 규정된다. 자본의 논리를 배경으로 창출된 새로운 장소들은 전통적 의미의 장소성, 즉 장소 정체성이나 안전감을 무시하거나 무관하다는 점에서 진정한 장소가 아니라 의사적(擬似的) 장소라고 할 수 있다. 도시나 지역의 특정 장소가 가지는 전통적 생활양식이나 유·무형의 문화유산을 복원하거나 새로운 경관과 이미지를 (재)창출하려는 노력은 나름대로 의미 있는 장소(성)를 만들어낼 것처럼 보인다. 하지만 '기업하기 좋은 도시'라는 구호에서 알 수 있는 것처럼, 기업가적 지방정부와 건설자본 등에 의해 촉진되는 장소 창출은 소비자를 유치하여 이윤을 올리거나 역외 자본의 투자를 유도하여 지역 경제를 성장시킬 목적으로 추진된다는 점에서 지역 주민들의 실천과 정체성에 기초한 진정한 장소 만들기와는 거리가 멀다.[4]

오늘날 지방정부의 주요 관심사가 되고 있는 장소마케팅(또는 장소 판매, 판촉)은 이와 같은 신자유주의적 자본의 논리 그리고 기업가적 지방정부의 논리에 의해 추진되는 장소의 상품화 과정을 의미한다. 장소마케팅이란 특정한 장소를 하나의 상품으로 인식하고, 내부 주민들의 일상생활과는 유리된 채 외부 소비자(특히 관광객)의 선호에 적합하도록 이미지를 개발해 장소의 상품가치를 높이는 전략이다(이무용, 2006). 새로운 장소를 창출하고 판매와 소비를 촉진하기 위하여, 장소 스펙타클의 강화, 다양한 광고를 통해 상품으로서 장소 이미지의 홍보, 외부 소비자들의 관심을 끌기 위해 지역 전통 자원을 동원한 각종 축제, 이 모든 것들이 장소 마케팅과 지역발전이라는 명분하에 거의 모든 지자체들에 의해 경쟁적으로 추진된다. 장소 마케팅은 물론 완전히 새로운 어떤 이미지를 만들어내기 보다는 기존의

4 신자유주의적 자본주의의 지구지방화 과정 속에서 추진되는 이러한 새로운 장소의 창출은 기존의 장소들을 파괴하고 새로운 건조환경을 조성한다는 점에서 흔히 '창조적 파괴'로 불린다(최병두, 2012).

물리적, 인공적 환경이나 문화적 전통을 제도화(예로, 한옥지구 또는 문화특구 등의 지정)하고 이와 관련된 유무형의 유산을 보수보존하며, 다양한 방법으로 홍보함으로써 특정한 장소와 관련된 이미지를 개선하려는 노력도 포함한다. 그러나 이러한 장소 마케팅은 소비자 또는 자본을 유치하기 위해 장소의 고유한 특성을 구축하여 다른 장소들과 계획적으로 차별화시키고자 하지만, 이렇게 창출된 장소들은 획일적으로 적용되는 상품화와 권력의 논리로 인해 구체적인 장소 특성과는 무관하게 결국 모두 닮은 모습을 드러내게 된다.

장소마케팅은 장소를 상품화하기 위하여 장소의 외형적 환경을 새롭게 조성하고 이미지를 창출하는 과정 즉 장소 만들기와 창출된 장소 경관과 이미지를 홍보하여 많은 사람이 소비하도록 하는 장소판매 과정을 포함한다. 최근 장소마케팅 전략은 새로운 장소 브랜드의 창출(이정훈, 2008)이나 장소들 간 네트워크(즉 지역적 믹스)를 통한 상호관계의 창출(이무용, 2009) 등으로 발전하고 있다. 이러한 점에서 장소마케팅은 내생적 지역발전을 위한 주요한 전략으로 동원되며, 지자체장들의 치적으로 홍보된다. 이들에 의하면, 장소 마케팅은 경쟁력 강화를 통한 지역경제의 활성화와 지방재정 자립도의 증대에 기여할 뿐 아니라, 지역의 고유한 문화를 발굴하거나 새로운 이미지를 창출함으로써 지역주민들의 정체성 확립을 통해 주민들의 지역적 통합에도 도움이 되는 것으로 간주된다. 그러나 자본주의 사회에서 이러한 장소마케팅은 결국 주민들의 일상적 체험과는 무관하게 과거의 문화적 전통이나 유산의 복원 또는 새로운 이미지의 부여를 통해 장소성을 (재)구축하고자 한다는 점에서, 장소 소외를 유발할 뿐 아니라 장소를 물신화된 상품적 가치로 조작하고, 이를 통해 경제적 이윤이나 정치권력을 얻으려고 한다는 점은 부인될 수 없다.

이러한 의사적 장소 창출은 지난 반세기 동안 추진되어 온 신도시 건설이나 도시 재개발 그리고 최근 관심을 끌고 있는 도시재생이나 젠트리피케이션 과정에서도 찾아 볼 수 있다. 도시 토지 및 주택 수요에 부응하고 노후화된 건조환경을 정비할 목적으로 추진된 도시 재개발은 급증하는 도시 인구에게 주거공간을 제공하거나 산업의 확장 및 새로운 산업의 개발을 위한 공업지구를 건설하고, 도시의 노후화된 건조환경을 정비하고 근대화된 생활양식을 촉진하는데 기여했다고 하겠다. 이러한 도시 (재)개발과 공간의 재편은 새로운 장소들을 창출하여 고가의 아파트 주거단지와 관련 시설들이 입지할 수 있도록 했겠지만, 낡은 달동네의 빈민들과 소규모 자영업자들은 그 동안 삶의 뿌리를 두고 살아왔던 곳에서 추방되고, 이들의 장소는 소멸되게 되었다.

그동안 도시 재개발은 다양한 방식(과거 강제철거 재개발에서부터 최근 도시재생사업에 이르기까지)으로 이루어졌지만, 주로 지역주민들의 의사와는 무관하게 정부(중앙 및 지방)에 의해 계획되고 건설자본에 의해 추진되었다. 최근에는 정부의 노골적 개입이 없다고 할지라도(흔히 직, 간접적으로 개입하지만), 이른바 젠트리피케이션 과정은 노후화된 구도심지역을 재활성화하면서 대형 문화·상업시설들의 재유입을 위한 장소의 재창출을 촉진하고 있지만, 실제 재활성화에 기여했던 원주민들은 강제적으로 내몰리는 상황이 초래되고 있다. 이러한 도시 재개발을 통해 기존의 많은 장소들이 사라지는 한편 새로운 장소들이 수많이 창출되었지만, 이를 통해 형성된 장소들은 자본의 논리에 더욱 포섭되면서 고유한 속성을 잃어버린 소외된 의사적 장소에 불과하다고 하겠다.

이러한 의사적 장소(성)의 창출은 일부 인간주의적 지리학자나 도시계획가들 또는 포스트모던론자들에 의해 이론적으로 뒷받침되는 것처럼 보인다. 예로 렐프(Relph, 1976: 96)에 의하면, “만약 장소들이 실제 세상 속에서 인간 실존의 근본적인 측면을 이룬다면, 또한 개인이나 집단의 평온함과 정체성의 원천이라면, 의미심장한 장소 경험과 장소의 창조 및 지속”은 매우 중요하다고 강조된다. 인간주의자들의 이러한 주장은 비록 자본(또는 권력)에 기여하는 의사적 장소의 창출을 옹호하는 것이 아닐지라도 이에 기여하도록 동원될 수 있다. 따라서 주민 생활과 유리된 장소성의 조장은 소외를 더욱 심화시킬 것임을 강조할 필요가 있다.[5]

이러한 주장은 일부 포스트모던(건축)론자들에서도 찾아 볼 수 있다. 포스트모던론자들은 장소들이 만들어 내는 차이와 특이성뿐만 아니라 장소의 외형적 환경으로서 건축물들에 대한 과거 건축양식의 복원이나 절충에 관심을 가진다. 뿐만 아니라 새로운 문화경제 또는 공공예술의 입장에서 기존의 도시경관과 그 이미지가 새롭게 심미적 특성을 가지도록 다양한 조경이나 행사들이 강구될 수 있다(최병두, 2012). 그러나 역설적으로 이러한 포스트모던 건축양식이나 공공예술이라고 할지라도 그 속에는 이윤을 추구하는 상업적 목적이 도사리고 있음을 확인할 수 있다.

인간주의적 관점에서 진정한 장소 경험과 장소의 창출 및 지속은 매우

---

5 다음과 같은 주장은 이러한 문제점을 더욱 심각하게 드러낸다. 즉, “그것이 역사적 가치가 있는 문화재이든 아니면 단순한 상업적 이용을 위한 것이든 혹은 단순히 한 그루의 마로니에이든 간에 이용자들로 하여금 과거의 기억을 유발시키는 물리적 환경이 있음으로써 사람들은 보다 풍부한 장소성을 체험하게 된다”(이석환, 1998). 단순한 과거의 기억을 유발하는 물리적 환경의 유지나 조성으로 장소성이 체험되는 것은 결코 아닐 것이다.

중요하며, 포스트모더니즘론자들이 강조하는 것처럼 장소들은 다른 장소들과는 '차이'를 가지고 '타자성'을 내재한다. 그러나 이들은 이러한 장소들이 만들어지는 배경에 대해 비판적으로 접근하여 깊이 있게 분석하려 하지 않는다. 사실 자본주의 사회에서 장소와 관련된 차이와 타자성은 장소에 고유하게 주어지는 것이 아니라, 자본투자의 불균등성과 노동의 공간적 분업에 의해 생산된 것이다. 즉, 자본주의적 발전과정과 공간적 조정 과정에서, 장소들은 균등하게 발전하기 보다는 매우 차별적으로 변화한다. 포스트모더니즘론자들이 차이와 타자성을 이와는 전혀 다른 맥락에서 강조한다고 할지라도, 현실 세계에서 드러나는 차이와 타자성은 분명 자본축적의 논리와 밀접한 관계를 가진다. 이러한 점에서, 공간은 무수히 많은 차이와 타자성이 존재하는 장소들의 복합체라고 할 수 있다. 우리는 차이와 타자성을 그 자체로서 뿐만 아니라 전반적인 자본주의의 발전논리 속에서 이해해야 한다.

의사적 장소성의 복원과 관련하여 공동체주의자들의 주장도 비판적으로 검토해 볼 필요가 있다. 전통적 장소성은 기본적으로 장소에서 이루어지는 호혜적 관계를 전제로 한다는 점에서, 장소는 흔히 공동체를 함의하는 것으로 이해된다. 이에 따라, 현대 사회에서 장소(성)의 상실을 극복하기 위한 대안들 가운데 하나로 현실 공간 또는 심지어 사이버 공간에서의 공동체의 구축이 강조되고 있다. 공동체의 복원 노력은 현대사회의 구성원들이 장소의 정체성을 상실한 채 불안정한 생활을 영위하고 있음을 지적하고 이를 극복하고자 노력한다. 이러한 점에서, 공동체주의자들은 그 구성원들이 보편적 권리에 따라 물질적 이해를 공유하기 보다는 상호존중을 통해 공동생활에 참여하고 합의를 통해 가치를 공유하는 공동체를 강조한다(에로, Ezioni, 1996). 이러한 공동체는 물론 그 장소에 근거한 결속력과 정체성을 가질 것으로 추정할 수 있다. 심지어 이러한 공동체는 사이버공간 속에서도 구축될 수 있는 것처럼 인식될 수 있다. 사이버 공간에서는 아무런 조건 없이 접속이 이루어지며, 비위계적 의사교환이 가능하고, 기존의 권위나 권력이 직접적으로 작용하지 않는 자유로움 속에서 관계가 형성될 수 있다는 점에서, 사이버 공동체는 완전한 민주주의와 자유주의를 실현시킬 수 있다는 점이 주장되기도 한다.

현대 사회에서 순수한 의미의 공동체 복원에 대한 시도들이 완전히 부정되어서는 안 될 것이다. 그러나 오늘날 공동체주의자들은 장소성을 크게 강조하지 않으며, 장소성의 복원을 추구하는 공동체론자라고 할지라도 왜 장소성이 상실되었는가에 대해 치밀하게 분석하지 않는다. 이로 인해 오늘날 공동체에 관한 주장이나 시도는 장소의 공동체가 아니라 장소와 유리된 가치나 이해관계의 공동체를 추구하는 경향을 보인다. 또한 대면적 만남에 근거를 두기 보다는 사이버공간상에서 간접적 접속에 기초한 상호관계는 장소기반적 공동체의 특성을 오히려 와해시킬 수 있다. 물론 장소성이나 대면적 만남 그 자체가 공동체적 장소의 구축에 필수적인 조건이라는 점이 지나치게 강조되어서는 안 될 것이다.

예로, 영(Young, 1986)은 대면적 공동체의 이상을 비판하면서, 대신 '동화되지 못한 타자성에 대한 개방적 태도'를 표방하는 '비억압적 도시'를 대안으로 제시한다. 시간이나 공간에 의해 매개되는 모든 관계들 속에서 다양한 유형의 차이들을 담아내고 조정할 수 있는 도시생활의 생생한 경험에 바탕을 둔 장소의 건설이 강조된다. 이러한 영의 주장에서 장소성과 대면적 관계에 기초한 공동체가 비판되는 이유는 의사적 장소성의 복원이 배타적인 지역중심주의적 또는 전체주의적 해석과 정치를 초래할 가능성이 있기 때문이다. 즉, 한 사회의 장소성(특히 폐쇄적 장소성)은 자신의 장소에 대한 우월성을 강조하는 반면 타자의 장소에 대해서는 비하하거나 무시하는 경향을 가질 수 있다.

현실적으로 특정한 장소성에 중독된 구성원들은 인종적, 민족적 우월성과 동시에 외국인 공포증을 가지는 맹목적 성향을 가질 수 있다. 이로 인해 현실 세계에서, 개별 장소들이 가지는 문화적 다양성이 세계적 자본주의의 상품문화에 공격되는 것처럼, 각 장소들에서 이러한 문화를 영위하고 있는 인종들에 대한 배타성으로 인해 격렬한 인종전쟁(인종청소라고 할 정도로)이 발생할 수 있다. 즉, 배타적 장소감은 우리 자신과 우리의 장소를 안전하게 되도록 다른 인종을 청소하거나 강제적으로 제거하는 결과를 초래할 수도 있다. 의사적 장소성에 대한 강조는 편협한 지역주의를 부활시킬 수 있으며, 귀속감이 강화되면 될수록, 국외자에 대한 적대감은 그만큼 더 커질 수 있다. 공유된 특성의 인식을 배제한 채 단순히 소속감이나 특이성만을 강조하는 장소성은 폐쇄적 사회공간, 즉 이른바 '빗장공동체'(gated community)나 심지어 침략전쟁을 정당화하기 위해 생활공간(Lebensraum) 개념을 강조했던 나치 정권처럼 전체주의적 국민국가로 나아갈 가능성을 가질 수 있다.

제6장

장소 소외와 탈소외의 사유들

'무위의 장소'에서 비판적 장소론으로

장소 및 이와 관련된 개념들(대표적으로 삶의 터전, 보금자리, 공동체, 유토피아 등)은 매우 규범적인 의미와 진정성을 가지는 것으로 이해된다. 따라서 사람들은 문화유산이나 전통적 생활양식의 재현이 장소에 대한 향수나 애착, 정체감, 안전감을 되살려 줄 것으로 기대하고 또한 그렇게 알고 있다. 그러나 장소는 단순히 긍정적인 의미만을 가지는 것이 아니라, 장소 밖의 사람들에 대한 배타성이 작동하거나, 또는 장소의 규범적 의미 이면에는 이윤 또는 권력 추구의 논리가 깔려 있기도 하다. 장소의 개념은 이처럼 경제적, 정치적 권력의 행사나 이데올로기의 작동 등을 은폐하는 부정적인 측면을 가진다. 사실 이러한 점에서 보면, 최근 장소를 새롭게 복원 또는 재창출하려는 다양한 시도들 가운데 상당 부분은 실제 장소(감)의 심각한 왜곡이나 소외를 촉진하는 성향을 내재하고 있다.

그렇다면, 또는 그럼에도 불구하고, 왜 장소에 관한 비판적 연구자들은 장소에 관심을 두고 이를 복원 또는 재창출하고자 하는가? 어떤 장소들이 과연 인간 삶의 진정성이나 사회적 규범성을 반영하거나 내재하고 있는가? 만약 장소에 내재된 이러한 가치가 점점 더 사라지고, 장소 재창출의 긍정적 측면보다 부정적 측면이 훨씬 더 강하게 작동한다면, 우리는 장소의 규범적 의미를 거부하고 장소의 복원이나 새로운 창출을 위한 시도를 포기해야 할 것인가? 또는 장소의 의미를 새롭게 해석하거나 가치를 부여하기 위한 연구를 계속하면서, 현실 세계에서 이를 실현하기 위한 계획과 실천 운동을 추진해 나가야 할 것인가? 궁극적으로, 왜 사람들은 끊임없이 장소를 이루면서 살아가야만 하는가?

이러한 의문에 답하기 위해, 우선 장-뤽 낭시(Jean-Luc Nancy)가 제안한 '무위의 공동체' 개념을 살펴 볼 수 있다(낭시, 2010). 무위의 공동체(inoperative community)란 어떤 목적이나 이해관계를 전제로 구성된 공동체적 관계가 아니라, 죽음을 공통적으로 전제하는 유한한 존재(단수적이지만 또한 복수적인 존재)들이 시공간을 공유함(즉 '함께 있음')으로서 구성되는 공동체를 의미한다. 기존의 (자유주의 또는 공동체주의에 근거한) 공동체 개념들은 구성원들 간 동질성과 통합을 강조하면서 공동의 이해관계를 추구하지만 내적 폐쇄성과 타자에 대한 배타성을 함의하는 것으로 비판된다. 그뿐 아니라 영(Young, 1990)이 대안으로 제시하는 '인정의 공동체'처럼 차이와 타자성을 강조하는 포스트모던 공동체 개념 역시 규범적 이상을 추구한다는 점에서 거부된다. 이들은 공통적으로 근대화 과정에서 공동체가 붕괴, 상실되었다는 믿음에 따라 공동체를 복원하기 위한 프로젝트가 필요하다고 주장한다. 그러나 낭시는 이러한 공동체 개념들에 반대하고, 대안적 원리로 어떠한 목적도 전제하지 않는 공동체, 즉 '무위의 공동체'로서, 유한한 존재 그 자체로 긍정의 관계를 만들어내며 이를 통해 다른 존재의 변화를 일으키는 공동체를 강조한다.

이러한 무위의 공동체 개념은 많은 함의를 가지며, 장소에 관한 논의에도 바로 적용될 수 있다. 즉 유한한 인간이 공유하는 시공간의 공동체로서 장소는 어떤 계획된 복원/창출 프로젝트로는 만들어질 수 없고, 단지 존재론적으로 전제되는 것으로 간주된다. 진정한 장소는 어떤 배타적 소속감이나 정체성을 전제로 하지 않는 존재론적 공동체로서 의미를 가진다. 이러한 장소는 주어진 도시적 상황에서 비위계적인 관계의 방식을 지속가능하게 하는 삶의 조건으로 이해된다. 낭시의 공동체 개념은 규범적 장소 개념 자체를 거부하기보다는 이러한 장소를 창출하기 위한 기획을 거부하면서, 주체와 타자 간의 이분법에 의한 위계구조를 넘어서 죽음과 같은 존재론적 한계를 공유하는 인간에게 부여되는(또는 도래하는) 공동체를 추구한다(김지윤, 2022). 요컨대 장소의 (재)창출은 존재론적으로 함께 살아가야 할 유한한 인간의 삶을 위해 불가피하다. 그러나 이러한 공동체 또는 장소의 개념은 기존의 논의에 함의된 규범성을 비판하기 위하여 초규범적이고 초역사적인 개념에 의존한다는 점에서 한계를 가진다.

또한 무위의 공동체에 관한 낭시의 논의는 이러한 공동체(또는 장소)가 현실 세계에서 어떠한 모습으로 구현될 수 있는가[1], 그리고 이를 성취하기 위한 어떤 실천적 노력이 기획된 것이라는 점에서 거부되어야 하는가라는 점 등에서 여전히 의문을 남긴다. 그러나 낭시의 주장이 장소 공동체를 위한 실천이 필요 없다거나, 해서는 안 되는 것으로 이해되어서는 안 될

1 예로, 백승한(2018)은 "세계화와 소비문화의 흐름 속에서의 존재론적 가능성을 탐구하는 낭시의 철학을 도시담론의 차원으로 확장"하고자 하며, 특히 "소외와 상품물신으로 대표되는 후기 자본주의 도시담론에 대한 비판적 성찰을 통해 유연한 도시론 모델을 제안"하고자 한다. 그러나 이 논문에서 '유연한 도시론 모델'이 체계적으로 제시된 것처럼 보이지는 않는다.

것이다. 그는 정당과 의회 활동뿐 아니라 시민단체들의 조직과 운동이 필연적으로 요청되며, 사회적 부조리와 병폐를 비판하는 글쓰기 등이 필요하다고 주장한다. 낭시에 의하면 이러한 정치적 활동의 유위(有爲)들을 누구도 막을 수 없지만, 그 유위들이 생성되고 귀착되는 지점이 무위에 속해 있다는 것이다. 그러나 이러한 무위의 개념은 또 다른 의문들을 유발한다. 왜냐하면 무위의 공동체(또는 장소) 개념은 유한한 인간의 삶에 필연적으로 동반되는 것이라고 할지라도, 우리의 설명과 논증을 넘어서기 때문에 스스로를 드러낼 수 있도록 (즉 현전할 수 있도록) '침묵'할 것을 요구하는 것처럼 보이기 때문이다(박준상, 2021).

낭시의 주장처럼, 인간은 유한성을 전제로 한 '공동-내-존재(être-en-commun)'이며, 하나의 장소 또는 경관일지라도 객관적으로 인간 외부에 삶과 무관하게 존재하는 실체가 아니며 오직 인간과 '얽혀서' 나타나는 사회공간적 관계의 결과이다. 낭시는 이러한 사실의 '왜'에 대한 의문을 거부하지만, 이러한 의문은 '무위'라는 존재론적 개념으로 덮혀져서는 안 될 것이다. 특히 오늘날 인간이 공동-내-존재임을 인식하지 못하는 상황(즉 인간이 사회적 관계로부터 소외된 상황)에서, 또한 자신의 삶터(장소)를 자신과 무관하게 외적으로 존재하는 실체로 간주하는 상황(즉 장소 소외가 만연해 있는 상황)에서, 이러한 사실을 오히려 드러내고 논쟁적으로 담론화하며, 나아가 탈소외된 인간과 장소를 구축하기 위해 노력하는 것이 더 바람직하다고 하겠다. 달리 말해 오늘날 거대도시화된 사회에서 존재론적 장소가 부정되는 상황을 비판하고 인간 해방을 위한 미래의 장소를 창출하려는 노력은 더욱 유의해졌다는 점을 드러낼 필요가 있다.

사실 지난 20~30년 동안 철학 및 사회이론에서 많은 관심을 끌어온

'공간적 전환'은 이러한 노력의 일환으로 이해될 수 있다. 이러한 전환 과정에서 흔히 지적되는 것처럼, 서구 근대성 속에서 사회에 관한 추상적 개념화와 특히 시간 (또는 역사) 개념의 우월성 인식으로 인해, 공간의 개념은 부차적 의미를 가지는 것으로 간주되어 왔다. 그러나 현실 세계에서 인간의 일상생활 자체는 구체적 장소에 근거를 두고 있을 뿐 아니라, 학문적으로 철학적, 사회이론적 사고들의 대부분은 명시적 또는 암묵적으로 공간(성)을 함의하고 있다는 점이 부각되게 되었다(크랭과 스리프트, 2013 참조). 이러한 공간적 전환과 관련하여 많은 철학자 및 사회이론가들의 사유가 공간적 관점에서 새롭게 재해석되고 있지만, 이들의 대부분은 계몽적 근대성이나 자본주의 경제정치체제의 발달 과정에 동반된 사회공간적 변화나 재편에 따른 문제들을 직접 비판하기보다는 문제들을 해소하기 위한 대안적 (요컨대 탈소외된) 장소의 개념에 더 많은 관심을 가졌다.

이 장에서 우리는 공간적 전환과 관련된 많은 학자들 가운데 하이데거와 아렌트, 벤야민과 세르토 등[2] 보다 명시적으로 장소 또는 이에 준하는 공간적 개념들과 장소의 소외 및 탈소외와 관련된 실천적 방안들을 제시한 학자들의 사유를 재검토하여 현대 사회의 장소에 대한 비판과 더불어 진정한 의미의 장소 및 이를 실현하기 위한 전략들을 간략하지만 통찰력 있게

2 이 책의 처음 구상단계에서는 이들 외에도 푸코, 들뢰즈, 르페브르, 하비 등도 포함되어 있었다. 푸코는 파놉티콘, 헤테로토피아 등 (탈)소외된 장소과 물신화된 영토와 안전 등과 관련하여, 그리고 들뢰즈는 영토화와 탈영토화, 리좀적 공간, 그리고 매끈한 공간과 주름진 공간의 구분 등과 관련하여 장소 소외의 개념을 논의할 수 있을 것으로 추정되었다. 그러나 책 분량의 한계로 논의를 최소한으로 축약하기가 어려워 이 책에서는 제외했다. 또한 르페브르와 하비는 제3부와 제4부에서 자세히 논의하기 때문에 여기서는 생략했다.

고찰하고자 한다. 이들에 관한 논의는 기본적으로 공간과 장소의 관점에서 제시되겠지만, 이들은 모두 철학 및 사회이론 전반에 영향을 미친 거대이론가들이라는 점에서 이들의 이론이나 주장에 대한 포괄적 이해가 전제된다. 이 장에서는 특히 이들의 거대이론적 논의에서 소외의 개념을 핵심적 논제로 설정하고, 소외의 개념이 어떻게 공간 또는 장소의 비판과 대안의 모색에서 의미를 가지게 되는가를 살펴보고자 한다.

이러한 학자들의 연구에서 공간이나 장소에 관한 논의들은 지리학이나 공간관련 학문분야들에서 사용되는 의미나 개념을 훨씬 넘어선다. 또한 이들은 공간 및 장소와 관련된 다양한 은유적 개념이나 전략들, 예로, 거주하기, 캠프(강제수용소), 판타스마고리아(환등상), 산책자, 도시에서 걷기 등을 논의한다. 이들의 연구와 주장에서 핵심적 논제로 제시된 이러한 개념들은 공간적 함의와 더불어 소외/탈소외 실천과 관련된다. 물론 이들이 비판하거나 또는 제안하는 장소의 특성과 이에 접근하는 방법은 상이하고 때로 대립되는 양상들(예로 거주하기로서의 머묾과 걷기로서의 이동성)로 구성되지만, 공통적으로 기존의 사회공간 또는 도시의 장소들에 대해 매우 비판적이며, 또한 이러한 장소를 극복하거나 대체할 수 있는 대안적 장소를 만들기 위해 통찰력 있는 실천적 은유들을 제시한다. 우리는 이러한 학자들의 저작들을 통해 오늘날 거대도시 사회에서 장소 소외가 어떻게 심화되고 있는가를 비판적으로 고찰하고, 또한 이들이 어떤 의미에서 규범적 장소를 재개념화하고 이를 실현하기 위한 노력이 유의하다는 것을 은유적 방식으로 설명하고자 했는가를 살펴보고자 한다. 우리는 이러한 연구를 통해 궁극적으로 비판적 장소론의 가능성을 타진하고자 한다.

존재의 소외와 거주하기: 하이데거

마틴 하이데거(1889~1976)의 실존주의적 사유는 철학 및 사회이론뿐 아니라 지리학이나 공간 관련 학문 분야들에서 이미 1970년대부터 많은 연구자들, 특히 인본주의적 지리학 전통 속에서 실존적 장소에 관한 연구자들의 관심을 끌어왔다. 소외이론의 전통에서도 하이데거는 마르크스와 더불어 한 축을 이루는 것으로 간주된다. 특히 하이데거는 마르크스가 "헤겔의 영향 하에서 인간의 소외를 본질적이고 중요한 의미를 가지고 인식"했으며, 이러한 점에서 "마르크스의 역사관이 다른 역사학적 탐구보다 우월하다"고 서술했다(Heidegger, 1993: 243). 하이데거는 나치정권 하에서 대학총장을 역임했으며, 이로 인해 전후 전범으로 공식적 활동이 금지되기도 했다. 하이데거의 연구는 대체로 1930년 후반 이후 이루어진 '전회'를 계기로, 존재 물음을 사유했던 전기 연구와 인간 본질과 언어에 주목했던 후기 연구로 구분된다.

하이데거의 전기 연구를 대표하는 『존재와 시간』은 존재의 의미를 추구하면서, 존재를 인간과 분리된 실체가 아니라 항상 존재자와 함께한다는 관계론적 입장을 견지했으며, 이러한 존재자의 존재에서 시간의 우선성을 피력했지만, 이에 못지않게 공간성에 대해서도 많은 관심을 보였다(정은해, 2001). 그는 존재의 의미를 묻는 인간 존재자를 존재가 드러나는 '거기(터, Da)'의 '열려 있음'을 본질로 하는 자, 즉 현존재(Da-sein, Being-there. 터-있음)로 규정한다. 즉 단순히 공간 속에 있는 존재, 즉 내-존재(Being-in)와는 달리, "현존재 그 자체는 자신의 '공간-내-존재(Being-in-space)'를 가진다. 그러나 이는 일반적으로 세계-내-존재(Being-in-the-world)의 기반에서만 가능하다"(Heidegger, 1962: 82, 134). 만일 인간 현존재가 없다면 존재자의 존재도 있을 수 없는 것과 같이, 인간이 '터'의 존재로서 근원적으로 공간적이지 않다면, 존재가 드러나는 공간(또는 자리)이 마련될 수 없다(이유택, 2013: 244). 하이데거에 의하면 현존재가 공간적인 것은 사물의 고유한 '자리'를 정해주기 때문이며, 또한 이러한 자리 정함을 위해 '구역(region; Gegend)'이라고 불리는 공간을 열어두기 때문이다.

하이데거는 이러한 세계 내부적인 존재자의 공간성을 설명하기 위해, 두가지 유형의 존재 방식, 즉 눈앞에 있음(present-at-hand)과 손안에 있음(ready-to-hand)을 구분한다. '눈앞에 있음'은 때로 객관적 존재로 번역되며, 이는 데카르트의 세계 및 공간 개념처럼 '연장'으로서 공간, 즉 사물과 분리된 공간 개념과 관련된다. 하이데거는 이러한 존재 및 공간 개념을 거부하고, '손안에 있음'과 관련시켜 공간을 이해한다. '손안에 있음'은 흔히 도구적 존재(또는 用在者)로 번역되며, 이것의 공간성은 이것이 장소들의 총체성 속에서 어떤 한 장소에 도구적으로 존재한다는 점을 말한다. 손안에 있는 존재는 우리에게 가까이 있음을 뜻하며, 이는 물리적 거리와는 무관하게 우리가 이를 얼마나 필요로 하며, 얼마나 자주 사용하는가라는 점에서 가까이 있음을 의미한다.

세계 개념과 더불어 세계-내-존재의 공간성을 설명하기 위해, 하이데거는 망치질이라는 도구 사용을 사례로 예시한다. 우리는 무언가를 만들기 위해 망치를 사용한다. 망치라는 "도구는 그의 자리(즉 장소)를 가지며… 이는 어떤 공간적 위치(position)에 임의적으로 발생하는" 것과는 구분된다. 이러한 망치의 사용은 우리가 의자를 만드는데 기여하며, 나아가 우리 또는 다른 누군가가 이 의자에 앉을 수 있도록 한다. 우리가 망치질을 위하여 망치를 사용하고, 앉기 위해 의자를 사용하게 되면, 이러한 상호관계의 연관으로서 세계가 구성된다. 이러한 방식으로 등장하는 세계는 의미 있는 관계들로 만들어진다. 이러한 세계의 연관 속에서만 망치는 '망치질을 위한' 어떤 것으로 존재하며, 오직 이러한 연관에서 세계는 그렇게 이해될 수 있다. 뿐만 아니라 망치나 의자는 이러한 상호관계의 연관 속에서 자신의 자리 즉 장소를 가진다. "무언가를 또는 다른 어떤 것을 위한 도구가 그 장소를 가질 때, 이 장소는 이 도구의 장소로 규정된다. 이는 서로 방향적으로 연계된 장소들의 총체성에서의 한 장소이고, 환경적으로 손안에 있는 도구의 연관에 속하는 장소이다"(Heidegger, 1962: 136).

어떤 사물의 장소는 이와 같은 방식으로 존재하는 수많은 존재자들이 맺고 있는 관계 전체로부터 규정된다. 또한 이러한 존재자들의 전체 연관관계 또는 존재자들을 둘러싸고 있는 영역을 지칭하기 위해 하이데거는 '구역'이라는 용어를 사용한다. 인간을 지칭하는 현존재의 공간성은 물리적, 수학적 공간만으로 설명할 수 없고, 또한 세계 내부적 존재자의 존재방식인 손안에 있음(즉 자리와 구역)만으로도 온전히 규정되지 않는다. 하이데거는 현존재의 공간성을 보다 특정적으로 '거리 없앰(de-severance)'과 '방향잡음(directionality)'에 근거해서 설명한다(Heidegger, 1962: 139). 거리 없앰은 현존재와 사물을 "가까워지게 만드는 일"을 의미하며, 현존재는 이를 통해 사물들과의 관계에서 자리를 정하고 자신도 하나의 자리를 차지하게 된다. 방향잡음은 주변을 둘러보고 배려하여 손안에 있는 존재자들이 구역 내에 자리를 잡도록, 즉 적소를 허용하는 것이다.

이처럼 『존재와 시간』에서 공간은 현존재의 존재구성틀의 한 계기(모멘트)로 해석된다면, 후기 연구, 예로 『건립 거주 사유』에서 공간은 사물들이 발생하는 사건, 즉 거주함으로 이해된다. 여기서 그는 거주함을 현존재, 즉 터-있음(Da-sein)으로서 인간 존재의 근본 특성으로 이해한다. 거주함에 관한 사유를 통해 그는 단순히 일상적 의미의 거주하기라기보다 그 이면에 은폐되어 망각된 본질적 의미를 문제시하고자 한다. 그에 의하면, "거주함이란 죽을 자들이 이 땅 위에 존재하는 방식"(Heidegger, 1993a: 350), 즉 거주함이란 "존재의 진리가 그때그때마다 생기하는 열린 터전으로서의 사방세계 안에 그가 탈자적-개방적으로 존재한다는 것"(신상희, 2008: 455)을 의미한다. 사방세계 안에 존재한다는 것은 이 땅 위에 그리고 하늘 아래, 신적인 것들 앞에 죽을 자들과 더불어 거주함을 의미한다. 하이데거가 직접 제시한 사례에 의하면, 다리는 강 주변의 풍경으로서 땅과 하늘, 그리고 신적인 것과 죽을 자들을 결집하여 모아들인다. 이러한 방식으로 우리는 이 땅에 공간을 마련하여 집(장소)을 건립하고 거주하며, 삶의 의미를 추구한다. 이러한 근원적인 삶의 장소를 열어놓는 행위로서 건립하기와 거주하기의 사례로, 하이데거는 흑해 삼림지역 슈바르츠발트의 한 농가를 묘사하면서, 이러한 거주함을 배워야 한다고 강조한다.

하이데거에 의하면, 소외는 사람이 그의 행위 속에서 그 자신을 더 이상 찾을 수 없는 상황을 의미한다. 달리 말해 "소외는 현존재를 그 자신이 아닌 어떤 실체로 내버리는 것은 아니지만, 현존재를 비진정성"으로 몰아넣는 상황으로 이해된다(Heidegger, 1962: 222). 이러한 상황은 현존재가 군중, 또는 하이데거의 용어로 '세인(世人, they, Das Man)'의 일상적 존재 방식으로 '퇴락(falling)'하기 때문에 발생한다. 인간은 본질적으로 사회적 존재(공동존재 (Being-with))이기 때문에, 이러한 퇴락은 불가피한 것으로 이해된다. 퇴락한 현존재는 평균적인 세인의 이해를 수용하며, 그러한 삶의 틀 안에서 존재하게 된다. 이로 인해 퇴락한 현존재는 자신의 '그곳에 있음(being-there)'을 상실하고 표류하면서 자아(self)를 망각한다. 달리 말해 일상생활의 세인에게는 더 이상 어떠한 '터'로서도 그곳은 없으며, 터(즉 근원)의 상실로 인해 자신을 확인할 수 없게 된다. 왜냐하면 세인은 존재 근거의 상실로 인해 자신이 행한 것을 뒷받침할 수 없기 때문이다(Guignon, 2011: 86~87). 이러한 점에서 하이데거에게 있어 장소 소외는 인간 존재의 근원으로서 터의 상실로 이해된다. 이러한 소외로 인해 퇴락한 인간은 진정한 행위자가 아니며 실질적으로 자유롭지 않게 된다.

하이데거의 연구에는 이같이 현존재에서 세인으로의 퇴락과 이로 인한 존재의 근원인 터의 상실로서 소외(즉 자아-소외)와는 다른 (객체) 차원의 소외 개념, 즉 세계와의 관계를 대상화하기(objectifying) 또는 물화하기(reifying)로서의 소외 개념을 살펴 볼 수 있다. 앞서 논의한 세계와 관계하는 두 가지 방법, 즉 눈앞에 있음과 손안에 있음 간 구분은 세계-내-존재의 공간성뿐 아니라 대상화와 소외의 문제에 관한 이해를 위해서 매우 중요하다. 예기(Jaeggi, 2014: 17)에 의하면, 우리가 세계 내에 있는 어떤 도구 또는 사물들을 '손안에 있는' 것으로 보지 않고 '눈앞에 있는' 것으로 보는 것은 우리가 이들을 실천적 연관으로부터 떼어내거나 우리가 세계 전체를 우리와는 분리된 어떤 것, 즉 대상적으로 주어진 것처럼 보기 때문이다.[3] 공간적

---

3 예기(Jaeggi, 2014: 18)에 의하면, 손안에 있는 것을 눈앞에 있는 것으로 물화하는 것은 두 가지 측면에서 잘못된 이해에 기인한다. 첫째, 우리가 다루는 대상들과 우리가 살아가는 세계 양자의 특성이 잘못 이해되었기 때문이다. 즉 우리가 세계와 이의 공간성을 만들었다는 점이 아니라, 세계와 그 공간성이 단지 주어진 것으로 잘못 이해된다. 이러한 잘못된 이해는 세계의 실천적 성격을 은폐한다. 둘째, 우리는 세계와의 관계 그리고 우리가 세계 속에서 뒤얽혀 있는 것들과의 관계를 이해하지 못한다. 즉 "우리가

측면으로 유추하면, 이는 우리가 세계의 실천적 공간성 바깥에서 행동할 수 있는 것처럼, 그리고 세계 속에서 맺어져 있는 장소들 간의 관계와는 무관한 것처럼 잘못 이해하기 때문이다. 이로 인해 "손안에 있는 도구의 총체성으로서 '세계'는 단지 눈앞에 있는 것에 불과한 연장된 사물들의 연관으로 공간화된다"(Heidegger, 1962: 147). 이러한 소외의 공간성으로 인해, 손안에 있는 것의 세계성은 박탈당하고, 공간은 물리적 동질적 공간으로 나타난다.

하이데거의 연구에서 찾아 볼 수 있는 또 다른 장소 소외의 개념은 집 없음(그리고 뿌리 뽑힘)으로서 고향 상실 또는 (거주 즉 존재) 공간의 망각과 관련된다. 그는 이미 『존재와 시간』에서 소외를 존재 근원의 상실, 즉 '무근거성(groundlessness)' 또는 '집없음(homelessness)'으로 이해한다. 집은 실존적으로 현존재의 존재 근거를 의미하며, 소외는 현존재의 존재 근거의 상실, 즉 집없음으로 이해된다(Heidegger, 1962: 222). 그의 후기 연구, 특히 『건립 거주 사유』에서 집은 사건론적으로 "존재하는 각각의 모든 것이 속해 있는 그런 영역(domain)"으로 이해된다(하이데거, 2008: 183), 집에 거주함은 죽을 자들이 이에 따라 존재하는 존재의 근본 특성이며, 건립하기의 본질은 이러한 집에 거주하기 위함이다. 소외는 집없음 또는 고향 상실(Heimartlosigkeit), 즉 존재 자체의 근저가 없음, 뿌리 뽑힘 또는 삶의 근원에 가까운 곳의 상실을 의미한다. 하이데거의 연구에서 소외는 이처럼 장소의 상실을 직접 함의하지만, 전기 연구에서 집없음은 현존재의 퇴락으

우리 자신을 세계 속의 존재의 구조로부터 우리 자신을 '벌거벗은' 주체처럼 떼어낼 수 있는 것처럼" 생각한다.

로 존재에 대한 이해 또는 접근을 이루지 못한 상태를 의미한다면, 후기 연구에서 고향 상실은 과학기술문명의 우월성에 빠져 인간이 거주할 자연을 정복함으로써 거주공간을 상실했음을 의미한다(윤병렬, 2007).

하이데거에 의하면 이러한 소외의 극복, 즉 탈소외는 현존재의 비진정성, 비진리, 퇴락을 뛰어넘는 것, 요컨대 이들로부터 자유로워지는 것이다. 탈소외로서 자유는 그 자신의 존재와의 관계를 허용하고, 타자와 함께하는 존재로서 존재하도록 하며, 자연과 도구들의 사용에서 그의 존재를 실현시킬 수 있도록 하는 현존재의 존재방식으로 특징 지워진다. 자유는 현존재의 존재방식이며, 소외는 왜곡된 존재방식으로 세인의 일상적 생활에서 나타난다. 세인은 자기 이해와 세계에 관한 이해를 상실했기 때문에, 존재를-위한-잠재성(potentiality-for-Being)을 실현할 수 없다(Heidegger, 1962: 222). 같은 맥락에서 하이데거의 후기 연구에서는 탈소외를 위해 집으로 돌아감, 즉 귀향이 강조된다. 탈소외로서 귀향은 일상성, 비진정성(또는 비본래성), 비진리를 뛰어넘어 본래적으로 거주함, 존재의 근원에 가까이 감, 또는 존재의 이웃으로 거주함을 의미한다. 달리 말해 고향으로의 복귀는 단순한 공간적 회귀를 의미하는 것이 아니라, 은폐되고 망각되어 버린 인간의 존재 의미를 탈은폐하는 사건이다. 이처럼 탈소외로서 자유란 존재의 진리가 드러나는 열려진 공간에 굳건히 서 있음을 의미한다.

존재의 의미를 규명하기 위한 하이데거의 사유는 현대 실존주의 철학의 발달에 지대한 기여를 했으며, 공간/장소와 관련된 학문 분야에서도 인본주의적 관점의 성립을 주도했다. 이러한 그의 기여의 핵심으로, 대부분 학자들은 현존재의 존재구성 틀을 기반으로 세계를 다른 사람 및 사물과의 관계들의 연관으로 이해했다는 점을 강조한다(정윤석, 2006). 그러나 이러한 하이데거 철학의 한계로 우선 지적될 점은 인간을 의미하는 현존재의 개념이 매우 모호하다는 점이다. 예로, 비판이론의 관점에서 보면, 현존재란 자기비판이 부재하는 형이상학적인 '허구적 주체' 또는 '역사적 주체의식이 결핍'된 존재로 치부된다(전석환, 2007). 또한 하이데거의 철학에서 현존재의 세계는 근본적으로 '공동세계(Mitwelt)'로 규정되지만, 이렇게 파악된 세계가 일상적으로는 비본래적이고 퇴락한 것으로 간주됨에 따라 현실에서 구성되는 공동세계는 무시된다.

하이데거에 대한 이러한 비판은 그의 소외 및 장소 개념의 한계와도 관련된다. 하이데거는 소외의 개념을 잘 알고 있었겠지만, 현존재를 역사성이 결핍된 허구적 주체처럼 서술한 것은 현대 사회에서 소외된 인간의 특성을 마치 인간의 본성처럼 이해했기 때문이라고 하겠다. 또한 그가 무시한 일상적 공동세계는 퇴락한(즉 소외된) '세인'에 의해 구성되었다는 점에서 비판되어야 하지만 이로 인해 공동세계 자체의 유의성이 간과되어서는 안 될 것이다. 하이데거의 공간/장소 개념과 관련해서도, 터(Da) 또는 거기(there)를 함의한 현존재의 개념이나 '공간 마련'으로 이해되는 세계-내-존재의 공간성은 인간과 사물의 존재론적 장소(근원)를 부각시킨다는 점에서 의의를 가진다. 하지만 이점이 세계 내에서 인간의 구체적인 사회공간적 실천이나 능동적인 사회공간적 편성을 추동하는 것으로 이해되지는 않는다. 후기 저술에서 하이데거는 과학기술의 발달과 이로 인한 거주(고향) 상실에 대항하기 위한 보다 능동적 활동방식으로 건립하기와 기주하기의 개념 등을 제시하지만, 현실의 주택 위기에 내재된 사회공간적 불평등에 관해서는 어떠한 논의도 없고,[4] 탈소외된 장소의 사례로 흑해 연안의 농가를 제시함으로써 낭만적이거나 복고적인 장소로 되돌아갈 것을 요청하는 (의도하지는 않았다고 할지라도) 느낌을 준다.

세계소외와 장소에 대한 권리: 아렌트

한나 아렌트(1906~1975)는 하이데거의 제자로, 한때 학문적으로나 인간적으로 같은 길을 걸었지만, 나치 정권하에서 유대인이라는 이유로 망명을 떠나면서 다른 길을 걷게 되었고, 이에 따른 경험은 세계관과 이를 반영한 학문적 사유에 차이를 만들어 내었다. 이들 간 차이로 흔히 지적되는 점으로, 하이데거는 현존재의 퇴락된 일상 세계를 비진정한 (비본래적) 존재방식으로 간주하면서 세인으로 구성된 공동의 세계를 부정한 반면, 아렌트는 인간이 말과 행위를 통해 형성된 공동세계에 참여함으로써 삶의 의미를 발현하게 된다고 주장한다. 이러한 세계에 대한 인식의 차이로, 하이데거는 존재의 근원으로서 장소를 사유한 반면, 아렌트는 현실 세계에서 인간의 삶이 의미를 가지게 되는 장소를 개념화하고자 했다. 그동안 하이데거의 사유는 철학 및 사회이론뿐만 아니라 공간 연구에도 많은 영향을 미쳤지만, 아렌트의 연구도 최근 공간 및 장소에 관한 의미를 새롭게 이해하도록 하면서 많은 관심을 끌고 있다. 이러한 점에서 "전체적으로 아렌트의

---

4 이러한 점에서 하비(Harvey, 2009: 186)는 하이데거적 관점에서 장소를 이해하는 것은 "기존의 계급 구분이 없는, 사회적 권력의 계층구조가 없는, 복잡한 정치체와 사회제도가 없는, 그리고 물론 시장 평가와 조정이 없고, 군수산업적 기술이 없고, 지리적 불평등을 통한 자본축적의 역동성이 분명 없는 세계를 만나는 것"이라고 비판한다.

저술은 인간 조건의 공간적 차원에 관한 일종의 분석들에 의존하는 것처럼 보인다"고 묘사된다(Debarbieux, 2017: 352).

아렌트는 그의 역작 『인간의 조건』에서 고대 그리스의 폴리스에 준거하여, 공적 영역과 사적 영역을 구분하고, 나아가 인간 실존의 세 가지 조건과 이에 조응하는 활동 및 그 실행 장소에 관해 다루고 있다. 그에 의하면, 공적 영역이란 개방된 공동의 영역이며, 누구나 볼 수 있고 들을 수 있다는 점에서 공공성을 가지며, 또한 모두에게 공동의 것인 세계 그 자체를 의미한다.[5] 사적 영역이란 사적 몫을 의미하는 소유의 영역이며, 인간의 기본적인 생명 활동이 보장받고, 기본적인 안전감을 느낄 수 있는 자신의 장소를 뜻한다. 공적 영역과 사적 영역에 관한 이러한 구분은 고대 도시국가의 폴리스(polis) 대 오이코스(oikos), 또는 정치 대 경제와 단순히 조응하는 것으로 비판되기도 하지만(예로, 네그리와 하트, 2014: 254~256), 이러한 구분은 3가지 유형의 인간 활동 및 그 실행 장소에 관한 논의로 이어진다.

아렌트에 의하면, 인간이 실존하기 위해 첫째 하나의 생명체로 살아가야 하며, 둘째 자연의 필연성에서 벗어날 수 있는 인공세계가 있어야 하고, 셋째 말과 행위를 통해 이 세계를 공유할 수 있는 다양한 사람들로 구성된 공동세계가 있어야 한다. 이러한 실존의 조건들과 조응하는 활동 양식 및 장소의 유형으로, '노동'은 생명 유지를 위한 물질대사를 통해 자연과

---

5 아렌트는 이러한 공적 영역(또는 공적 공간)을 지구 또는 자연(의 공간)과 구분하여, 인간이 만든 인공품과 연관되며, 인위적 세계에서 함께 거주하는 사람들 사이에서 만들어지는 공간으로 이해한다. 즉 "세계에서 함께 산다는 것은 본질적으로 탁자가 그 둘레에 앉는 사람들 사이에 자리 잡고 있듯이 사물의 세계도 공동으로 그것을 취하는 사람들 사이에 존재한다는 것을 의미한다"(아렌트, 1996: 105).

교류하는 활동이며 지구 및 자연환경과 관계 속에서 이루어진다. '작업'은 비교적 영속적인 인공물들을 제공하는 활동이며, 인간과 그의 생산물들 간의 관계로 구성된 인공세계(즉 건조환경)에서 실행된다. '행위'는 사람들과 공동의 세계에 관해 논의하는 활동을 의미하며, 이들 간 관계로 구성된 공동공간 또는 사이공간(in-between), 즉 아렌트가 지칭한 '출현의 공간(space of appearance)'을 구성한다.[6] 이러한 아렌트의 사유에서, 모든 유형의 공간은 각각의 활동과 직접 관련된다는 점에서 장소의 개념을 함의하지만, 특히 행위 및 작업의 공간은 사람들 간 그리고 사람과 사물들 간 관계로 구성되는 장소로서 사이공간으로 이해된다.

아렌트는 이처럼 인간 실존의 조건들과 관련하여 인간 활동과 이의 수행 장소들을 이해할 뿐 아니라 현대 인간이 직면한 이중적 소외, 즉 '지구소외'와 '세계소외'를 설명한다.[7] 지구소외는 인간이 지구를 벗어나 우주 공간에서 새로운 거처를 찾고자 하는 시도처럼, 과학기술의 발달을 통해 아르키메데스의 관점에서 추상적 공간을 동원하고 자연을 객체화하는 것을 의미한다. 세계소외는 사람들이 자신에게만 관심을 가지고 세계에 대해서는 더 이상 관심을 가지지 않게 됨에 따라 사물 세계와 공동세계를 상실

---

6 이러한 활동 유형들 가운데 흔히 행위가 가장 규범적인(정치적인) 활동으로 간주되지만, 아렌트가 인간 실존의 선험적 배경으로 제시한 탄생성과 사멸성을 고려하면, 지구가 가장 핵심적인 인간 조건으로 이해된다. 즉 『인간의 조건』 역자(이진우)가 서문에서 제시한 바에 의하면 "노동, 작업, 행위의 활동들과 이에 부합하는 실존조건들은 우리가 우리의 거주공간인 지구를 떠나서는 살 수 없다는 사실을 인식할 때에만 독자적 의미를 획득한다"(아렌트, 1996: 36).

7 그는 『인간의 조건』에 관한 분석의 목적이 "근대 세계의 소외, 즉 지구로부터 우주로의 탈출과 세계로부터 자아 속으로의 도피라는 이중적 소외를 그 기원에까지 추적하기 위함이라고 서술할 정도로 소외에 깊은 관심을 가졌다"(아렌트, 1996: 54).

하는 과정을 의미한다. 세계소외의 과정에서, 모든 활동을 자신의 이해관계로 환원시키려는 사람들로 구성된 '사회'가 등장하며, 이러한 사회에서 사람들은 소외된 활동으로 인해 세계와의 관계가 단절되고 이로 인해 '공적 영역'과 '사적 영역'이 모두 몰락하게 된다(양창아, 2014). 달리 말해, 세계소외는 결국 아렌트가 개념화한 작업 및 행위가 실현될 수 있는 장소가 소멸되게 되었음을 뜻한다.

소외에 대한 아렌트의 관심은 유대인(난민)으로서 직접 경험하거나 이와 관련된 공간적 사건들, 예로 나치 정권 하에서 공적 공간에서의 억압과 이로부터 배제와 추방(장소 전치) 그리고 유대인 캠프(강제수용소)에 대한 인상, 나아가 전체주의화된 국민국가의 영토통치 문제 등을 반영한다.[8] 아렌트에 의하면, 전체주의의 기원은 국민(또는 민족)국가의 등장으로 소급된다. 민족국가는 영토 내 모든 거주자가 아니라 민족에 따라 시민권을 부여하며, 동일 민족에 속하지 않는 거주자들의 국적 박탈과 추방으로 이어지는 '반유대주의'와 '무국가성(statelessness)'의 대재앙을 유발했다. 무국가성은 집없음(무거주성)의 근원일 뿐 아니라 세계 속의 장소 박탈을 의미한다(Debarbieux, 2017: 363). 나치정권이 가동했던 강제수용소는 이러한 전체주의 이데올로기의 극단적 실험실이었다. 캠프는 사람들을 가족과 친구로부터 분리시키고, 이들의 언어와 이동의 자유 등을 박탈하고, 상호행위와 출현의 공간을 말살하며, 결국 개인의 정체성을 부정하고 인간을 동물

---

8 그는 전체주의 하에서 장소 경험의 특성으로 사람들 간 접촉이 차단되는 고립과 이 세상에 소속되지 않는다는 의식으로서 외로움을 지적한다. 이러한 소외감은 난민뿐 아니라 오늘날 일반인들이 생활양태인 '뿌리 뽑힘'과 '잉여감(superfluousness)'과 관련된다(아렌트, 2006: 277~279).

로 취급하여 죽임을 맞게 하는 극단적인 소외의 장소였다.

아렌트는 『인간의 조건』에서 논의한 지구소외와 세계소외를 극복하거나 이에 대한 대안적 실천 방안에 대해서는 모호하거나 미흡했다. 이와 관련하여 아렌트는 고대 그리스의 폴리스를 대안으로 제시한 것처럼 해석되기도 하지만, 이는 인간의 실존 조건과 인간 활동 및 장소의 유형, 그리고 이와 관련된 소외 개념을 제시하기 위한 준거로 활용된 것이지, 그 자체로 인간 실존을 위한 이상적 사회공간으로 간주되기에는 한계를 가진다. 그러나 아렌트는 『전체주의의 기원』에서 무국가성을 극복하기 위한 대안으로 제시한 '권리들을 가질 권리(right to have rights)'의 개념은 소외를 극복할 대안으로서 중요한 의미를 가진다. 권리를 가질 권리란 일차적으로 고향을 가질 권리 그리고 자신을 보호해줄 정부(또는 정치체)를 가질 권리를 뜻한다. 이는 권리를 박탈당한 자들이 어딘가 소속될 수 있는 권리로서, 자신의 생존권과 인간적 삶을 위해 필요한 장소와 정치 공간을 가져야 한다는 요구를 담고 있다(최병두, 2023).

아렌트는 『혁명론』(2004)에서 전체주의적 민족국가의 대안으로 '평의회 체제(council system)'에 관심을 표방한다. 그는 근현대 역사에서 다양한 혁명들을 분석하면서, 이를 계기로 수립될 수 있는 두 가지 유형의 정치체제로 정당체제와 평의회 체제에 주목했다. 그에 의하면, 정당체제에 근거한 대의민주주의는 결국 국민들의 이해관계와 무관한 대표자가 선출되거나 심지어 독재로 전락하기도 했다. 대의제는 결국 국민의 정치적 소외와 더불어 물신화된 영토통치를 초래하는 것으로 해석된다. 반면, 평의회체제는 사회정치적으로 권리를 억압 또는 박탈당한 사람들이 기득권에 저항하여 자율적 정치조직을 구성하고 직접 민주적 방식으로 통치하기 위한 정치체제를 말한다. 아렌트는 평의회가 단지 국지적 정치체제라기보다는 국민국가가 아닌 새로운 국가모델로 생각한다(양창아, 2014). 공적 영역의 개념에 기반한 이러한 평의회 체제는 국민국가와 대의제와 결합하여 등장한 근대 정치체로부터 탈출하여 대안적 정치의 탈소외된 장소를 인식하고, 이를 구축하기 위한 준거가 된다.

다른 한편, 전체주의적 국민국가의 등장으로 유발되는 국가 영토로부터 배제와 추방(즉 영토적 소외)에 대한 대안으로 아렌트가 제시한 '권리들을 가질 권리'의 개념은 장소 (탈)소외와 직접 관련된다(최병두, 2023). 즉 그에 의하면, "인권의 근본적인 박탈은 무엇보다도 세상에서 거주할 수 있는 장소, 자신의 의견을 의미 있는 의견으로, 행위를 효과적인 행위로 만드는 그런 장소의 박탈로 표현된다."(아렌트, 2006, 1권, 532~533). 거주 장소의 박탈은 자신이 태어난 공동체에 더 이상 속하지 않게 되었음을 의미하며, 이로 인해 권리들을 가질 권리의 박탈로 이어진다. 아렌트에 의하면, 박탈된 거주 장소의 회복은 흔히 보편적 권리로 간주되는 자유와 정의보다 훨씬 더 근본적인 것으로 간주된다. 그러나 문제는 현실적으로 박탈된 장소의 회복 또는 '권리들을 가질 권리'의 복원이 어떻게 이루어질 수 있는가라는 의문이 제기될 수 있다.

아렌트의 사유는 인간 삶의 실존적 조건과 이를 벗어난 파행적 역사에서 드러난 장소 소외 그리고 이를 해소하기 위한 대안적 장소에 관한 연구로 이해될 수 있다. 그러나 그의 사유와 관련하여 제기될 수 있는 의문점으로, 우선 인간 활동의 범주 구분과 관련된 문제가 지적될 수 있다. 즉 그는 노동을 작업 및 행위와 구분하여 좁은 의미의 생물적 활동으로 한정하거나 또는 '노동하는 동물'의 승리를 부각시키면서, 이를 자본주의 사회에서

'소외된 노동'으로 해석하지는 않았다. 공간적 측면에서 보면, 노동의 장소는 지구와 관련되지만, 지구소외는 소외된 노동이 아니라 과학기술의 발달의 부정적 결과와 관련되며, 소외된 노동이 세계소외에서 어떤 의미를 가지는가에 대해서는 논의하지 않았다. 뿐만 아니라 '행위'의 수행과 이를 위한 '공적 영역(또는 공간)'의 구성이 노동에 의한 필요 충족을 전제로 한다는 점은 개념적으로 타당하며 실제 고대 폴리스에서 가능했다고 할지라도, 오늘날 자본주의 사회에서 부의 축적이 민주적 사회공간의 구성에 진정하게 기여할 것으로 기대하기는 어렵다.

다른 한편, 전체주의적 국민국가의 등장으로 유발되는 국가 영토로부터 배제와 추방(즉 영토적 소외)에 대한 대안으로 제시된 '권리들을 가질 권리'의 개념은 그 자체로 유의성을 가진다고 할지라도, 현실적으로 이와 같은 권리를 보장할 주체(정치체)가 누구인가를 특정하기 어렵다. 왜냐하면 이 권리를 보장해야 할 정치체로서 국민국가가 바로 이 권리를 박탈했기 때문이다. 아렌트에 따르면, 이에 대한 대안으로 급진적 평의회 체제가 '권리들을 위한 권리'를 보장하고 박탈된 장소를 복원 또는 재창출할 수 있는 주체가 될 수 있을 것이다. 그러나 이러한 평의회 체제는 역사적으로 혁명 직후 일시적으로 나타나는 '이념형적' 조직체라는 점에서 이 체제의 제도화와 지속성이 어떻게 가능한지, 그리고 이를 통해 탈소외된 장소의 구축과 유지가 어떻게 실현될 수 있는지에 관한 문제는 여전히 남아 있다.

물화된 도시와 산책자: 벤야민

발터 벤야민(1892~1940)은 비극적인 삶을 살면서도 자본주의 문화와 도시에 관한 독창적 사유를 펼쳐 보인 사상가로 평가된다. 그의 저술에서 핵심적 논제들 가운데 하나는 19세기 말 산업 자본주의의 전환기에 서구 대도시들, 특히 당시 유럽의 수도로 불린 파리에서 겪었던 경험들을 근대성과 관련지어 해석하는 것이었다. 그의 많은 저작들 가운데 특히 몽타주적 글쓰기의 전형을 보였던 『일방통행로』, 유년 시절을 자전적으로 소묘한 『베를린 연대기』, 그리고 무엇보다도 그의 짧은 생애를 비극적으로 마감하기 직전까지 13년을 받쳐 작성한 미완의 유고작 『아케이드 프로젝트(Das Passagen-Werk)』 등은 대도시에 관한 그의 관심이 왜, 그리고 얼마나 지대했는가를 보여준다. 특히 2,500 페이지에 달하는 『아케이드 프로젝트』의 전체 분량에서 약 3분의 1은 19세기 후반 파리에 관한 단편적 메모와 해석으로 구성되며, 그 외에도 발췌된 방대한 문헌 자료들이 포함되어 있다. 『아케이드 프로젝트』를 구성하는 핵심적 주제는 두 가지로, 하나는 기술과 예술에 대한 이론이며, 다른 하나는 근대성에 대한 역사적 성찰이라고 할 수 있다(윤미애, 2011). 특히 후자에서 그의 중요한 관심은 아케이드(파사주)를 기본 사례로 서술한 근대 도시의 장소학(또는 지형학)이었다.[9]

1930년대 벤야민이 19세기 후반 파리의 아케이드를 중심으로 연구한

9 벤야민의 도시연구는 도시의 인상학(심혜련, 2008), 도시의 지형학(윤미애, 2011) 등으로 지칭된다. 특히 '도시의 지형학'은 독일어, Topographie를 번역한 것으로(윤미애, 2011: 154), topo-가 장소를 의미한다는 점에서 장소학이라고 지칭하는 것이 더 적합하다고 하겠다.

것은 자본주의 도시의 전환기적 상황과 변증법적 이미지를 드러내기 위한 것으로 해석된다. 여기에는 아케이드와 상점들에 전시된 상품과 광고, 사진 등과 같은 사물들, 일반 대중과 산책자, 도박가, 성매매자(창녀)에 이르는 다양한 도시 사람들, 그리고 이러한 사물이나 사람들의 장소로서 아케이드, 세계박람회, 실내 전시장, 도시의 거리 등이 세밀하게 묘사되어 있다. 그는 도시 공간에서 볼 수 있는 사소한 일상적 활동과 사물들을 통해 철학적 성찰이 가능하다는 것을 보여준다. 그는 도시 장소들에 관한 수많은 단편들을 이어 붙이는 '몽타주 기법'을 통해, 이들을 체계적으로 이론화하지 않더라도 아케이드에 전시된 상품이나 도시에 잔존한 흔적들을 통해 그 자체가 자본주의라는 것을 보여주고자 한다. 이를 위해 벤야민은 한편으로 초현실주의적 경험 서술을, 다른 한편으로 이를 비판하기 위해 마르크스의 개념들, 특히 상품물신성의 문제의식을 도입했다. 하지만 벤야민은 궁극적으로 이들의 한계를 인식하고, 파리를 근대성이 보여주는 파국적 현실을 넘어 인류의 유토피아적 소망과 관련된 것으로 이해한다.

이러한 그의 관점에서 보면, 파리의 아케이드는 우선 자본주의가 잉태한 꿈의 형상물로 간주된다. 아케이드는 유리와 철골로 된 지붕과 대리석 바닥으로 여러 건물을 이어 만든 통로로, 통로 양측에는 우아한 상점들이 들어서 있다. 벤야민에 의하면, 이러한 아카이드는 "하나의 도시, 축소된 하나의 세계가 되었다." 이러한 아케이드는 도시인에게 꿈과 환상을 심어주지만 또한 자본주의의 본질을 은폐하는 최초의 소비문화 공간이었다. 화려한 상점들과 유흥가로 이루어진 파사주는 신상품과 유행이 지배하는 공간으로 '상품 자본주의의 신전'이라고 불릴 정도였다. 여기서 상품들은 "더 이상 인간에 의해 지배받지 않게" 되며, 그 자체로 "신비로운 위계질서

속으로 자립해 들어"가는 물신성 또는 교환가치를 획득한다. 이러한 상품물신성이 지배하는 파사주에서 모든 것들이 서로 아무런 관련성 없이 제자리를 상실한 채 마치 뒤죽박죽된 꿈속의 이미지들처럼 섞여 있다(Benjamin, 1999; 윤미애, 2011에서 재인용).

벤야민은 이처럼 상품 환상에 도취되어 일상생활의 욕망이 되는 도시를 판타스마고리아(phantasmagoria, 환등상) 도시라고 지칭한다. 이러한 도시에서 인간은 자신이 만들어낸 생산물을 상품물신성(판타스마고리아)을 통해 숭배하게 된다. 아케이드뿐만 아니라 당시 파리에서 열렸던 세계박람회는 근대 산업과 기술을 자축하면서 상품의 물신성을 찬양하는 장소였다. 벤야민의 묘사에 의하면, "세계박람회는 상품이라는 물신을 위한 순례지이다. … 세계박람회는 상품의 교환가치를 미화한다. 박람회가 만들어 놓은 틀 안에서 상품의 사용가치는 뒤로 밀려난다. 세계박람회는 환등상을 열어주는데, 사람들은 기분전환을 위해 그러한 공간으로 들어간다. … 인간은 자기 자신으로부터의 소외와 타인으로부터의 소외를 즐기는 가운데 오락 산업의 조작에 몸을 맡긴다"(Benjamin, 1999: 7). 물신화된 상품으로 뒤덮인 아케이드, 물신을 찾아가는 순례지로서 세계박람회처럼, 자본주의적 물신성은 개별 상품이나 장소를 넘어서 도시공간 전체 현상으로 이해되며, 그 속에서 사람들은 환상 속에서 자신과 타인으로부터의 소외를 욕망의 방식으로 즐기게 된다.

벤야민의 저술에서 아케이드의 개념과 함께 잘 알려진 용어는 '산책자(flaneur)'이다. 당시 이 용어는 파리의 거리를 어슬렁거리며 배회하는 사람들을 뜻했지만, 벤야민에게는 특별한 성격을 가진다. 도시의 산책자는 거리의 존재이며, 군중 속에 있지만, 이들과는 구분된다. 산책자는 상품물신성을 드러내는 도시의 물체들에 둘러싸여 있으며, 자신도 상품 또는 일종의 매력적인 시장조건을 창출한다. 그러나 벤야민의 산책자는 일반 행인이나 구경꾼과는 달리, 외부 환경에 수동적으로 자신을 내맡기지 않는다. 산책자는 도시 공간을 헤매면서 잊혀진 과거의 기억을 되찾고자 한다. 과거의 흔적들을 간직한 도시는 산책자의 기억을 돕는 무대가 된다. 도시의 경관이나 산재한 하찮은 사물들은 예기치 않게 과거 기억과 만날 수 있도록 한다. 벤야민은 이러한 상황을 설명하기 위해 프루스트의 '비자발적 기억'의 개념을 차용한다. 의식적 기억과는 달리 비자발적 기억은 우연히 특정 계기나 장소에서 마주치는 자극에 의해 되살아난다. 이런 기억은 특히 장소에 잔존하는 흔적들에 깃들여 있는 것으로 이해된다.

이러한 점에서 도시의 흔적은 인위적으로 만들어진 아우라와는 구분된다. "흔적은 이를 남긴 것이 아무리 멀리 떨어져 있더라도 가까이 있는 것의 현상이다. 아우라는 설령 그것을 불러일으키는 것이 아무리 가까이 있더라도 멀리 있는 것의 현상이다. 흔적 속에서는 우리가 사물을 소유한다. 아우라에서는 사물이 우리를 자기 것으로 만든다"(Benjamin, 1999: 447). 도시는 이러한 흔적들이 쌓여 있는 저장고이며, 잊혀진 기억을 상기시키는 무대이다. 도시가 간직한 흔적들 속에서 우리는 사물에 대한 기억을 되살림으로써 회상의 주체가 될 수 있지만, 아우라를 불러일으키는 것은 멀리 있는 것들을 인위적으로 가까이 있게 만든 것이며, 비록 현재 가까이 있다고 할지라도 일시적일 뿐이다(심혜련, 2008: 116). 그러나 현실에서 자연스럽게 기억과 연결될 수 있는 흔적들은 점차 사라지고 있다. 과거의 흔적들이 사라진 도시에서 기억들은 강제적으로 망각된다. 이러한 구분은 하이데거가 도구적 존재자의 공간성을 설명하면서 제시한 '눈앞에 있음'과 '손안에 있음'의 구분과 비슷한 느낌을 가지도록 한다. 또한 오제의 비장소 개념처럼, 도시 공간은 과거의 흔적들을 지워버리고 점차 현재로서만 기능하게 된다.

이러한 상황에서, 벤야민은 마치 19세기의 도시에서 꿈의 흔적을 찾는 것처럼 보인다. "19세기 문화에 흔적을 남겼던 꿈은 그것이 실현 가능한지에 대한 물음에 답하기도 전에 신속하게 잊혀져 갔다. 벤야민이 쓰는 지형학[장소학]은 그러한 꿈의 흔적을 찾기 위한 것으로, 그것에 대한 서술은 '눈을 뜨면서 꿈의 모든 요소들을 살리는 것'과 같다"(윤미애, 2011: 155). 하지만 비록 전환기적 상황일지라도 자본주의가 살려내야 할 어떤 유토피아적 꿈을 내재하고 있었는가에 대해서는 의문스럽다. 도시의 산책자는 소외된 일반 군중과는 다른 사람들(예술가, 지식인 등)이며, 물신화된 도시 현실을 직시하면서 자본주의의 꿈에서 변증법적으로 깨어나 근대성에 내재된 물질성을 극복하고자 한다는 점에서 현실에 대한 대안적 의미를 가진다. 그러나 벤야민은 초현실주의가 꿈의 영역에 집착했다고 비판하면서 이들의 자아도취에서 벗어나고자 하지만, 도시의 환각(판타스마고리아)에서 깨어나서 어디로 나아가야 할 것인가에 대해서는 명확하지 않다.

벤야민에 의하면, 도시는 물신화된 판타스마고리아의 공간이지만 또한 도취된 장소들에서 깨어나 모험을 낳는 기회들의 공간이기도 하다. 이러한 의미에서 도시는 일상적인 진부한 삶의 연속성이 거부되고, 이탈이 일어나는 장소이다. 르페브르처럼 벤야민에게 일상적 도시는 소외의 장소이며, 또한 동시에 탈소외로 나아가는 장소이기도 하다. 이러한 점에서 벤야민은 상품물신성의 도시를 극복할 수 있는 혁명적 실천을 급진적으로 재정의한 것으로 해석된다. 즉 "판타스마고리아의 공간 속에서, 새로운 주체들은 끊임없이 구성되고, 해체되고, 또 재구성된다. 그 과정에서 역사적 망각을 강요하는 스펙타클에 대항하여, 몸속에 담겨있는 유토피아의 기억을 일깨우는 노력을 벤야민은 혁명이라 부른다. 이 정치적 실천을 위해, 벤야민은 '미학적 기술자'를 요청한다"(강재호, 2010: 143). 이처럼 분명 오늘날 도시공간에 남겨진 흔적과 기억들을 왜곡하거나 망각하도록 강요하는 스펙타클, 즉 소외를 강제하는 물신화된 도시에 저항할 필요가 있다. 그러나 우리가 벤야민의 도시 산책자 또는 '미학적 기술자'가 물신성의 환각이 점점 더 심화되고 있는 거대도시의 판타스마고리아 공간을 변혁할 것이라고 기대할 수 있을지는 여전히 회의적이다.

일상생활의 실천으로서 걷기: 세르토

미셸 드 세르토(1925~1986)는 예수회 수도사로서 다양한 분야에 걸친 연구자이며 운동가로, 그의 대표작 『일상생활의 실천(L'invention du quotidien. Vol. 1, Arts de faire')』은 벤야민의 저술들보다 훨씬 뒤인 1980년 출간되었지만, 벤야민의 산책자와 비슷한 사회공간적 배경과 실천 방안을 제시한다. 그의 사유는 벤야민보다는 르페브르나 푸코 등의 프랑스 철학자들로부터 영향을 받았지만, 주요 논제는 도시에서 살아가는 시민들의 일상적 행위로서 걷기(walking)를 분석하고 그 의미를 부여하는 것이었다. 벤야민과 세르토는 공통적으로 도시 공간을 물신화된 상품 또는 권력이 작동하는 장으로 인식하지만, 전자에 의하면 물신화된 도시에서의 산책자는 환상에 빠져 있는 (또는 소외된) 대중과는 구분되지만, 후자에게 도시를 걷는 보행자는 일상생활을 영위하는 일반시민이다. 세르토는 일상생활이 모순과 소외로 인해 이론화하기 어렵지만, 또한 동시에 변화의 가능성과 창조적 잠재력으로 충만한 영역으로 인식한다. 특히 그가 일반 시민들의 걷기 행위에 주목하는 것은 이것이 가지는 창조성과 발화적 행위 때문이라고 이해된다.

세르토에 의하면, 장소는 일상적 실천이 이루어지는 곳이며, 공간은 이러한 장소들이 수많이 모여 이루어진다. 즉 물리적 위치를 가지는 장소에 인간의 실천적 요소가 더해지고 다양한 의미가 부여되면, 공간이 된다. 이렇게 실천된 장소들의 결합체로서 공간은 속도와 시간, 방향 등 여러 요소들이 상호교차하면서 상황과 맥락에 따라 경합하게 된다(De Certeau, 1984: 117). 그는 공간과 장소의 관계를 랑그(langue)와 빠롤(parol)의 관계에 비유하여 설명한다. 즉 공간은 언어를 구성하는 규칙과 관습의 체계인 랑그에 비유되며, 장소는 이러한 규칙들이 발화를 통하여 구체적인 표현을 부여받는 빠롤과 관련지어 설명된다.

이러한 점에서 크레스웰(2012: 163)에 의하면,[10] 세르토의 연구에서 "핵심적 긴장은 체계적인 공간 문법 - 우리를 거주시키고 우리에 의해 구성되지 않은 질서 - 과 미리 결정되지 않은 방식으로 이 문법을 사용하는 우리 능력 간의 긴장"이라고 해석한다. 이를 재해석하면, 일상생활은 우리가 사용하면서 재생산하지만 우리에 의해 구성되지 않은 것처럼 보이는 공간

10 이와 관련하여 크레스웰(2012: 63)은 "세르토[가] 공간과 장소 개념을 기존의 일반적 개념 구분과는 정반대로 사용한다. 그에게 장소는 실천이 발생하는 빈 격자인 반면, 공간은 실천에 의해 창조되는 것"으로 이해한다. 이러한 이해는 완전히 틀렸다고 할 수 없지만, 세르토의 공간과 장소 간 구분에서 장소는 실천 이전에 존재하는 선험적인 것(빈 공간)을 의미하는 것은 결코 아니다.

(그리고 언어) 문법과 이를 임의적인 (즉 자율적 또는 덜소외의) 방식으로 사용하려는 우리의 (장소) 능력 간 긴장으로 가득 차 있다고 할 수 있다. 그는 이러한 일상생활의 공간을 물신화된 권력과 질서가 작동하는 장으로 이해하고 일상으로부터 소외를 탈피하기 위한 창조적 실천 방안을 찾아내고자 한다.

이를 위해 세르토는 우선 푸코가 제시한 파놉티콘의 권력 공간을 일상적 차원에서 재전유하기 위한 방안을 모색하면서, 르페브르가 소외된 일상생활에 대한 대안을 위해 제시한 '전략'과 '전술' 간 구분을 수용한다. 전략이란 고유한 장소를 가정하고 이와 경계를 접한 외부를 생산(지배)하기 위해 권력 의지의 주체가 행사하는 힘 관계의 계산을 의미한다. 반면 전술은 공간적 혹은 제도적으로 국지화된 '고유영역'이나 경계선에 의존하지 아니하고 대신 국지적 차원에서 유동하면서 생태적인 구성체를 모색하기 위한 계산을 의미한다(De Certeau, 1984: 34~38). 이러한 점에서 푸코가 현대 사회(공간)를 파놉티콘에 의해 규율되고 지배되는 삶의 권력/공간으로 이해했다면, 세르토는 주어진 파놉티콘을 정치제도적 차원이 아니라 일상적 차원에서 비판적으로 재전유하면서 새로운 상상력과 비판을 가능하게 하는 조건으로 간주한다. 즉 푸코는 '감시'사회의 틀이 일상생활의 모든 곳으로 확장되고 만연해 있음을 밝혔다면, 세르토는 이러한 상황으로 전락하지 않을 방법을 찾아내는 것, 즉 감시에 대항하는 일상적 실천을 전개할 것을 요구한다.

이러한 전략과 전술 개념의 구분과 재이해는 장소의 개념화에 바로 적용된다. 즉 전략적 장소는 재산, 안전, 통제, 소유의 행사를 위해 한 지역을 점유하여 추상적 모형에 입각하여 총체적 집결지를 건설하려는 권력 의지와 관련된다. 반면 전술적 장소는 불안정성, 주변성, 이동성으로 특징 지워지며 '일상의 실천에 정치적 차원을 제공하며' 약자를 강자로 전환시킬 수 있는 잠재적 전복 능력을 내재한다. 이러한 장소 전술은 "공간을 점유하지 않고 통과하며 흔적을 남기는 '모험적 편력의 궤적'이므로 우연한 돌연변이 잡종이고 예측불가능한 계산"으로 이해된다(장세룡, 2004: 216). 이처럼 전략과 전술 양자는 모두 권력/공간과 관련되지만, 전략은 공간에서 소외된 강자가 역사적 시간을 지배하는 장소의 승리를 추구하는 것이라면, 전술은 역사적 시간의 사용에서 소외되고 고유한 장소가 부재한 가운데 활동을 펼쳐나가는 약자의 계산된 행위로 해석된다.

이와 같은 전략과 전술 간 구분은 세르토가 제시한 도시 공간을 보는 두 가지 시선 또는 도시에 관한 두 가지 유형과 조응한다(De Certeau, 1984: 92). 그는 지금은 사라진 세계무역빌딩과 같이 높은 곳에서 내려다 보는 시선과 거리 보행자들 또는 도시 속에서 살아가는 일반인들의 눈에 비치는 일상적 시선을 구분한다. 전자는 도시 공간을 하나의 텍스트로 총체화하여 독해하는 권력자나 관광객의 시선이라면, 후자는 도시의 사용자들이 일상생활에서 실천하는 보행자의 시선이다. 권력자의 시선은 도시를 독해하는 소외된 그리고 소외시키는 시선이라면, 보행자의 시선은 전체를 조망하기 어렵지만 도시의 근원적 문제(소외와 불투명)를 감지하는 탈소외의 시선이다. 이러한 점에서 현대 도시에는 두 가지 상반된 힘 관계가 작동한다. 하나는 권위적인 건축가, 도시계획가 등이 만드는 권위적 질서이고, 이들은 개념들로 연결된 '개념도시(concept-city)'를 만들어낸다(De Certeau, 1984: 95). 다른 하나는 그 속에서 살아가는 '사용자'들이 만드는 실천적 체험으로, 이들은 도시를 구성하는 개념들의 연결을 건너뛰거나 재구성한

'사실 도시'를 만들어낸다.

세르토에 의하면, 현대 도시는 가시성의 욕망이 넘치고 도시 개념들과 도시계획의 체계가 전략적으로 수행되는 공간이다. 도시계획적 담론에 의해 건설된 도시는 분류를 통해 도시 공간을 차별화하고 재배치하면서, 다룰 수 없는 모든 것을 배제함으로써 기능주의적 도시 관리의 '폐기물들(비정상, 일탈, 질병, 죽음 등)'을 만들어낸다. 달리 말해 개념 도시는 도시 공간을 차별적으로 소외시키며 다룰 수 없는 것들은 배제시킨다. 도시계획가들은 이를 해소하기 위해 계속 증가하는 폐기물들을 관리할 수 있는 범위 내로 끌어들이고자 하지만, 이윤체계는 손실을 발생시킨다. 체계 밖에서는 숱한 비참함과 가난의 형태가, 체계 안에서는 숱한 폐기물들의 형태가 생산을 비용으로 바꾸어 버린다. 도시의 합리화라는 전략적 담론 속에서 기능주의적 조직화는 '발전'을 특권화함으로써 도시를 가능하게 하는 공간 자체를 망각하게 한다(De Certeau, 1984: 94~95; 장세용, 2004: 223). 희망이 사라진 것처럼 보이는 이러한 도시에서도, 세르토는 기존의 도시 감시망 구조와 조직 속에서 새로운 전술을 발견할 것을 촉구한다. 그는 높은 곳에서 도시를 조망하는 전체적 권위적 시선에 따른 전략에서 거리 보행자의 일상적 시선과 이에 따른 전술로의 전환을 강조한다.

세르토는 이러한 일상적 전술의 구체적 방안으로 걷기를 제안한다. 도시 보행자의 걷기는 도시 공간을 의미화하는 실천 행위이며, 전술적으로 장소의 의미를 되살리는 행위이다. 세르토는 걷기의 의미를 설명하기 위해 언어를 일종의 메타포로 사용한다.[11] 즉 사람들은 의사소통을 위해 주어진 언어의 문법 구조를 이용하지만, 실제 이를 사용하는 방식은 거의 무한하게 많다. 마찬가지로 보행자는 이미 물리적으로 건조되어 있고 사회적으로 구조화된 불균등한 권력 관계나 이해관계가 구현된 거리를 걸어가지만, 그의 걷기는 고정된 경로를 따라가는 것이 아니라, 수많은 방식과 궤적으로 이루어질 수 있다. 거리에서 이루어지는 개미 떼 같은 움직임의 덩어리는 특이성의 셀 수 없는 집합이며, 보행자의 움직임은 장소들을 엮어 직물처럼 짜낸다는 점에서 "그 자체가 사실상 도시를 만들어 내는 실재 체계들" 가운데 하나로 이해된다. 이러한 움직임을 통해 공간적 실천과 의미화 실천을 관계짓는 세 가지 독특한 (그러나 연관된) 기능, 즉 믿을 만한 것, 기억할 만한 것, 그리고 원초적인 것이 성립된다(De Certeau, 1984: 105). 이러한 세가지 상징적 메커니즘들(전설, 기억, 꿈)은 도시(계획)주의적 체계화를 회피하면서, 도시의 장소들 그리고 도시에 관한 담론의 장소를 구성한다.

세르토의 주요 관심은 푸코적 파놉티콘과 같은 (공간) 권력의 통제와 감시 체계에서 벗어나는 길, 또는 도시계획가들이 단일 개념으로 획일화한 삭막한 (추상적) 공간에서 벗어나는 출구를 찾는 것이다. 이를 위해 세르토가 제시한 방안은 도시 공간에서 걷기이다. 지배권력이 도시계획을 통해 체계적인 전략을 만들면, 도시에서 살아가는 일반인들은 걷기를 통해 거기에 맞서는 유동적인 전술을 만들어 낸다. 여기서 걷기는 이동이 통제되고 신체가 규율되는 파놉티콘 공간 속에서 벗어나기 위한 방안을 은유한 것이라고 하겠다. 즉 '걷기' 또는 '보행자'에 관한 세르토의 사유는 지배권력에 대한 도시인들의

11 세르토는 걷기와 말하기의 비교를 통해 걷기를 공간에서의 언술행위(enunication)로 정의한다. 이들이 비교되는 점은 다음과 같다. 첫째 발화자가 언어 체계를 전유하는 것처럼, 걷기는 보행자가 공간배치 체계를 전유하는 과정이다. 둘째 발화행위가 언어 체계의 청각적 실현이듯이, 걷기는 장소의 공간적 실현이다. 셋째, 발화행위가 상대방과 의사소통을 위한 계약을 전제로 하듯이, 걷기 행위는 구분된 위치들 간 움직임의 형태를 띤 실용적 계약이다(De Certeau, 1984: 97~98).

저항을 미시적 관점에서 조명하면서, 타성에 젖은 도시인들의 일상적 삶에 새로운 의미를 불어넣고자 한다. 그러나 문제는 과연 도시공간 속에서 걷기만으로 이러한 목적을 실현할 수 있을지 의문스럽다는 점이다.

물론 세르토는 걷기를 '일상생활의 창조적 실천성'으로 이해하고, 이러한 실천을 통해 획득된 체험들을 모아서 도시 공간을 다시 쓰기 그리고 종교순례를 그린 여정 지도처럼 일상적 활동에 관한 지도 그려보기를 제안한다. 걷기 체험에 바탕을 둔 도시 공간의 스토리텔링이나 지도그리기 전술은 도시의 일상생활 속에서 비판적 상상력과 창조적 실천을 통해 도시 공간을 재구성하고자 한다는 점에서 의의를 가진다(김승환, 2022). 달리 말해, 기존의 지도 체계, 즉 전체를 내려다보는 계획가들의 시선에 따른 도시의 개념화는 도시를 메마르고 획일적으로 만드는 반면, 일상에서 펼쳐지는 공간적 상상력과 실천에 근거한 지도그리기는 도시인들의 삶터를 유기적 관계를 가지고 살아있게 만들 수 있다.

이와 같은 세르토의 제안에서 나아가, 걷기를 통해 체험된 도시공간의 스토리텔링이나 지도그리기는 자본과 권력이 일상생활의 공간에 침투하여 이를 식민화시키고 있는 현장들, 즉 소외된 장소들을 미시적으로 묘사함으로써 이들에 대항할 수 있는 모멘트를 만들어내는 데 기여할 것이다(김언영, 2020). 그러나 세르토의 논의에는 현대도시를 탈피하거나 전환시키기 위한 급진적 변혁이 아닐지라도, 르페브르가 제시한 '도시에 대한 권리' 개념과 같이 도시계획가들의 개념도시에 직접 개입하여 획일화된(추상적이며 소외된) 공간을 벗어나도록 할 수 있는 뚜렷한 방안이 없다는 점에서 한계를 가진다.

제3부

르페브르의 소외론

제7장

소외의 개념과 이론의 발달

소외란 무엇인가?

소외는 매우 철학적이고 사회이론적인 개념이지만, 또한 일상생활에서 다양한 의미로 흔히 사용되는 용어이기도 하다. 예컨대 박완서의 소설, 『휘청거리는 오후』에 나오는 대화로, 한 노총각이 초희라는 노처녀에게 다음과 같이 말을 건다. "초희씨, 숭늉이 커피에 의해서 소외되어진 것을 어떻게 생각하십니까?" 우리는 식사 후 늘 마시던 숭늉 대신 언제부터인가 커피를 마신다. 커피가 숭늉을 대신하게 됨에 따라, 숭늉은 따돌림을 받았다거나 또는 배제되었다는 의미로 소외라는 용어가 사용된 것이다. 여기서 소외란 일상생활에서 한 때 관례적으로 긴밀한 관계를 가지고 있었던 사람이나 사물들이 더 이상 그러한 관계를 가지지 못하게 된 상황을 의미한다고 하겠다. 또한 이러한 소외 개념의 연장선상에서 "소외란 … 하나의 대상이 원래 있어야 할 자리에 있지 못하고, 다른 것으로 대치된 경우"에 사용될 수 있다(이운형, 2004: 340~341). 또한 소외란 어떤 집단에서 기피·제외되거나, 사람들 간 관계가 소원해진 상황, 또는 주체의 상실로 무기력하거나 자포자기한 생태를 표현하기도 한다.

그러나 학술적으로 보면, 소외는 상당히 어렵고 복잡한 의미를 가진다.

특히 정치경제학적 연구에서, 소외란 한 개인이나 집단이 자신의 의지나 주관이 아니라 타자 또는 외적 요인에 의해 조건 지워진 상태, 즉 자기 주체의 상실로 자기 삶의 현재와 미래를 스스로 결정할 수 없는 상태를 의미한다. 이러한 개념은 근대적 소외 연구를 선도한 헤겔이나 마르크스로 소급된다(정문길, 1978; Ollman, 1976). 헤겔에 의하면, 소외는 인간의 정신이 자기 밖의 것으로 외화되고 대상화된 상태, 즉 자기소외를 의미한다. 마르크스(Marx, 1977)에 의하면, 소외란 "인간의 행위가 인간에 의해 지배되는 대신 인간에게 대립되며, 인간을 초월하여 독립적인 힘으로 나타날 때의 상태"를 말한다. 초기 저술에서 마르크는 이러한 소외의 전형적 사례로 자본주의적 생산관계에 내재한 '소외된 노동'의 개념을 제시한다.

소외에 관한 헤겔의 연구는 철학적 논의에, 마르크스의 연구는 경제적 측면에 편향되어 있었지만, 그 이후 많은 이론가들의 연구를 통해 소외의 개념은 철학뿐만 아니라 문학, 문예비평 등 인문학과 정치학, 법학, 사회학, 심리학 등 다양한 사회이론 분야들에서 다루어지게 되었다. 오늘날 소외의 개념이 다양하게 정의되는 것은 현실 세계에서 소외가 다양한 영역들로 확산되었기 때문이지만, 또한 여러 학문 분야들에서 다루어지기 때문이기도 하다. 우리는 우선 르페브르의 개념 정의를 통해 소외란 무엇인가를 좀 더 자세하게 이해할 수 있다.

> 벌거벗겨져 그 자신의 바깥으로 내쫓긴 인간은 어떤 힘, 사실 인간에서 시작했으며, 인간적일 따름이지만 찢겨져 탈인간화된 힘의 자비에 내맡겨져 있다. 이러한 소외는 경제적(노동의 분업, '사적' 소유, 경제적

물신들 즉 화폐, 상품, 자본의 형성), 사회적(계급의 형성), 정치적(국가의 형성), 이데올로기적(종교, 형이상학, 도덕적 교리)이다. 소외는 또한 철학적이다. … 사변적(형이상학적) 용어로, 철학 자체가 인간 소외의 일부이다. 그러나 인간은 오직 소외를 통해서만 발전한다(Lefebvre, 1991a: 249).

르페브르의 이러한 정의에 의하면, 소외란 인간이 자신이 만들어 내었지만 탈인간화된 힘에 의해 지배되는 현상 또는 과정이라고 할 수 있다. 이러한 소외는 사회의 모든 부문들, 즉 경제적, 사회적, 정치적, 이데올로기적 부문들, 그리고 심지어 철학적 사유 자체도 인간의 보편적 소외의 일부로 이해되며, 나아가 인간 자체는 소외된 존재로 규정된다.

이러한 소외의 개념은 영어의 어원으로 보면 이와 관련된 여러 현상들을 이해할 수 있도록 한다.[12] 이러한 점에서, 하비는 소외의 개념을 다음과 같이 정의한다.

소외(alienation)의 동사형 alienate에는 여러 가지 의미가 있다. 법률 용어로 이는 재산권을 다른 사람의 소유로 양도함을 의미한다. … 사회적 관계로서, 이는 애착, 충성심, 신뢰가 어떻게 한 사람, 제도 또는

12 소외의 독일어는 Entremdung으로, 분리, 이탈, 이질화를 의미하는 접두어 ent와 이질, 낯섦, 무관계 등을 의미하는 fremd가 합쳐져서 구성된 것이다. 동사 entfremden는 사람들이 어떤 이유로 서로 소원하게 된다는 의미로 사용되며, 한국어 '소외'도 원래 다른 사람과 멀어지게 된다는 뜻을 가지고 있었다. 그러나 오늘날에는 동서양을 막론하고 헤겔과 마르크스의 소외 개념의 영향으로 매우 추상화된 철학적, 사회이론적 의미를 가지게 되었다.

> 정치적 대의에서 다른 사람, 제도, 정치적 대의로 넘어 가는가(이전되는가, 훔쳐가는가)와 관련된다. … 수동적인 심리적 상태로서, 소외는 어떤 가치 있는 연결 상태에서 고립되고 떨어지게 됨을 의미한다. … 능동적인 심리적 상태로서 소외는 억눌리고 빼앗긴 상태나 느낌 때문에 분노하고 적개심이 가득하며, 이 분노와 적개심을 몸으로 표출하는 … 상태를 의미한다(하비, 2014: 267).

소외를 의미하는 영어 alienation의 라틴어 어원인 alienatio는 '타자에 속하다', 또는 '내가 내 아닌 것이 된다'는 뜻을 가진다. 근대 경제학에서는 상품의 양도, 사회계약론에서는 계약을 통한 자유의 위탁을 의미하기도 한다(안형관, 1990). 하비가 제시한 소외 개념의 어원과 그 유형들로 보면, 전자의 두 유형에서 소외란 재산권의 법적 양도나 사회적 관계에서 정체성의 변화와 관련되며, 후자의 두 유형에서 소외란 수동적 또는 능동적 심리 상태로 상실감이나 고독감, 억압감과 적개심으로 이해된다. 하비에 의하면, 이러한 소외의 개념은 어떤 법적, 사회적, 심리적 상태와 관련되지만, 이러한 소외는 자본주의의 정치경제적 배경에서 유발된다. 즉 소외는 한편으로 타자와의 소원한 관계나 또는 어떤 사물에 대한 상실감에 따른 심리적 상태 또는 사회 제도나 관계 자체와 관련되지만, 그 근원은 특히 자본축적에 내재된 모순 또는 자본주의의 확대재생산에 의한 사회의 지배에 뿌리를 두고 있다(이홍균, 2002). 이러한 점은 소외에 관한 이론의 기원을 이루는 헤겔과 마르크스의 저작들, 그리고 그 이후 많은 사회이론가들과 철학자들의 연구에 근거한다.

고전적 소외론

인간 사회에서 소외의 기원은 고대 사회의 '우상숭배'에 까지 소급될 수 있겠지만, 근대 시민사회와 관련된 소외의 개념은 루소(Rousseau)의 저술에서 찾아볼 수 있다. 그는 『사회계약론』에서 "인간은 사회계약을 맺음으로서 본래적인 자유를 양도하지만, 대신에 시민의 자유를 소유하게 된다"라고 주장하며, 소외와 같은 어원을 가지는 양도(alienate)하다는 표현을 사용하면서 원초적 자유의 상실을 소외로 이해했다. 또한 그는 『에밀』에서 "신은 만물을 선하게 창조하였으나, 인간이 만물에 간섭하여 악하게 되었다"라고 주장하면서, 인간이 자연의 파괴를 통해 자연으로부터 소외되는 모습을 표현하였다(이운형, 2004: 4~5에서 재인용. 또한 정문길, 1978: 24~28 참조). 하지만 소외에 관한 루소의 개념화는 두 가지 모순된 의미를 내재한다(Jaeggi, 2014, 7). 즉 루소에 의하면, 소외란 문명화된 인간들이 사회적 상호의존성으로 인해 자신(본성 또는 자연상태)의 진정성과 자율성을 상실한 상황을 의미한다. 그러나 다른 한편, 소외를 함의하는 원초적 자유의 상실은 소외되지 않은 사회화라는 규범적 이상을 통해 해소될 수 있는 것으로 간주된다. 이러한 루소의 소외 개념은 마르크스의 소외 개념에 직접 영향을 주지는 않았다고 할지라도 헤겔의 소외 연구에 영향을 미친 것으로 해석된다,

헤겔은 『정신현상학』에서 인간의 정신이 '감각적 확실성'에서 출발하여 진리를 획득하기 위한 자기부정을 거쳐 결국 '절대지(絶對知)'에 이르는 단계, 즉 인간의 주관적 의식과 그 대상과의 관계 속에서 이루어지는 정신발전사를 제시한다(정문길, 1978: 31). 그에 의하면, 의식과 대상과의 관계에서,

의식은 자기를 초월하여 '대자'가 되는 경험을 끊임없이 지양하기 때문에 서로 대립하게 되며, 이로 인해 생기는 분열 상태를 벗어나 정신이 자기 자신에게로 복귀할 때 비로소 참다운 의식이 가능해진다. 헤겔은 이러한 자기 분열 상태를 자기소외로 개념화하고, 자기소외와 그 소외의 지양이 전개되는 과정을 대상화라고 지칭했다. 소외는 정신발달의 변증법적 동력으로서 자기의식으로의 귀환을 위해 필요불가결한 계기가 된다. 헤겔은 주인과 노예의 대립적 관계에 관한 설명을 통해, 노예가 노동을 통해 어떻게 자기의식의 자립성을 획득하는가, 즉 자기의식이 자신을 대상화하고 다음에 자신을 정신으로 인식하는 단계에서 소외가 참다운 노동의 결과를 얻기 위한 하나의 계기로 작용하는 과정을 보여준다.

헤겔의 소외 개념은 포이에르바하(Feuerbach)를 거쳐 마르크스로 이어진다. 포이에르바하는 헤겔이 정신을 자기소외의 상태에서 다시 자기 자신으로 돌아오는 것으로 묘사한 것은 현실 속의 인간 상태를 신비적으로 표현한 것에 불과하다고 반박한다. 그는 헤겔의 '절대성' 관념을 거부하면서, 종교에서 인간에게 결여된 속성을 신의 속성으로 표현한 것과 같다고 지적한다. 즉 헤겔철학은 신학적 관념론으로, "자아의 본질을 자아 밖에서 설정하고, 자아와 분리해서 실체 또는 신으로 대상화"한 것이라고 비판한다(이운형, 2004: 8에서 재인용). 그는 헤겔의 소외개념을 역으로 구성하여, 소외를 인간 내부의 갈등으로 파악하고, 인간이 종교로부터 해방됨으로써 소외의 극복이 가능하다고 제시한다. 마르크스는 헤겔에 대한 포이에르바하의 비판을 받아들이지만, 이들이 공통적으로 대상이 객관화된 자신임을 자각할 때 소외가 극복된다는 주장에 대해 반대하고, 헤겔이 제시한 의식과 대상과의 대립 관계를 인간과 사회적 존재와의 관계로 대체한다.

마르크스는 정신세계 내에서 변증법적 관계로 이해되는 헤겔의 소외론을 사회경제의 구조 속에서 소외 개념으로 전환시키면서 소외된 노동에 주목한다. 헤겔은 소외를 노동의 존재론적 표현으로 자기의식을 대상화하는 과정으로 이해했지만, 마르크스는 소외를 노동자가 자신의 노동과정과 그 생산물을 통제하지 못할 뿐만 아니라 이들이 노동자들과 적대하는 대상으로 변화한 자본주의의 특정 현상으로 설명했다(안형관, 1990). 이러한 차이에도 불구하고, 이들은 소외를 인간 노동과 관련된 현상으로 파악했다는 점에서 공통점을 가진다. 즉 노동은 인간이 능동적으로 자연과 관계를 가지는 과정이다. 노동과정에서 인간은 자신의 필요를 충족시킬 뿐만 아니라 잠재적 역량을 실현하고 나아가 사회를 발전시키게 된다. 헤겔은 이러한 노동과정을 인간이 그 자신의 본성을 실현하는 활동으로 규정하며, 이 활동은 노동의 대상화(즉 소외)를 통해 실현된다고 주장한다.

마르크스는 초기 저작들 특히 『경제학·철학 수고』에서 이러한 헤겔의 노동 개념을 수용하면서도 이에 내재된 긍정적, 관념론적 구조를 비판하고, 자본주의 체제에서 노동은 더 이상 노동자의 본성의 일부가 아니라고 주장한다. 왜냐하면, 노동자는 임금노동 과정에서 이러한 본성을 부정당하고, 이로 인해 노동과정으로부터, 노동의 생산물로부터, 다른 사람들로부터, 그리고 노동하는 자신으로부터 소외되기 때문이다. 후기 연구에서 마르크스는 이러한 소외의 개념을 더 이상 명시적으로 논의하지 않지만, 대신 상품, 화폐 등의 물신성(fetishism)에 대해 관심을 기울인다. 마르크스에 의하면, 물신성이란 자본주의에서 상품의 가치는 노동자에 의해 생산되었음에도 불구하고, 상품 자체가 마치 그 자체로 가치를 내재하고 있는 것처럼 보이는 현상을 의미한다. 이러한 점에서 마르크스는 물신성의 개념으로 인간관계가 사물화되는 과정, 즉 인간의 능력이 상품이나 화폐와 같은 대상에 귀속되고 사회적 관계가 인간 의지와는 무관하게 마치 사물 간 관계처럼 보이는 과정을 설명하고자 한다. 헤겔에서 마르크스로 이어지는 이러한 고전적 소외론은 그 이후 루카치의 물화(物化) 이론 등을 통해 소외 연구의 기반을 이루게 된다.[13]

루카치(Lukács)는 마르크스의 『경제학·철학 수고』가 발견되기도 전에 마르크스 소외론의 헤겔적 기원과 그 영향을 밝히면서, 부르주아 사회에서 인간성과 인간관계가 사물의 성격과 이들 간 관계로 변화했다는 물화(reification) 이론을 제시했다(조항구, 1999). 이러한 마르크스의 후기 저작에서 물신성 개념과 루카치의 물화 이론이 마르크스의 초기 저작에서 제시된 소외 이론을 대체한 것이라는 주장도 있지만, 상품의 물신성이나 인간관계의 물화 이론이 소외 연구의 일부라고 강조되기도 한다(무스토, 2011). 이러한 점에서 철학적 의미에서 소외란 우선 자본주의적 임금노동에 의해 노동자가 자신의 생산과정과 생산물에 대한 통제력을 상실하고, 상품 그 자체가 어떤 가치를 내재한 것처럼 보이면서 이로 인해 사람들 간 사회적 관계가 상품들 간의 물질적 관계로 인식되는 것을 의미한다.

---

13 그 외에도 소외는 뒤르켐의 아노미(anomie), 짐 멜의 비인간화(impersonality) 개념처럼 다양한 견해로 피력될 수 있다.

일상생활과 소외론

하이데거(Heidegger)는 마르크스주의 전통과는 다른 철학적 기반에 서 있지만, 소외의 개념에 관한 한 서로 공통점을 가지고 대화할 수 있다고 생각한다. 즉 하이데거 자신은 "마르크스가 헤겔의 영향 하에서 본질적이고 중요한 의미에서 인간의 소외라고 인식했던 것은 (하이데거가 제기한) 근대인의 고향상실에 뿌리를 두고 있기" 때문이라고 주장한다(Heidegger, 1993b; 박찬국, 1995: 154, 수정 인용). 그러나 하이데거는 『존재와 시간』에서 소외를 순수하게 철학적 개념으로 접근했다. 그에 의하면 소외란 인간 존재를 존재론적으로 구성하는 현존재(Being-There, Dasein)가 참되지 않은 주변세계에 순응하여 그 자체를 잃어버리는 것을 뜻한다. 즉 하이데거는 허구적 주변 세계에 순응하여 주체 상실이라는 점에서 소외의 개념을 파악하지만, 이는 자본주의 사회의 어떤 부정적 현상이라기보다 세계 내 존재의 실존적 모습 또는 존재론적 특징으로 이해한다.[14]

하이데거의 후기 연구에서 소외는 존재의 거주(dwelling) 장소 또는 고향의 상실로 이해된다(Heidegger, 1971). 그에 의하면, '장소는 존재의 진리의 현장'이며, 거주하기는 이러한 장소를 만들어가는 과정이다. 이러한 사고에 바탕을 두고, 하이데거는 현대를 고향 상실의 시대라고 주장한다. 왜냐하면, 나에게 모든 것이 친숙하게 낯익은 곳이며 이에 내가 아무런 두려움

---

14 루카치는 1967년 재출판된 『역사와 계급의식』 서문에서 하이데거의 소외는"사회에 대한 비판을 순전히 철학적 문제로 환원해" 정치적으로 무해한 개념이 되었다고 평가했다(무스토, 2011 재인용).

과 긴장 없이 편히 쉴 수 있는 곳으로서의 고향이 오늘날에는 사라졌기 때문이다. 이러한 고향 상실 또는 거주의 위기로 이해되는 소외는 자본주의 시장과 기술 관료들에 의해 수행되는 도구적 합리성 또는 추상화에 기인한 것이라고 주장된다. 이러한 하이데거의 소외 개념은 르페브르의 소외 개념뿐만 아니라 예로 아렌트(1996)의 소외 개념, 즉 세계(사회적 관계)로부터 소외와 지구(존재의 거주 공간)로부터의 소외 개념에 영향을 미쳤다. 그러나 하이데거의 소외 개념은 경제적, 기술관료적 지배에 대해 유의하게 비판하고 있지만, 대안으로 전통사회로의 회귀를 강조하는 보수적 낭만주의의 성향을 보였다.

르페브르는 그의 생애 전반에 걸쳐 마르크스의 사상에 관심을 가지고 이를 재해석하고자 했다. 즉 "르페브르의 주목을 지속적으로 끌었던 마르크스적 개념들 가운데 하나는 소외"였다(Fraser, 2015: 46). 정통 마르크스주의는 소외의 개념을 간과하거나 경제적 영역에 한정시킨 것과는 달리, 르페브르의 논의는 생산과 임금노동, 소유관계의 경제적 영역에서 나타나는 소외뿐만 아니라 일상생활에서 발생하는 인간적 또는 정신적 소외도 포함한다. 특히 그는 후자의 형태의 소외는 "삶의 본질로부터 박탈된 인간 행동의 추상화 증대에 기인한다"고 주장한다(Lefebvre, 1991a: xxiii).

르페브르는 마르크스에 따라 자본주의 경제에서 가치의 본질은 추상노동(즉 모든 질적 차이가 박탈되고 사회적으로 필요한 노동시간으로 측정된 노동)으로 파악되며, 또한 상품의 교환가치는 화폐 형태(즉 독특한 사용가치를 질적으로 동질화하는 보편적 등가물)로 표현된다는 점에 주목한다. 그리고 상품화의 확대와 자본축적의 역동성으로 인해 사용가치의 다양성과 사회적 관계의 풍요로움은 교환가치의 동질성과 추상적 노동의 소외에 점차 포섭되었다고 주장한다(Wilson, 2013). 그러나 그는 마르크스의 추상적 노동 개념뿐만 아니라 추상적 기술관료적 재현에 관한 하이데거의 비평에도 관심을 가진다. 르페브르는 하이데거에 따라, "지구는 인간의 거주지"이며, 진정한 의미의 "거주하기는 본질적으로 시적(poetic)"이라고 주장한다(Lefebvre, 2003b: 122). 오늘날 공간 개념을 특징짓는 추상적 공간은 이러한 '시적 특성'이 결여된 공간으로, 양적 측정과 계산에 대한 열망에서 도출된 것으로 이해된다. 즉, 경제적 및 기술관료적 지배에 바탕을 둔 공간의 생산은 "거주로부터 제거된 것이며, 이는 기계의 언어가 시를 제거하는 것과 같다"고 주장된다(같은 책).

이러한 점에서 르페브르는 임노동에 기초한 생산관계와 작업장의 생산과정에 한정되었던 소외의 개념을 노동 재생산의 장으로서 (도시의) 일상생활로 확장시킨다. 일상생활이란 매일의 삶을 영위하는 활동을 의미하며, 순환적 시간에 따라 일정한 리듬을 형성하지만, 단순히 동일한 활동의 반복이 아니라 유사하면서 차이가 나는 방식으로 전개된다. 르페브르는 일상생활을 이중적 관점, 즉 추상화와 생산주의에 종속되어 있는 소외의 장이면서 또한 변혁의 잠재력을 내재하고 있는 탈소외의 장소로 이해한다.

르페브르는 일상생활의 추상화의 사회공간적 측면을 거주하기와는 대조되는 하비타트(habitat, 주택)의 개념으로 해석한다(Lefebvre, 2003a; Wilson, 2013). 하비타트는 주택 부동산 시장이나 뉴타운 계획 공간 등에서 전형적으로 전제되는 추상공간의 통합적 성분으로 규정된다. 이는 동질적인 지구 계획이나 정량적 공간 설계에 의해 위로부터 부가되며, 일상생활의 체험된 경험을 '주거 기계' 속에 가두어버리는 폐쇄적 공간이다. 이러한 공간은 합리적으로 실계되고, 근대직 생활에 필요한 모든 서비스의 쾌적함을 제공하지만, 그 속에서 '거주하기'를 보장하는 것은 아무 것도 없다. 기술관료들은 이러한 도시 개발에서 달성된 삶의 수준을 정량적 측면에서 '만족스러운 것'으로 간주하겠지만, 인간이 세계와 자연 그리고 그 자신의 본성과 가지는 관계는 이러한 하비타트의 군림과 이른바 '도시주의적 합리성'으로는 결코 심층적으로 경험될 수 없다고 비판된다(Lefebvre, 2003a: 83).

이러한 르페브르의 소외이론은 특히 2가지 측면에서 유의성을 가진다(Fraser, 2015). 첫째, 르페브르는 생애 전반에 걸친 수많은 저서들을 통해 마르크스의 소외 개념을 재이론화하면서, 경제적 영역에서 나아가 일상생활의 다양한 영역들로 확대된 소외를 규명하고 이를 해소하기 위한 대안을 모색하고자 했다. 쉴즈(Shields, 1998: 2)에 의하면, "그의 첫 저작에서부터 가장 성숙된 저작들에 이르기까지 르페브르의 연구 전체를 통합시키는 것은 소외에 관한 그의 심원한 관심"이다. 특히 그의 『일상생활 비판』은 일상생활의 모든 영역이 근대성에 의해 지배됨에 따라 소외가 어떻게 경험되고, 마주치고, 수용되고, 타협되며, 요컨대 다중적으로 현시되는가를 서술하고 있다. 여기서 "소외는 경제적일 뿐만 아니라 삶의 모든 영역에서 타자(the other)를 파악하고 생각하기 불가능함"을 의미한다. 그러나 일상생활은 소외의 장이지만 또한 동시에 탈소외의 계기가 된다. "소외…에 관한 의식은 우리를 소외로부터 해방시키거나 그렇게 할 수 있는 단초를 제공한다. … 인간은 소외에 관한 의식을 통해 그 자신을 탈소외시킬 수 있다"(Lefebvre, 1991a: xvi; 20~23).

둘째, 르페브르는 소외의 다면적, 다차원적 형태들을 도시화 과정 및 도시공간의 재현과 관련시켜 이해한다. 그는 『도시혁명』에서 소외의 다양한 현상들이 마르크스 시대 이후 가속화된 도시화 과정과 분리되어 이해될 수 없다고 주장한다. 즉 "도시적 소외는 소외의 다른 모든 형태들을 담고 있으며, 이들을 지속시킨다"(Lefebvre, 2003a: 92). 오늘날 사람들은 도시적 맥락에서 영위하는 모든 노동과 일상생활로부터 소외되었다. 자본주의적 도시화 과정은 도시인들을 그들의 외적 관계(자연 및 타자와의 관계)뿐 아니라 내적 관계(자신과의 관계)로부터 소외되는 새로운 계기들을 만들어 내었다. 또한 르페브르(Lefebvre, 1991b)가 『공간의 생산』에서 제시한 공간의 3원적 유형화(공간적 실천, 공간의 재현, 재현의 공간)와 절대공간에서 추상공간 그리고 차이공간으로의 전환 과정에 관한 논의는 도시적 소외가 단지 자본주의적 도시화의 물질적 과정뿐만 아니라 근대적 도시공간의 재현에 내재되어 있음을 밝혀준다.

르페브르의 소외론에서 특히 유의한 이러한 두 가지 측면은 통합적으로 논의되어야 하며, 이 논의에서 소외의 개념이 중심적 역할을 한다는 점이 강조될 수 있다. 즉 오늘날 소외는 도시의 경제적 활동뿐만 아니라 일상생활의 모든 영역들에서, 그리고 이러한 도시공간의 재현과정에도 내재된 것으로 이해된다. 즉 르페브르에 의하면, 도시적 소외는 '추상공간'으로서 도시공간의 재현의 문제성에 기인한다. 이러한 점에서, "자본주의 공간에 관한 우리의 이해에 대한 르페브르의 가장 유의한 기여는 소외된 공간으로서 추상공간의 체험된 경험에 주목했다는 점, 일상생활의 영역에 추상화를 투영함으로 인해 발생하는 모순들을 이론화했다는 점, 그리고 이러한 모순들을 드러낼 수 있는 가능성을 탐구했다는 점"이라고 주장된다(Wilson, 2013: 374). 요컨대 르페브르의 이론은 기본적으로 '도시적 소외'에 관한 통합적 개념화라고 할 수 있다. 이러한 '도시 소외'

이론은 르페브르의 이론에서 나아가 일상생활 및 도시화과 관련된 다른 이론가들의 연구들과의 비교·연계를 통해 더욱 세련되게 발전될 수 있을 것이다.

보편적 소외론

사실 생산 영역에서 일상생활(또는 문화) 영역으로 소외의 확대와 관련한 연구는 르페브르 외에도 독일의 프랑크푸르트학파(아드르노와 호르크하이머, 프롬과 마르쿠제 등)와 이들을 이은 하버마스와 호네트, 그리고 프랑스의 실존주의(사르트르 등) 및 포스트모던 이론가들, 예로 드보르와 보드리야르 등의 저술에서도 찾아 볼 수 있다(무스토, 2011; 김남희, 2002). 프랑크푸르트학파의 초기 연구를 대표하는 아도르노와 호르크하이머는 『계몽의 변증법』 등에서 계몽적 이성의 변증법적 변화과정을 검토·비판한다. 이들에 의하면, 계몽은 인간에게 진보와 더 좋은 삶을 가져온 것이 아니라 오히려 엄청난 재앙을 일으켰으며, 자유가 아니라 더 큰 억압의 수단이 되었다고 주장된다. 왜냐하면, 계몽의 주체로서 인간은 자신의 이성을 역사의 해방이 아니라 오히려 지배의 수단으로 이용해 왔기 때문이다. 인간의 이성은 과학기술의 발전을 통해 인간사회에 희망과 행복을 약속했지만, 실제 인간의 불행과 역사의 퇴보가 초래되었다. 계몽의 과정에서 이성은 지식의 도구가 되고, 과거 두려움의 대상이었던 자연은 이제 지배의 대상으로 전락하게 되었다. 인간의 영혼은 물질화되고 대신 상품이 영혼을 가지게 되는 자본주의적 물화로 인해 가치관이 전도된다. 계몽의 결과로 인간은 자기소외와 더불어 물화되는 불행을 겪게 된 것이다.

인간사회에서 소외의 심화와 일반화에 관한 연구는 프롬과 마르쿠제로 이어진다. 이들은 초기 마르크스의 인간주의적 (헤겔적) 경향을 계승하는 한편, 프로이드 이론에 적극적 관심을 가지고 마르크스주의와 정신분석학이 결합된 소외이론을 구성하고자 한다(임채광, 2013). 프롬에 의하면, 현대사회에서 소외는 사회경제적 구조와 개인의 성격 구조 간 상호작용의 결과로 나타나는 현상으로 파악된다. 즉 현대인이 소외된 삶을 살게 되는 근본원인은 외부로부터 가해지는 다양한 형태의 권위 체계와 인간의 실존적 특징인 심리구조의 취약성 때문이라고 주장된다. 프롬은 소외를 어떤 사건이나 과정으로 이해하기보다 의식의 내부에 일어나는 경험에 더 많은 관심을 둔다(정문길, 1978: 182).

마르쿠제(1966)는 『에로스와 문명』에서 인간의 실존과 소외를 중심으로 인간학적 주제들을 다루면서, 기술의 발달로 인해 삶의 기본 에너지인 리비도가 억제·통제되면서, 노동력의 착취가 이루어지고 개인은 생산장치의 소외된 부품으로 전락하게 되었다고 보았다. 마르쿠제는 현대 사회에서 소외가 노동 일반과 테크놀로지에서 비롯되지만, 이의 극복을 위해 소외된 노동의 문제를 해결하기보다는 노동 밖에서 해답을 찾고자 했다. 프롬과 마르쿠제는 공통적으로 소외를 특정한 자본주의적 생산관계와 관련시키기보다 노동 일반 및 기술 지배의 전체주의적 속성과 관련시키고, 이를 극복한 '건전한 사회'를 위해 혁명적 인간상, 즉 이성을 통한 생산적 성격의 함양이나 즐거움을 추구하는 유희를 강조한다.[15]

프랑크푸르트 제2세대라고 할 수 있는 하버마스는 계몽(주의)을 이끌어온 근대적 이성을 자연과의 관계에서 발달한 도구적 이성으로 간주하고,

이에 대응할 수 있는 이성으로 사회적 관계에서 합의를 통해 형성되는 의사소통적 이성을 제안한다. 그는 도구적 이성에 기반을 둔 자본주의적 경제정치체계가 의사소통적 이성이 작동하는 생활세계를 식민화시켰다고 주장한다. 이러한 생활세계의 식민화란 "주체들 사이의 합리적 의사소통 행위를 통해 유지되는 우리의 생활세계가 화폐와 권력을 매체로 하는 체계 논리의 침식에 의해 물화(物化)되는 현상", 즉 일상생활에서 소외되고 물화된 삶과 이로 인한 구성원들의 정체성 혼란 등을 의미한다(김원식, 2009: 100). 호네트는 물화에 의해 위협 받고 있는 생활세계에 내재된 규범, 즉 '상호인정'에 관한 연구로 하버마스를 이어 받았다. 호네트에 의하면, 소외되고 물화된 삶은 '인정 망각', 즉 인간이 사회적 관계를 형성함에 있어 무엇보다 중요한 '인정'이 무시되고 망각되는 상황을 의미한다(조나영, 2019). 이들은 일상생활에서 물화된 삶은 특정 계급을 넘어 사회 구성원 전체에 나타나며, 이를 극복하기 위해 전통적 계급운동과는 구분되는 '신사회운동(하버마스)' 또는 '인정 투쟁(호네트)'이 필요하다고 주장한다.

마르크스주의와는 다소 다른 관점에 입각한 소외 연구의 또 다른 흐름은 프랑스의 실존주의자들에서 찾아볼 수 있다. 이들의 연구에서 소외 개념은 마르크스의 사고에 비해 훨씬 보편적인 것, 즉 개별 인간이라기보다 사회 속의 인간이 가지는 광범위한 불만과 병리 현상으로, 극복될 없는 인간의

---

15 소외에 관한 연구에서 이들 간 차이도 있다. 마르쿠제는 소외를 일종의 퇴행이자 사회구조적 병리현상으로 보는 반면, 프롬은 '사회적 병폐로서의 소외'로만 분류하지 않고 '존재론적 문제로서의 소외'로도 이해한다. 또한 마르쿠제는 기술을 원칙적으로 긍정적 측면에서 이해하면서 단지 선진산업사회의 제도적 합리성이 기술의 사용을 왜곡시키고 있다고 주장하는 반면, 프롬은 기술 자체를 일종의 중립적 대상으로 이해한다(임채광, 2013).

조건으로 간주되었다. 이들은 마르크스의 『경제학·철학 수고』에 기반을 두지만 노동자들의 인간 유적 소외와 다른 노동자들로부터 자기 소외 개념을 특히 강조한다. 실존 철학자들은 소외의 기원을 제시하지는 않았지만, 이를 폘연적으로 모든 사실성과 인간 타자성에 밀접하게 관련된 것으로 이해한다(무스토, 2011: 94). 실존 철학자들은 마르크스 소외 연구를 부분적으로 인용하지만 소외 개념을 통한 구체적인 역사 비판보다는 단순한 철학적 논쟁으로 끌어갔다.

1960년대 새롭게 유행한 소외 연구는 자본주의 사회에 대한 비판이라는 당시의 시대정신을 반영하고자 했다. 드보르와 보드리야르의 연구는 독자적인 주제와 개념들을 가지지만, 공통적으로 마르크스의 소외론에 의해 선도되며, 또한 일상생활의 영역, 특히 비물질 생산에 대한 비판과 관련하여 소외에 초점을 두고 있다. 예로, 드보르는 소외이론을 비물질적 생산에 대한 비판과 연결하고, 비노동의 영역을 더 이상 생산활동과 분리하여 생각할 수 없다고 주장한다. 특히 그는 (도시) 스펙타클의 세계를 분석하면서, 현대 (도시)사회에서 새로운 경관과 이미지들로 구성된 "스펙타클의 사회적 기능은 구체적인 소외의 생산"이며, 이를 통해 "상품의 물신성은 궁극적으로 실현된다"고 주장한다(Debord, 2002: 11~12; 무스토, 2011: 98 재인용).

보드리야르 또한 소외의 개념에 바탕을 두고 탈산업 자본주의 사회에서 발생하는 변화를 비판적으로 해석한다. 그는 르페브르와 유사하게 현대 사회의 중심성을 생산에서 소비로 전환한 것으로 이해하고, 오늘날 탈산업(소비)자본주의에서 상품의 교환가치가 일종의 '기호가치'로 바뀜에 따라 지시 대상(즉 사용가치)과 괴리된 채 부유하게 되었다고 주장한다

(Baudrillard, 1998). 물론 이들의 소외이론은 일상생활(비노동의 소비, 여가 등)의 영역을 생산 활동과 분리시키기 위한 것이 아니라 오히려 경제적 생산의 영역과 문화 및 기호 (이미지, 이데올로기) 영역이 분리불가능하게 뒤얽혀 있음을 강조한다. 즉 이들은 문화적 생산물, 이미지, 표상형식에서부터 인간의 감정(정동)이나 심리구조에 이르기까지 거의 모든 사회문화적 요소들이 경제영역의 일부로 깊숙이 자리 잡게 되었고 이로 인해 소외도 사회의 모든 영역으로 확장되었음을 보여주고 있다.

다른 한편, 르페브르의 도시적 소외 이론에서 '도시적' 측면은 하비가 최근 『자본의 17가지 모순』에서 제시한 '보편적 소외' 개념으로 이어질 수 있다. 하비 자신은 '보편적 소외' 개념을 도시적 배경에 한정 짓거나 또는 이를 명시적 배경으로 설정하여 서술하지는 않지만, 그의 연구 전반과 관련시켜 보면 이러한 '보편적 소외'는 도시를 배경으로 유발·심화된 것으로 추정할 수 있다. 그에 의하면, 자본주의적 임금노동에 의한 잉여가치의 창출과정에서 소외는 지속적으로 재생산된다. 즉,

> "사회적 노동(우리가 타인을 위해 하는 노동)이 소외된 사회적 노동으로 전환된다. 일과 노동은 화폐 수익을 산출하는 상품의 교환가치 생산만을 중심으로 조직된다. 그리고 자본은 화폐 수익을 기초로 계급지배의 사회적 권력을 쌓아 올린다. 간단히 말해서 노동자는 자신의 노동을 통해서 피지배의 조건을 재생산할 뿐이다"(하비, 2014b: 115).

하비는 이러한 소외가 다양한 사회경제적 과정 속에서, 즉 노동의 분업, 화폐의 물신성, 일상생활과 소비 그리고 사회적 재생산의 상품화, 자연으

로부터의 괴리, 도구적 기술 문화의 발달 등에 의해 심화되는 것으로 이해한다. 하비의 최근 연구들에서 이러한 소외를 유발하는 기본적인 메커니즘은 '탈취에 의한 축적'으로 개념화된다. 즉, 우리는 소외를 "탈취에 의한 자본축적 과정을 촉진하는 보편적 메커니즘이며 탈취에 내재된 부정적인 정신적/감정적 함의"로 이해할 수 있다(Bayirbag and Penpecioglu, 2015). 하비의 '보편적 소외' 개념은 르페브르의 소외 개념을 이어받지만, 철학적 관점에서 소외의 일반화를 주장한 다른 소외 이론가들과는 달리 마르크스의 소외 개념 및 정치경제학적 비판과 훨씬 더 긴밀하게 연결된다.

특히 최근 논문에서 하비는 소외의 근원을 이론적으로 규명하기 위해 『요강』에서 새롭게 제시된 소외의 개념을 찾아낸다(Harvey, 2018). 그의 해석에 의하면, 마르크스의 초기 저서에서 '논리적' 성찰에 근거한 소외의 인간주의적 개념화는 『요강』에서 현실 세계에 대한 성찰과 더불어 개념의 '과학적' 표현으로 재구성된다. 특히 여기서 중요한 점은 소외가 생산의 모멘트에 한정되지 않으며, 교환, 즉 가치 실현의 모멘트에서도 발생한다는 것이다. 흔히 소외된 노동에 관한 설명에서, 이윤은 노동을 소외시키고 잉여가치를 추출하는 과정에서 발생한다는 점이 강조된다. 그러나 자본가는 교환을 통해 상품의 가치를 화폐화하여 이를 실현해야 하며, 마르크스는 이 점을 개념화하기 위하여 '소외/양도 시점의 이윤(profit upon alienation)'[16]이라는 용어를 사용하여 그 모순적 성격을 규명하고자 했다고

16 마르크스는 『요강』에서 유통 또는 교환의 영역에서 이러한 소외가 나타난다는 점을 여러 대목에서 논의하고 있다. 교환이나 유통의 영역에서 영어 단어 alienation이 가지는 2가지 의미, 즉 소외와 양도(처분)의 의미가 모두 드러나는 것으로 이해될 수 있다.

설명된다. 이와 관련하여 하비는 현대 사회에서 발생하는 많은 형태의 소외들(그리고 이에 따른 투쟁들)은 가치 생산의 모멘트보다는 가치 실현의 모멘트에서 발생하고 있다고 주장한다. 그리고 이러한 소외의 가장 중요한 사례로 부채 구조로 인한 소외를 서술한다.

그 동안 소외에 관한 마르크스의 연구는 그의 초기 저서들에서 인간주의적(헤겔적) 관점에서 제시되었지만 자본주의에 관한 그의 후기 연구에서는 점차 사라진 것으로 알려져 왔다. 그러나 하비에 의하면 소외는 단순히 논리적(사변적) 양식이 아니라 과학적 표현 양식으로도 이론화될 수 있게 되었다. 특히 현대사회에서 소외는 자본의 순환과정에서 (잉여)가치의 창출을 위한 생산의 영역뿐만 아니라 이를 실현하기 위한 교환(유통)의 영역에서도 더 심각하게 발생한다는 점은 그의 '탈취에 의한 축적'의 개념과도 조응한다고 하겠다(Fuchs, 2018). 물론 소외에 관한 하비의 '과학적' 또는 이론적 연구는 시작 단계라 할 수 있고, 몇 가지 의문점들을 남겨두고 있다(제11장 참조). 그러나 마르크스의 『요강』에 근거를 두고 소외의 새로운 이론화를 시도한 하비의 연구는 소외를 자본순환 과정 전체를 구성하는 모멘트들과 관련시키고자 했다는 점에서 의미를 가지며, 앞으로 소외 연구에 많은 시사점을 제공할 것으로 보인다.

제8장

르페브르의 소외론 1

일상생활 비판과 소외

경제적 소외에서 일상생활의 소외로

현대사회에서 소외는 자본주의적 임금노동의 소외나 교환가치로 유통되는 상품의 물신성과 같이 경제적 영역에만 한정되는 것이 아니라, 노동의 재생산을 위한 일상생활과 소비문화 그리고 관료주의적 정책과 이데올로기의 영역들로 확장·심화되고 있다. 소외의 확장과 심화는 자본의 축적(그리고 권력의 작동) 메커니즘이 단지 경제적 생산부문에 한정된 것이 아니라 사회의 모든 부문으로 확산·침투하여 식민화시키고 있기 때문이라고 할 수 있다. 특히 오늘날 인구의 대부분이 살아가는 도시는 점차 거대화되면서 경제적 부가 집중·누적되고 이에 따른 물질문명의 번영을 누릴 수 있는 공간으로 발전한 것처럼 보이지만, 도시인들은 이러한 물질문명을 추동하는 소원한 힘에 의해 소외가 점점 더 깊어가는 삶을 살고 있다.

이러한 도시적 소외에 관한 논의는 도시인들의 주관적 의식 상태뿐만 아니라 사회공간적 변화와 이러한 변화가 인간 생활과 의식에 미치는 영향에 관한 관심을 함의한다(Seeman, 1971: 135). 그러나 현대인에게 도시적 소외는 단지 사회적 연계망의 부재로 인해 대중 속에서 느끼는 고독감, 또는 공동체의 상실로 인한 무장소감, 그리고 이로 인한 사회공간적 병리

현상을 피상적으로 지칭하기보다는 자신의 노동과 그 생산물에 대한 통제력을 상실했을 뿐 아니라 이들이 다시 자신에게 낯설고 억압적 힘으로 작용하는 상황 또는 과정으로 이해되어야 한다. 이러한 소외의 개념은 앞장에서 살펴본 것처럼 헤겔과 마르크스의 연구에서 핵심적 논제였고, 그 이후 루카치에서 하이데거와 아렌트, 마르쿠제, 프롬 등의 프랑크푸르트학파, 그리고 드보르와 보드리야르 등 포스트모던 이론가들에 이르기까지 현대사회의 비판을 위한 핵심적 주제로 거론되었다(무스토, 2011).

이들 가운데 프랑스의 철학자이며 사회이론가인 르페브르(Lefebvre)는 오늘날 확장·심화되고 있는 사회적, 도시·공간적 소외에 관한 논의에 탁월한 통찰력을 제시했으며, 특히 그의 후기 저술들은 도시와 공간에 직접 초점을 둠으로써 최근 지리학 및 공간 관련 분야 연구에 많은 영향을 미치고 있다. 그의 생애사적 연구는 정통 마르크스주의의 교조주의적, 경제환원론적 관점에서 벗어나 소외와 인간적 삶의 회복에 주목했던 초기 마르크스의 헤겔적, 인간주의적 사고를 부각하면서, 자본주의적 일상생활과 도시공간의 추상화를 비판적으로 고찰하는 것이었다. 르페브르가 이와 같이 소외에 관심을 집중한 이유는 현대사회에서 자본축적 과정이 소비와 여가 등 일상생활의 포섭을 통해 실현되고 있으며, 이로 인해 소외가 임노동에 의한 생산의 영역에서 일상생활의 재생산 영역으로 확장되어 인간 삶을 황폐화시키고 있기 때문이다.

이러한 점에서 소외는 르페브르의 생애사적 연구, 즉 변증법적 유물론의 재이해를 위한 초기 연구에서부터 오랜 기간에 걸쳐 관심을 가졌던 '일상생활 비판'에서 가장 중요한 주제였을 뿐 아니라 1960년대 후반 시작된 그의 도시 및 공간 연구에서도 핵심적 관심사였다. 즉 프레이저(Fraser,

2015: 46)가 서술한 바와 같이, “르페브르는 마르크스의 소외 개념을 확대하여 일상생활을 비판하고 나아가 도시적 현상들과 결합시키고 있다.” 특히 “도시적 소외는 소외의 다른 모든 형태들을 담고 있으며, 이들을 지속시킨다”는 그의 주장(Lefebvre, 2003a: 92)은 오늘날 도시가 모든 유형의 소외를 발생, 심화시키는 사회공간적 배경이라는 점을 재천명한 것이라고 하겠다. 요컨대 일상생활 비판 및 도시·공간 연구를 통해 제시된 르페브르의 도시·공간적 소외이론은 헤겔-마르크스의 전통에 기반을 두고 하이데거 등의 소외론을 부분적으로 원용하여 소외이론을 비판적으로 재구성, 발전시킨 것으로 평가된다.

최근 영미 지리학 및 공간이론 연구에서 르페브르의 저술들은 큰 영향을 미치고 있으며, 이에 따라 그의 사상이나 주장에 관한 (재)이해를 위한 연구들이 많이 발표되고 있다. 그러나 이러한 연구의 대부분은 르페브르의 도시·공간적 소외이론을 무시하거나 또는 다소 부차적인 주제로 간과하는 경향이 있다(그러나 신승원 2017 참조). 특히 영미 지리학에 르페브르를 알린 대표적인 학자인 하비도 르페브르의 삼항적 공간 개념이나 도시에 대한 권리 개념 등을 강조함에도 불구하고, 최근 ‘보편적 소외’에 관한 그의 논의를 르페브르의 소외 연구와 명시적으로 관련시키지 않았다(Harvey, 2018. 또한 하비 2014b 참조). 국내에서도 그의 일상생활 비판에서 소외가 어떻게 개념화되었는가를 고찰하지만 도시·공간적 측면과 연계시키지 않았고(이영빈, 1996), 반면 르페브르의 ‘도시혁명’이나 ‘공간의 생산’을 다룬 연구들도 그의 일상생활 비판과 분리시켜 논의하거나(예로 노대명, 1997; 2000. 장세룡, 2005; 2006a 등) 공간의 생산에 함의된 정신분석적 함의를 다루면서도(홍준기, 2011) 소외에 관한 그의 연구에 별로 큰 관심을 두지 않았다.

이 장과 다음 장에서, 우리는 르페브르의 생애사적 연구였던 일상생활 비판과 그 연장선상에서 논의된 도시 및 공간 이론에 함의된 (탈)소외의 개념을 중심으로 그의 저술들을 이해하고, 그 유의성과 한계를 고찰하고자 한다. 이 장에서는 르페브르의 저술들에서 제시된 소외 개념을 재검토하여 몇 가지 주요한 특성을 제시하며, 또한 이를 위한 연구방법으로서 '삼항변증법(trialectics)'의 유의성과 한계를 살펴볼 것이다. 또한 르페브르의 『일상생활 비판』 3부작에서 제시된 소외에 관한 논의들을 좀 더 구체적으로 파악하고자 한다. 다음 장에서는 르페브르의 후기 역작, 『도시혁명』과 『공간의 생산』을 중심으로 삼항변증법이 그의 도시 및 공간 연구에 어떻게 원용되고 있는가를 분석하고, 또한 도시 및 공간의 개념과 역사에 관한 그의 논의를 도시·공간적 소외 개념에 초점을 두고 재고찰하고자 한다.

르페브르의 소외 연구

소외는 르페브르가 전 생애를 통해 관심을 가지고 고찰하고자 했던 핵심 주제였다. 특히 그의 초기 저서 『변증법적 유물론』(2009a, 불어초판 1939)은 헤겔의 영향력을 직접 반영한 인간주의적 마르크스주의에 관한 그의 기본 입장을 정립하면서 소외를 논의하였고, 상당히 오랜 기간 저술된 삼부작 『일상생활 비판』(각 권 1991a, 2002, 2008. 불어초판 1948, 1961, 1981)은 현대사회에서 소외가 어떻게 경제적 영역을 넘어서 일상생활의 전 영역으로 확장되었는가를 고찰했으며, 또한 1960년대 후반부터 직접 관심을 가지게 된 도시 및 공간 연구, 특히 『도시혁명』(2003a, 불어초판 1970), 『공간의 생산』

(2011, 영어본 1991b, 불어초판 1974) 등에서 이러한 소외가 도시·공간적 차원에서 어떤 형태로 드러나고, 심화되고 있는가를 규명하고자 했다.[1]

이처럼 그의 생애 전반에 걸쳐 진행된 소외의 비판적 연구를 통해 르페브르는 (신)자본주의 사회에서 소외의 확장과 그 영향을 분석하고 나아가 소외를 극복하고 탈소외된 삶을 영위할 수 있는 가능성으로서 인간 능력에 대한 믿음을 보여주었다. 즉 그의 연구는 소외에 초점을 두고 자본주의 사회를 근원적으로 비판하고 소외로부터 해방된 사회공간의 실현 가능성을 모색한 것이라고 할 수 있다. 이러한 (탈)소외의 개념화를 위하여 그는 헤겔과 마르크스뿐 아니라 니체나 하이데거로부터 상당한 영향을 받았다. 예로 (탈)소외와 관련하여 예술적 활동(예, '작품'의 개념)이나 인간 창조성, '총체적 인간'에 관한 르페브르의 논의는 니체의 영향을 반영한 것이라고 할 수 있다(Elden, 2004). 또한 의식(추상공간의 인식을 포함하여)의 소외와 관련한 추상화에 관한 르페브르의 사고는 추상적 노동에 관한 마르크스의 이론과 더불어 추상적 기술관료적 재현에 관한 하이데거의 비평에서 도출된 것이라고 할 수 있으며, 또한 이러한 추상화로서 하비타트의 개념을 하이데거가 제시한 '거주하기'와 비교하기도 했다(Wilson, 2013).

르페브르에 의하면, 우리는 흔히 "인간은 소외되었고, 그 자신으로부터 분리되었으며, 그의 자유와 함께 사물로 변했다"고 간단히 말하지만, "사

---

1 르페브르는 『공간의 생산』 출간 후 국가를 중심 주제로 설정하여 4권에 달하는 『국가(De L'Etat)』를 저술하였다. 그의 앞선 연구에서도 자본과 더불어 국가는 핵심적 관심사였지만, 여기서 '국가 생산양식'이라는 관점에서 근대 국가론을 이론화하고 국가를 둘러싼 논쟁에 개입하고자 했다. 이 저술에서 그는 '추상공간'보다 '국가공간'에 관해 논의하지만, 그는 "국가공간을 도구적이고, 도시화되고, 생산주의적이며, 동질화된 추상공간으로 이해"한다(Wilson, 2013: 369; 또한 장세룡, 2006b 참조).

실 많은 소외들이 있으며, 이들은 많은 형태를 취한다." 따라서 르페브르의 저술에서 소외의 개념은 그것이 적용되는 배경이나 맥락과 관련하여 이해되어야 한다. 그러나 르페브르 자신은 『일상생활 비판』 제2권(Lefebvre, 2002: 207~214)에서 소외의 사고를 일상생활에 관한 비판적 연구에 적용하기 전에, 이에 관한 몇 가지 전제 규정(proposition)을 제시한다.

첫째, 우리는 소외의 개념을 완전히 특정화·역사화·관계화시켜야 한다. 달리 말해 소외는 특정한 (사회적) 준거의 틀 내에서만, 그리고 실질적이며 개념적인 전체와 관계 속에서만 인지되고 결정될 수 있다. 둘째, 일단 관계화된 개념은 변증법적이게 된다. 즉 '소외/탈소외/새로운 소외'라는 영구적인 변증법적 운동이 이루어진다. 이미 지나간 것과의 관계에서 소외시키거나 소외된 활동은 더 큰 소외를 유발할 수 있다. 셋째, 최악의 소외는 소외 그 자체가 의식(또는 인식)되지 못할 때이다. 소외에 대한 지각은 이미 탈소외이지만, 이는 더 깊은 소외로 변할 수도 있다. 넷째, 활동의 물화(활동과 의식이 '사물'이 되어, 스스로 '사물'들에 의해 양도되도록 허용하는 상황)는 소외의 극단적인 경우이다. 이러한 상황은 소외의 최종적 단계를 구성하지만, 소외를 종식시키는 것은 아니다. 다섯째 마지막으로, 타자(other)와 타자성(otherness) 간 연계성, 이들의 변증법적 통일성, 하나에서 다른 하나로의 변증법적 운동을 분명하게 하기 위해 이들 간을 명확히 구분하는 것이 좋다. 즉 소외는 '타자성'과의 관계의 결과이며, 이 관계는 우리를 '타자'로 만든다(즉 우리를 자아로부터 분리시키고, 활동을 사물로 전환시킨다).

소외 연구 또는 개념화를 위한 이러한 전제 규정은 르페브르 자신에 의해 제시된 것이라는 점에서 의의를 가진다. 이러한 전제 규정과 더불어,

그의 저술 전반에서 나타나는 소외에 관한 광범위한 논의들을 재구성해보면 다음과 같은 특성들을 가진다.

첫째, 일상생활에서의 소외. 자본주의 사회에서 소외는 작업장의 노동이나 생산관계에 한정된 것이 아니라 이를 넘어서 일상생활의 물질적, 의식적 활동을 포함하여 사회 전반으로 확산·심화되고 있다. 즉 르페브르에 의하면, "신자본주의가 자신을 지탱하는 기반은 이미 경제적인 것이 아니라 바로 일상생활이다. 자본주의는 이미 확고하게 굳어진 정치적 제도들에 의해 유지되는 사회적 실체로서 일상생활에 기반을 갖고 있다"(Lefebvre, 1976). 이에 따라, "소외는 일상생활의 영역 모두에서 경험되고, 마주치고, 수용되고, 무시되고, 타협되고 있다"(Lefebvre, 1991a: 249).

둘째, 이중적 소외. 소외는 현실 세계에서 다양한 형태의 소외뿐만 아니라 의식의 소외를 포함한다. 즉 자본주의 사회에서 소외는 현실에서의 소외와 나아가 현실 인식에서의 소외 양자 모두로 드러난다. 특히 르페브르에 의하면, 현대 사회에서 소외는 이미 '두 번째 단계의 소외'로 심화되었다고 주장된다. 의식의 소외는 자본주의 사회에서 사물에 대한 추상적 인식이나 의식의 추상화를 포함한다. 이중적 소외 개념은 예로 도시적 소외에 관한 논의에서 중요한 의미를 가진다. 즉 자본주의 도시에서 소외는 토지와 노동의 상품화를 통한 현실 공간에서의 소외와 더불어 기술관료적 합리성에 따른 공간의 추상화(즉 추상공간)로 인한 소외로 추동, 심화된다.

셋째, 도시적 소외. 소외는 다차원적이고 다면적인 형태를 가지며, 특히 도시(공간)적 소외는 다른 모든 형태의 소외를 드러내고 지속시킨다. 르페브르는 산업도시 이후 등장하는 도시사회는 새로운 계급을 구성하고 새로운 공간을 창출할 뿐만 아니라 억압과 소외의 새로운 형태를 만들어낸다고 주장한다(Lefebvre, 2003a). 도시사회에서는 노동의 소외, 교환가치(상품화)에 의한 소외뿐만 아니라 일상생활의 소외, 소비문화와 의식의 소외, 그리고 공간적 소외 등 모든 형태의 소외들을 찾아 볼 수 있다. 특히 도시의 공간적 소외는 현실 공간에서 나타나는 다양한 유형의 소외뿐만 아니라 공간 인식의 추상화로 인한 의식의 소외를 포함한다.

넷째, 본원적 소외. 르페브르의 소외 개념은 인간 존재의 보편적 본질과 관련되며, 인간 발전의 계기(모멘트)로 이해된다. 즉 그에 의하면, "모든 인간은 단지 소외에 의해서만 그리고 소외 내에서만 사회적으로 존재한다"(Lefebvre, 1991a: 15). 달리 말해,

> "소외는 고정되고 영구적인 환상이 아니다. 개인은 그의 발달의 일부로 소외된다. 소외는 실질적이며 또한 환상적으로 그 자체로 객관적으로 존재하는 활동의 대상화이다. 소외는 활동의 발달, 즉 인간의 권력과 의식 증가에 있어 어떤 모멘트이다. 생활하는 개인은 외적 힘의 수인(prisoner)이지만, 이 힘은 그의 힘, 그의 객관적 역량이다. 이러한 외부성을 극복하고 이들을 통합함으로써, 그는 자신의 완전한 발전을 달성할 것이다"(Lefebvre, 2009a: 67).

르페브르에게 소외는 분명 "벌거벗겨져 그 자신의 바깥으로 내쫓긴 인간"을 억압하는 "탈인간화된 힘"에 의해 유발된다는 점에서 매우 부정적 의미를 가진다. 그러나 다른 한편, 헤겔의 소외 개념을 반영한 그의 주장, 즉 "인간은 오직 소외를 통해서만 발전한다"(Lefebvre, 1991a: 249)는 주장은

분명 소외를 인간 발전의 긍정적 힘 또는 원동력으로 이해하고 있음을 보여준다. 그에 의하면, 이러한 소외의 양면적 측면은 변증법적으로 작동한다. "인간은 그의 대립물, 즉 소외, 비인간적인 것을 통해, 그 속에서 자신의 실체를 달성하고, 자신을 창조한다. … 인간은 이러한 소외를 피할 수 없다" 왜냐하면 "인간은 탈인간화를 통해 변증법적으로 형성되기 때문이다"(Lefebvre, 1991a: 170, 180).

다섯째, 소외/탈소외의 변증법. 자본주의 사회에서 일상생활과 도시공간은 다양한 형태의 소외를 유발하지만, 또한 동시에 탈소외의 가능성을 열어주는 장소이기도 하다. 달리 말해, 일상생활이나 도시공간은 현실과 이상의 양면성을 가지는 모순과 갈등의 장이다. 르페브르에 의하면, 이는 필수적인 것과 임의적인 것, 가능한 것과 불가능한 것, 그리고 무엇보다 "소외와 탈소외 간 변증법의 영역"으로 규정된다(Lefebvre, 2002: 62). 유사한 맥락에서 도시공간, 특히 추상공간은 양적 추상화의 공간이지만 또한 그 속에 질적 차별성을 내재한다. 이러한 양면적 요소들은 단순히 공존하는 것이 아니라 갈등과 모순의 관계에 있으며, 따라서 일상생활과 도시공간은 소외와 소외 반대 투쟁이 전개되는 변증법적 운동의 장이 된다.

르페브르의 소외 이론에서 찾아 볼 수 있는 이러한 특성들은 물론 그의 저술들에서 제시된 다른 개념들과 연계시켜 그 논의의 배경 속에서 이해되어야 하겠지만, 우선 소외 개념의 이러한 특성들과 관련하여 제기될 수 있는 의문을 검토해 볼 수 있다. 르페브르의 일상생활 비판이나 소외론 나아가 그의 연구 전반에서 나타나는 서술의 모호성과 이중성은 흔히 문제점으로 지적된다. 이러한 모호성은 그의 저술 스타일에 일부 기인하지만, 또한 소외, 일상생활, 추상공간 등에 관한 그의 개념화에 함의된 양면성 때문에 발생한 것이라고 할 수 있다. 이러한 점에서, 르페브르의 소외론에 관한 연구자들은 "이러한 대립물들이 매개되지 않는다면, 일상생활이 어떻게 '소외와 소외에 대한 투쟁이 전개되는 변증법적 운동의 장'이 될 수 있는가?"라는 의문을 제기할 수 있다(최종욱, 1993: 318). 이러한 의문은 르페브르가 소외에 초점을 둔 일상생활 비판이나 도시·공간 연구를 위해 제시한 연구방법, 즉 삼원변증법의 재해석을 통해 상당 부분 해소될 수 있다.

연구방법으로서 삼항변증법

르페브르(Lefebvre, 1991a: 79)는 자신의 "견해가 역사적 변증법적 유물론이 발전한 것"이라고 서술한다. 그리고 그는 자신의 일상생활 비판과 소외 연구에 마르크스가 헤겔의 관념론적 변증법을 역사유물론적 변증법으로 재구성한 역사관을 직접 반영하고자 한다. "생산은 인간을 생산한다. 이른바 '세계사' 또는 '세계의 역사'는 인간이 그 자신을 생산하는 역사, 인간이 인간세계와 다른 인간, 타자성의 (소외된) 인간, 그리고 그 자신(자의식)을 생산하는 역사일 따름이다"(Lefebvre, 2002: 237). 나아가 그는 마르크스에 따라 "타자는 소외이며 또한 탈소외(그 가능성), 즉 계급관계에서 소외와 혁명적 잠재성에서의 탈소외"라고 단언한다(Lefebvre, 2008: 19). 이처럼 르페브르는 헤겔의 철학적 변증법에서 마르크스의 역사변증법적 유물론에 기초하여 소외를 이해한다. 그러나 그가 구상하는 변증법은 정과 반의 모순 관계를 전제한 이항변증법이라기보다 이들을 매개하는 계기나 관계적 요소를 포함하여 삼항변증법이다. 삼항변증법은 세계의 사회공간적 관계와 변화에 관한 연구에 응용될 수 있는 방법론으로 제시된다.

르페브르의 소외론, 나아가 그의 일상생활 비판과 도시·공간 연구는 기본적으로 헤겔의 변증법에 기반을 둔다. 그러나 그는 헤겔의 변증법이 흔히 이해되는 바와 같이 이항적 (모순) 관계가 아니라 삼항적 요소(또는 계기, 관계, 범주)들로 구성된 과정, 즉 삼항변증법이라는 점을 강조한다.[2] 삼항변증법에 관한 르페브르의 관심은 그의 초기 저작인『변증법적 유물론』에서부터 명시적으로 논의된다. 삼항변증법에서 첫 번째 항은 그 자체로 매개되지 않은 것이라면, 두 번째 항은 이에 의해 매개된 '부정'이고, 제3항(the third term)은 첫 번째 항과 대립 관계에 있는 두 번째 항 간의 새로운 결합으로 '부정의 부정'으로 이해된다(Lefebvre, 2009a: 22). 이러한 삼항변증법에서 제3항은 변증법적 전개과정의 끝이 아니라 종합을 위한 전 단계로 설정된다. 르페브르에 의하면, "헤겔이 발견한 제3항은 어떤 결정일지라도 그것의 부정을 통해 풍부해지고, 초월되도록 귀결된다. 제3항은 두 항들이 모순에 처할 때면 언제나 엄정하게 생산되며, 이는 존재, 그리고 사유의 새로운 운동"으로 간주된다(같은 책, 19).

르페브르에 의하면, (삼항)변증법은 매개되지 않은 형식논리를 초월하여 이에 구체적 의미(내용)를 부여함으로써 이를 구제하고 보존(보완)한다. 삼항성에 대한 그의 논의는 이항적 관계를 완전히 폐기하는 것이 아니며, 분석적 차원에서 이원성이 여전히 잔재함을 인정하는 것처럼 보인다. 이와

2 르페브르의 연구에서 '계기(모멘트)'라는 용어는 매우 개념적 의미를 가진다. 즉 그에 의하면 모멘트는 "가능한 것과 불가능한 것의 변증법적 운동이 시작하며 이에 동반되는 모든 결과들을 가지는 지점"을 의미한다(Lefebvre, 2002: 345).

관련하여, 신승원(2017: 104)은 르페브르의 논의에서 이항관계는 삼항관계의 잔재로 이해되며, 완전히 소멸하지 않는다고 해석한다(또한 김경수, 2015: 55). 이러한 해석은 쉴즈(Shields, 1998: 72; 신승원, 2017: 104에서 수정 재인용)의 주장, 즉 "이러한 양상은 헤겔의 선형적 도식에서 '진행 중에 있으며 역전될 수 있는(reversible)' 니체적 종합의 개념을 결합한 것이라는 설명"에 따른 것으로 이해된다. 그러나 이러한 해석이나 설명은 어떤 의문을 제기한다. 왜냐하면, 르페브르는 『변증법적 유물론』 뿐만 아니라 그 이후 도시 및 공간 연구나 그의 만년에 착수한 도시의 리듬분석 등에 이르기까지 그의 저술들에서 계속 '이항주의'를 비판하고 있기 때문이다.[3] 르페브르가 이항관계를 폐기하지 않은 것처럼 보이는 것은 그가 이항관계를 인정하기보다는 제삼항 내에 두 번째 항의 잔재가 남아 있음을 때로 부각시키기 때문인 것으로 추정된다.

이와 같이 그의 초기 연구에서 정립된 삼항변증법은 그 이후 전개된 일련의 연구들, 즉 일상생활 비판과 도시·공간 연구의 기반이 된다. 사실 『일상생활 비판』 3부작에서 르페브르는 일상생활에서의 소외를 논의하면서 빈번하게 변증법적 방법의 유의성을 강조했다. 예로, 『일상생활 비판』

---

3 예로, 『공간의 생산』에서 르페브르는 "이항주의는 삶과 사고, 사회(물리적인 것/정신적인 것/사회적인 것, 체험된 것/지각된 것/인지된 것)로부터 살아 있는 활동과 관계있는 모든 것을 제거해 버린다"고 주장한다(르페브르, 2011: 88). 『리듬분석』에서도 '방법으로서 이원적 분석'에서 벗어나 '삼항변증법'으로 나아가야 한다고 강조한다. 그에 의하면, "이원적 분석방법은 악마와 하느님, 선과 악, 내재적인 것과 초월적인 것 등과 같이 이데올로기적, 형이상학적, 종교적 대립들에서 도출된 것이며, 심지어 마르크스주의자들도 제3의 항을 빠뜨리고 부르주아-프롤레타리아라는 2항 사이의 대립에만 주목한다. 그러나 헤겔과 마르크스에 의해 제시된 변증법은 기본적으로 삼항변증법이다"(르페브르, 2013: 71).

제1권에서 르페브르는 다음과 같이 서술한다.

"분리, 소외 - 물신성, 신비화, 박탈 - 총체적 인간의 형성, 이러한 철학적 사고들은 유기적이고 살아있는 전체를 구성한다. 인간, 그의 사고와 현실은 변증법적으로 발전한다. 변증법적 방법, 모든 실제 과정의 표현으로서 변증법적 방법은 이러한 사고의 복잡성을 통제하고, 조직하고, 예시하며, 이에 구체적 논리의 엄정성을 부여한다"(Lefebvre, 1991a: 180).

또한 『일상생활비판』 제2권에서는 변증법의 삼항관계를 보다 명시적으로 제시하면서, "소외/탈소외/새로운 소외, 그리고 물화/미완적 총체화/총체성의 해체에 관한 변증법적 운동으로, 부정성의 개념은 새로운 추동력을 얻게 된다"고 주장한다. 나아가 그는 소외와 탈소외를 구분하는 "기준은 오직 변증법적 운동 내에만 위치지울 수 있다. … 모든 것들 가운데 최악의 소외, 어떤 의미를 가질 수 있는 한 절대적 소외는 이 운동이 차단되어 중단되게 되는 것"이라고 서술한다(Lefebvre, 2002: 183, 209).

르페브르는 이러한 삼항변증법을 연구방법론으로 설정하고 일상생활비판뿐 아니라, 다음 장에서 살펴 볼 것처럼 도시·공간 연구에 응용하고자 했다. 이러한 그의 시도는 많은 연구자의 관심을 끌면서 논란의 주요 주제가 되었다. 예로 앞서 언급한 바와 같이, 최종욱(1993)은 르페브르의 연구에서 일상생활에서 나타나는 소외된 총체성과 일상생활에 잠재된 가능성으로서 인간 발전의 계기라는 모호한 이원론을 문제점으로 지적했다. 그러나 노대명(1997)은 르페브르가 삼항변증법을 응용하여 한편으로 일상생활의 식민화를 초래한 '소비 조작의 관료사회'와 신자본주의를 비판하는 한편, 이러한 식민화를 극복하기 위한 저항의 근거를 일상생활에서 찾고자 했다는 점에 의의를 두었다. 르페브르의 삼항변증법이 현실세계, 특히 도시 및 공간(의 역사)에 관한 연구에 어떻게 적용될 수 있는가에 대해서는 다음 장에서 구체적으로 논의하고, 그 의의와 문제점을 살펴볼 것이다.

일상생활 비판과 소외

르페브르의 생애사적 프로젝트는 마르크스가 『경제학·철학 수고』에서 설정한 소외의 개념과 변증법에서 출발한다. 즉 그는 마르크스의 역사유물론적 변증법(그리고 이의 변형으로 삼항변증법)에 근거를 두고 일상생활 비판과 소외에 관해 연구했다. 그러나 마르크스가 주로 자본주의 경제의 생산 관계에서 발생하는 노동의 소외에 초점을 두었다면, 르페브르는 신자본주의 사회에서 소외는 경제적 측면에서 나아가 기술관료주의의 정치적 측면, 소비와 여가생활 등 일상생활의 모든 사회문화적 영역들, 그리고 근대성을 반영한 이데올로기와 의식의 영역으로 증폭되었음을 확인하고 이를 극복할 방안을 모색했다.[4] 그의 일상생활 비판의 목적은 실천의 기반

---

4 르페브르는 『일상생활 비판』 제1권 서문에서, 이 책은 "소외의 개념이 마르크스주의 발전에 어떤 역할을 했는가, 특히 『경제학·철학 수고』에서 처음 제시되었던 소외의 철학적 개념을 이해하고, 물신성에 관한 경제적 이론이 소외에 관한 철학적 이론을 객관적(과학적) 수준으로 확장한 것인가의 여부를

위에서 인간 소외를 조명하고 해독하고 지양하기 위한 것이라고 하겠다.

소외에 초점을 두고, 그의 일상생활 비판을 살펴보면, 『일상생활 비판』 제1권에서 그는 인간주의적 헤겔-마르크스주의의 관점에서 신자본주의와 기술관료주의가 일상생활의 모든 부분들로 침투하여 유발하는 다양하고 다면적인 소외 양상들을 소외라는 용어 외에도, 물신성, 물화, 소원화(estrangement), 신비화, 추상화 등의 용어를 사용하면서 논의하였고, 소외되지 않은 인간성을 이해하기 위해 '총체적 인간(total man)'을 개념화하고자 했다. 『일상생활 비판』 제2권에서는 고전적인 인간주의적 마르크스주의 개념화에서 다소 벗어나 일상생활과 사회적 소외의 여러 유형(범주)들을 재확인하고 기호와 상징의 의미론과 역사 진보에 관한 누적적/비누적적 이론, 나아가 모멘트(moments) 이론을 논의하였다. 『일상생활 비판』 제3권은 프랑스 68혁명이 발생하고 그의 관심이 도시 및 공간, 그리고 국가로 옮겨간 이후 출간된 것으로, 20세기 동안 현실뿐만 아니라 지식, 철학, 문학 및 예술 등 일상생활의 여러 측면의 변화에 관한 회고를 담고 있다. 이 3부작 외에도, 그는 프랑스인들의 일상적 삶이 어떻게 그가 참여하지 않은 의사과정들에 의해 조형되는가를 고찰한 『근대세계의 일상생활』을 1971년 출간했고, 그 외 『자본주의의 존립』(Lefebvre, 1976) 등 많은

이해하고자 한다"고 서술했다(Lefebvre, 1991: 4). 그에 의하면, 자본주의 사회에서 인간들 간 관계를 외부화한 화폐나 상품은 절대적 권력을 가지지만, 이러한 화폐와 상품의 물신성은 경제적 소외를 나타낼 뿐이고, "경제적 소외는 전체 소외의 통합적 일부이지만, 단지 이의 한 측면일 뿐이다"(Lefebvre, 1991a: 20~23). 르페브르는 이 책에서 소외의 개념이 무엇을 의미하는가의 문제보다는 "현재적 계기에서 어떠한 의미와 (비판적 또는 구성적) 중요성이 소외의 개념에 주어져야 할 것인가"에 더 많은 관심을 가졌다.

저술에서도 그는 자본주의와 일상생활의 문제를 다루었다. 또한 1960년대 후반 이후 본격화한 도시 및 공간 연구의 성과들, 즉 『도시혁명』, 『공간의 생산』 등도 이러한 일상생활과 소외에 대한 그의 관심의 연장으로 이해될 수 있다.

르페브르가 이와 같이 일상생활에 그렇게 많은 관심을 가지게 된 것은 무엇보다도 일상생활이 인간 삶에 절대적으로 중요한 영역임에도 불구하고 다양한 형태의 소외로 황폐화되는 한편, 일상생활은 이렇게 소외된 인간성을 회복할 수 있는 가능성을 발견할 수 있는 장으로 인식했기 때문이다. 즉 일상생활은 자본주의에 의해 조직된 생산과 소비로 프로그램화되었고, 기술관료주의적 합리성에 의해 식민화되면서, 심각한 소외에 빠지게 되었다. 그러나 르페브르에 의하면, "일상생활은 필수적인 것과 임의적인 것, 가능한 것과 불가능한 것, 착취된 것과 그렇지 않은 것, 경험적으로 좋은 운과 나쁜 운이 접합하는 지대이다. … 일상생활은 소외와 탈소외의 변증법의 영역이다"(Lefebvre, 2002: 62). 즉 그가 주장한 바와 같이, 일상생활에서 소외를 의식할 수 있다면, 이는 바로 일상생활에서 탈소외의 가능성을 모색하는 것이 된다.

르페브르는 일상생활에서 나타나는 소외를 다양한 측면과 세부 주제들과 관련시켜 논의했지만, 그가 먼저 부각시켰던 분야는 소비와 여가생활이다. 소비와 여가생활은 흔히 노동력의 재생산과 관련된다는 점에서 생산활동과는 구분되지만, 전 자본주의 사회에서 생산 활동(노동의 시·공간)과 소비 및 여가 활동(비노동의 시·공간)은 분리되지 않았다. 자본주의 사회에서 소비와 여가 활동은 생산 활동과 분리되어 일상생활을 구성하는 영역이 되었지만, 결국 이윤추구를 위한 자본의 전략 대상이 되면서 자본축적을 위한 중요한 계기가 되었다. 르페브르에 의하면, "오늘날 '소비사회'는 외관의 세계를 나타낸다. 이는 더 깊은 실체를 숨긴다. 소비는 생산수단을 장악한 자, 이윤을 위해 생산하는 자에 의해 제조된다"(Lefebvre, 2002: 27)[5]. 즉 현대 자본주의 사회에서 일상생활, 특히 소비영역의 소외는 인간의 필요보다는 상품 광고와 기호에 의해 물질적으로 뿐 아니라 상징적으로 통제된 소비로 인해 발생한다.

일상생활에서 여가활동 역시 상품 소비를 위한 활동으로 전락하면서 자본주의 소비전략의 대상이 되었다. 일상생활에서 여가는 노동과 분리되지만, 자본주의에서 여가는 근본적으로 노동력의 재생산에 봉사하기 때문에, 결국 노동에 의해 지배된다. 이로 인해 사람들은 여가활동을 노동으로부터 더욱더 단절·분리시키고, 노동에 대한 보상으로서 여가에 더욱 예민해진다. 사람들은 여가를 위해 일하고, 여가 공간은 노동으로부터의 도피처로 간주된다. 이러한 점에서 르페브르(Lefebvre, 1991a: 30)는 "노동-여가 관계는 항상 모순적 방식으로 자신을 나타낸다"고 주장한다. 하지만 여가는 소외가 더욱 보편화되는 계기로 전락했다. 특히 여가 시간에 텔레비전과 같은 대중매체는 소비자의 욕구와 욕망을 조작하고 조종하여, 새로운 수요를 창출한다. 광고는 상품에 현실과 상상을 합친 이중적 표현으로, 이를 통해 투사된 전망과 환상은 여가를 일상으로부터 분리시키고 쾌락과 성취에 대한 모방품(시뮬라시옹)을 보여준다. 그러나 르페브르는 이러한

5 이러한 주장은 드보르(Debord, 2002)가 제시한 자본주의 일상생활에서의 스펙타클 개념과 이의 비판으로 이어진다. 스펙타클은 일상생활에서 보게 되는 볼거리, 구경거리를 의미하지만 단순히 어떤 가시적 이미지를 넘어서 도시인의 시선과 욕망, 의식까지 조정하는 힘을 가지는 것으로 이해된다.

일상적 삶 속에서 사람들의 욕구와 욕망이 소외에 대한 저항요소로 작용할 수 있음을 감지한다. 즉 그에 의하면, 일상성을 인식한다는 것은 그것을 변혁하려는 것을 의미한다.

이러한 점에서 르페브르는 "소외를 현실에서의 인간 소외와 현실에 대한 소외된 관점이라는 이중적인 소외에 주목"한다(최종욱, 1993: 314). 이중적 소외의 개념은 루카치의 물화 이론처럼 물화된 대상성과 순수한 주체를 분리해 온 전통적 이분법적 접근과는 달리, 이들을 서로 관련시켜서 파악하고자 한다. 즉 현대사회에서 인간의 필요와 욕구는 그 자체로 형성되는 것이 아니라 사회적 관계에서 총체적으로 파악되어야 하지만, 자본주의 사회에서는 노동뿐만 아니라 욕구도 전체적인 연관관계에서 단절되면서, 대상의 물화와 동시에 소외되게 된다. 즉 소외는 현실뿐만 아니라 현실에 대한 개인의 인식과 욕구, 즉 대상에 대한 주관적 환상뿐만 아니라 주체성 자체에까지 침투한 것으로 진단된다.

나아가 르페브르의 일상생활 비판에서 소외는 단지 현실 세계에서의 소외뿐 아니라 현실 인식에 대한 소외, 즉 구체성과 차이를 상실한 추상화도 포함한다(Wilson, 2013). 추상화에 의한 소외는 서구의 근대성, 또는 자본주의적, 기술관료적 합리성을 특징짓는 것으로, 추상적 (합리적) 사회과정이 개별 사람들 간 구체적이고 직접적인 관계의 영역, 즉 일상생활 내에 위치해 있는 영역으로부터 분리됨으로써 발생하는 것으로 이해한다(Lefebvre, 2002: 210~214). 이러한 추상화로서 소외의 개념은 자본주의 도시공간에 관한 만연된 인식으로서 추상공간의 개념으로 이어진다.[6] 그러나 르페브르에 의하면, 사회적 관계들은 결코 형식적이고 추상적인 개념으로 환원될 수 없다. 왜냐하면, 일상생활과 이것이 영위되는 도시공간은 자본주의 사회의 소외된 영역이지만 또한 동시에 인간의 보편적 영역으로, 소외된 객체성과 이를 극복하려는 주체성, 부정적 현실과 긍정적 미래가 접합하는 장소이기 때문이다.

소외/탈소외의 변증법

이와 같은 르페브르의 일상생활 비판의 궁극적 목적은 일상생활에서 발생하는 다면적인 소외들을 극복하고 탈소외된 인간적 삶의 가능성을 모색하는 것이다. 그는 소외된 일상생활에서 탈소외의 가능성을 모색하기 위하여 기본적으로 변증법에 의존한다. 즉 그에 의하면, 일상생활은 소외와 탈소외의 변증법의 영역으로 간주된다. 이러한 변증법적 과정에서 "소외/탈소외/새로운 소외, 그리고 물화/미완적 총체화/총체성의 해체에 관한 변증법적 운동으로, 부정성의 개념은 새로운 추동력을 얻게 된다"(Lefebvre, 2002: 183). 그러나 그가 소외/탈소외의 변증법에서 강조하고자 하는 점은 교조주의적 입장에서 소외에서 탈소외로의 기계적 전환이 아니라 일상생활을 소외와 동시에 탈소외의 가능성의 장으로 이해하고, 일상생활에서 소외의 자각과 이를 벗어나기 위한 실천을 강조하기 위함이

6 르페브르는 또한 이러한 추상화를 인간의 자연 지배와 이로 인한 자연으로부터의 소외 문제를 지적한다. 그에 의하면, "인간은 자연을 지배하며, … 추상화를 통해, 자기의식을 통해 자연으로부터 그 자신을 분리시킬 수 있다고 생각한다. 따라서 소외는 인간으로 하여금 자연과 세계 바깥에 있으며, 우리가 성공적으로 자연을 지배하게 되었다고 믿도록 한다"(Lefebvre, 1991a: 180).

다. 르페브르는 『일상생활 비판』 제1권의 재판 서문에서, "소외의 의식화, 낯섬에 대한 낯선 깨달음은 소외로부터 우리를 해방시키거나 또는 해방시키기 위한 출발점"이라고 서술한다(Lefebvre, 1991a: 20). 소외의 의식화는 물론 실천을 전제로 한다. 일상적 활동은 소외를 심화시킬 수도 있지만, 소외의 깨달음에 근거를 둔 실천은 소외를 극복하고 인간적 삶의 영위와 더불어 진정한 역사발전의 계기가 된다.

르페브르의 실천 개념은 변증법에 기반을 둔 헤겔의 노동 개념과 함께 마르크스의 생산 개념을 반영한 것이라고 할 수 있다. 또한 그는 마르크스의 초기 저작에서 찾아 낸 '총체적 인간' 개념에 준거하여 탈소외된 인간으로서 일상생활에서 실천하는 인간을 설정한다. 그에 의하면,

> "총체적 인간은 생성의 주체이며 또한 객체이다. 그는 객체에 대립하는 살아있는 주체이며, 이러한 대립을 극복한다. … 총체적 인간은 우선 찢어져 분열되고 해체되어, 필수성과 추상화에 묶여 있는 살아 있는 주체-객체이다. 그러나 이러한 찢어짐을 통해 그는 자유를 향해 나아간다. … 총체적 인간은 '탈소외된' 인간이다. … 인간의 소외는 '인간의 그 자신으로의 회귀', 말하자면 인간적인 모든 요소들의 통일로의 회귀로 끝나게 된다"(Lefebvre, 2009a: 150).

여기서 '총체적 인간'은 누구인가라는 의문이 제기된다. 총체적 인간은 분명 이상적 인간이지만, 또한 일상에서 실천하는 사람을 의미하는 것으로 해석된다. 『일상생활 비판』 제1권에 관한 트레비취(Trebitsch)의 머리말(Lefebvre, 1991a: xx)에 의하면, "'일상의 사람'은 실천하는 사람으로, 실천

만이 그를 소외로부터 그 자신을 자유롭게 할 수 있으며, 자신의 생성의 주체이며 동시에 객체로 하나가 되는 '총체적 인간'의 구체적 총체성을 획득할 수 있도록 한다."

자본주의적 일상생활에서 심화되는 소외의 극복은 총체적인 삶의 변화를 추구하는 '혁명적 휴머니즘'으로 일컬어진다(Lefebvre, 2008: viii, 9). 그에 의하면, 혁명은 경제적 전환이나 정치적 전환에 한정되는 것이 아니라 삶의 방식, 스타일, 즉 문명을 창출하는 일상생활, 실제적 '탈소외화'로까지 확장되어야 한다고 주장된다(같은 책, 15~16). 새로운 삶의 방식으로서 혁명은 축제(특히 고대 그리스 문명의 여명기에 있었던 축제)와 같은 것으로 이해된다. 축제는 혁명과 같이 일상생활과 일상의 습관과의 단절을 의미하며, 또한 동시에 일상생활 비판에서 직접 도출된다. 그에 의하면, 축제는 일상생활 속에서 그리고 이를 통해 천천히 누적되었던 힘의 폭발이라는 점에서만 일상생활과 구분된다(Lefebvre, 1991a: 201~202).

르페브르에게 있어 축제는 물론 자본주의 사회에서 소비를 촉진하기 위한 흥행 또는 조작된 여가 활동과 같은 것이 아니라, 소외된 일상생활을 변혁하기 위한 하나의 혁명이다. 이와 같은 일상적 생활방식의 혁명, 즉 문화혁명은 조직화된 일상생활의 변혁, 도시개혁, 일상성과 축제의 대립의 종식, 요컨대 일상적 삶의 총체적 개조를 추구한다. 이러한 혁명은 '일상이 작품(oeuvre)이 되게 하라!'는 구호로 표현된다. 르페브르에게 작품이란 예술적 생산물을 가리키는 것이 아니라 "자신을 알고, 자신을 이해하고, 자기 자신의 조건들을 생산하고, 자신의 본질과 조건들(육체, 욕망, 시간, 공간)을 전유하고 스스로 자신이 작품이 되는 그런 행위를 지칭한다." 작품은 또한 "자신의 역할과 자신의 사회적 운명을 스스로 장악하여 책임지는 행위, 달리 말해서 자주관리(autogestion)"를 가리킨다(르페브르, 2005: 355~356).

이와 같은 르페브르의 일상생활 비판과 소외 연구(그리고 다음 장에서 논의할 도시 및 공간 연구)는 많은 연구자로부터 찬사를 받았지만, 더불어 문제점이 지적되기도 했다. 예로, 르페브르는 그가 연구할 당시 스탈린주의와 프랑스 공산당 내부에서 만연했던 교조주의와 타협하거나 굴복하지 않고 끝까지 자신의 비판적 입장을 견지하면서, 자본주의 소외에 대한 예리한 비판을 제시했지만, '총체적 인간'과 같은 초역사적이고 낭만주의적인 인간적 실체의 설정은 현실과 연계되지 못한 형이상학적 환상에 빠지도록 하는 문제점을 안고 있다(최종욱, 1993). 그러나 이에 반하여, 르페브르가 일상생활 비판을 감행한 목표는 진정한 휴머니즘을 고취하기 위한 것이며, 그의 총체성 개념은 추상적 이념이 아니라 구체적이고 다면적인 일상의 현실에 대한 성찰을 제공한다는 점이 부각된다(장세룡, 2005: 308).

르페브르의 저술들에서 일상생활과 소외는 부정적 현실과 긍정적 미래를 동시에 반영하는 대립적인 양면성을 가지는 것처럼 보이며 다소 모호하게 이해되기도 한다. 그러나 르페브르의 주장은 기계적인 이원론적 접근이 아니라 변증법적 연구방법에 기반하여 현실을 인식하는 한편, 이를 극복할 수 있는 전략을 모색하기 위한 것이라고 평가된다(Gardiner, 2010). 이러한 점에서, 르페브르는 '소외에 관한 엄청난 예언가'로 지칭될 수 있을 것이다(Merrifield, 2006), 요컨대 키퍼 등(Kipfer et al., 2012: 117)이 서술한 것처럼, 프랑스의 비판적 사상의 지도에서 르페브르의 가장 중요한 기여는 소외에 관한 그의 사고와 일상생활 비판에 관한 생애사적 관심을 통해 변증법과 총체성의 개념화를 추구했다는 점이라고 하겠다.

제9장

르페브르의 소외론 2

도시·공간적 소외론

도시·공간에 관한 관심과 연구방법론

르페브르는 1960년대 후반 자본주의 도시 및 공간을 직접 연구하기 이전에도 일상생활 비판과 관련하여 도시와 공간의 문제를 소외와 관련하여 폭넓게 다루었다. 그는 일상성의 변화 가운데 하나로 농촌공동체에서 도시사회로의 전환에 관심을 가졌으며, 특히 신도시의 개발에 대해 매우 비판적인 입장을 보였다. 예로, 1961년 출판한 『일상생활 비판』 제2권에서 르페브르는 신도시를 변증법적으로 분석할 것을 제안하면서, 다음과 같이 서술한다.

"모든 도시계획 도안은 일상생활을 위한 프로그램을 숨기고 있다. 명시적이든 그렇지 않든지 간에 이는 인간, 생활, 그리고 세계에 관한 전반적인 개념화와 관련된다. 우리의 신도시들에서 프로젝트 또는 프로그램은 매우 명확하다. 일상생활 그 자체는 패키지화된 것처럼 처리된다. 거대한 기계가 노동자의 노동 외 시간을 장악하고, 상품을 둘러싸는 보호막처럼 흉물스럽게 이를 둘러싼다. 사람들은 집단별(노동자, 장인, 기술자 등)로 각각 서로 분리되고, 각각 그의 박스 속에서 살아가도록 하며, 이러한 근대성은 그들의 빈복적인 동작들을 조직한다"(Lefebvrc, 2002: 79).

이와 같이 오늘날 (신)도시의 일상생활은 프로젝트화된 도시계획에 의해 상이한 생활방식, 문화, 가치 등이 사라지고, 동질적이고 양적이며 규격화된 공간에 의해 지배된다.

르페브르는 일상생활의 사회적 공간과 시간의 인식에서도 소외가 발생한다고 강조한다(Lefebvre, 2002: 231). 일상생활 공간은 텅 빈, 선험적, 기하학적 공간과는 달리, 사회적 공간이다. 사회공간은 조밀한 네트워크 및 통로들의 교직으로 구성되며, 이러한 교직은 일상생활의 통합적 일부이다. 일상생활의 시간 역시 직선적 시간이 아니라 구체적인 사건들 간의 관계로 구성된다. 자본주의 사회에서는 기하학적 공간, 직선적 시간이 사회적 공간과 시간을 지배하고 인간의 가치를 규정한다. 자본주의는 질이 중요한 가치를 가지는 것이 아니라 양이 모든 것을 결정한다. 시간과 공간의 질적 요소들이 모두 제거되면, 이들은 더 이상 변화를 위한 가능성을 가지질 못한다. 르페브르에 의하면, "이러한 소외의 많은 형태들, 궁핍과 좌절, 이와 같이 공허하고 텅 빈 공간[그리고 시간]은 대규모 갈등과 수많은 부수효과를 동반하면서 함께 진행된다"(같은 책, 192). 그러나 르페브르는 "우리는 '있는 것(being)'을 탐구하기보다, 무엇이 가능한가를 탐구해야 한다(그리고 여기에는 공간의 탐구와 일상생활의 전환을 포함한다)"고 강조한다(같은 책, 255).

르페브르는 1960년대 전반부에 『일상생활 비판』 제2권과 『근대세계에서 일상생활』을 출간한 후 도시와 공간에 관한 본격적 연구로 관심을 옮겨간다. 이 주제에 관해 저술되어 영어로 번역된 역작으로는 『도시혁명』과 『공간의 생산』 외에도 '도시에 관한 권리' 등에 관한 논문들을 편집한 『도시에 관한 저술들』(Lefebvre, 1996)과 그의 유작 『리듬분석』(르페브르, 2013) 등도 포함된다. 또한 1976년에서 1978년 사이에 출간된 4권의 『국가론(De l'Etat)』도 상당 부분 이러한 공간 연구의 연장선 상에서 집필된 것으로 이해된다.[1] 도시 및 공간에 관한 그의 연구는 『일상생활 비판』에서 바탕이 되었던 메타철학적인 헤겔적 마르크스주의의 연장선상에서 이루어진 것으로, 특히 일상생활 비판에서 핵심적 주제였던 소외에 관한 논의는 도시 및 공간의 맥락에서 개념적으로 더욱 정교해질 뿐 아니라 경험적(역사적)으로 폭이 넓어진다.

공간에 관한 르페브르의 관심은 그의 어린 시절부터 시작되었다고 하지만, 학문적으로는 일상생활 비판 이후 구체적인 연구주제로 도시 연구의 필요성을 느꼈고, 이러한 필요성은 프랑스 68혁명을 목격하고 선도하면서 도시혁명의 가능성에 관한 절박한 요구에 기인한 것으로 이해된다(Lefebvre, 1996: 10, 23). 또한 『공간의 생산』 출판에 관한 르페브르의 설명에 의하면, "사회공간에 관한 이론은 한편으로 도시적 실체에 관한 비판적 분석과 다른 한편으로 일상생활에 관한 비판적 분석을 포괄한다." 왜냐하면, "사실 일상생활과 도시적인 것은 분리불가능하게 연계되어 있으며,

1 이러한 점에서 브렌너와 엘덴은 르페브르의 국가 관련 에세이를 모아 편집하고 영어로 번역한 『국가, 공간, 세계(State, Space, World: Selected Essays)』를 출간했다. 이 책에서 르페브르의 국가 연구는 기본적으로 국가와 공간의 관계, [특히] 세계 속에서 발현되는 국가의 공간성'에 주목하고 있음을 알 수 있다(Brenner and Elden, 2009 참조).

동시에 생산물이고 생산[과정]이고, 이들을 통해 만들어진 사회공긴을 점유하며, 그 역도 그러하"기 때문이다(Lefebvre, 1996: 185).

도시와 공간에 관한 르페브르의 연구방법은 기본적으로 앞 장에서 논의했던 삼항변증법에 바탕을 둔다. 르페브르가 『도시혁명』에서 제시한 도시사회 연구는 헤겔의 변증법에서 직접 제시된 계기들, 즉 보편적인 것, 특수한 것, 그리고 개별적인 것이라는 도시 구성의 삼항적 관계성에서 출발한다(김수진, 2017). 즉 '도시적인 것' 또는 도시성은 도시사회의 본질로서 보편적인 것으로 설정된다. 그리고 이러한 도시성을 사회적 질서로 제도화하는 기술관료와 도시계획가 등과 이들에 의해 창출된 제도나 구축된 도시공간은 특수한 것이 되며, 도시의 일상생활에서 개인들의 주거하기는 개별적인 것이 된다.

르페브르는 도시의 구성에 관한 분석뿐 아니라 도시의 차원에 관한 분석에도 삼항적 관계를 적용한다. 여기서 삼항은 국가 및 지구, 도시, 그리고 일상생활로 구성된다. 르페브르에 의하면, 도시(사회)를 일컫는 "두 번째 차원(M)은 … 한편으로 사회, 국가, 지구적 권력과 지식, 제도, 이데올로기, 다른 한편으로 거주하기 사이 매개체(혼합된)일 따름이다. 지구적인 것이 국지적인 것을 관리하고자 하면, 보편성이 특수성을 흡수하고자 하면, 언제나 중간 차원(혼합된 M)이 작동하게 된다. 이는 옹호나 공격을 위해, 투쟁을 위해 적합한 영역이다"(Lefebvre: 2003: 89). 르페브르는 이러한 삼항적 관계를 도시의 구성과 도시의 차원 분석에 응용했으며, 뒤에서 논의할 것처럼 도시의 역사에 관한 서술에서는 이 분석방법을 적용했다.

『공간의 생산』에서 르페브르는 이러한 삼항변증법을 '공간의 생산'과 '공간의 역사'에 관한 분석에 더욱 정교하게 적용하고자 했다(신승원, 2017).

<그림 9-1> 공간 생산의 3가지 유형(모멘트)

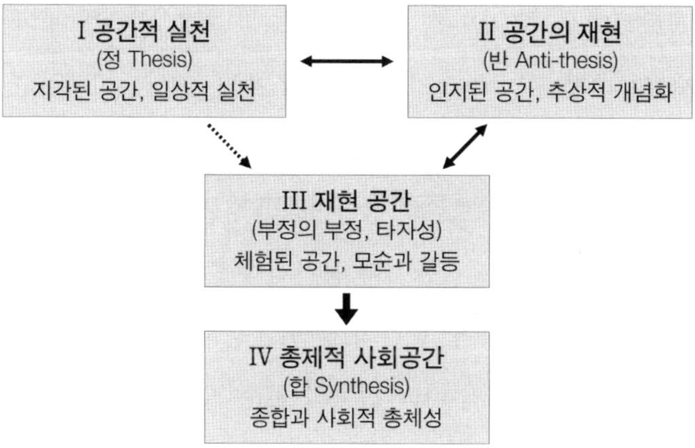

르페브르가 공간 생산의 삼중적 계기로 제시한 공간적 실천, 공간 재현, 재현 공간은 잘 알려져 있다. 르페브르는 이러한 삼중적 계기를 다양한 사례들로 설명한다. 예로, 그는 '본 것', '보는 것', 그리고 '삶'을 구분하여, '본 것'은 재현되어 진 공간(공간 재현), '보는 것'은 스스로를 재현하려는 공간(재현적 공간), 그리고 '삶'은 이러한 재현을 둘러싼 궁극적 매개 활동(공간적 실천)으로 설명한다. 또한 이러한 삼중적 계기들을 일상적 실천과 관련시켜, 공간적 실천은 '지각된 공간', 공간 재현은 '인지된 공간', 그리고 재현공간은 '체험된 공간'과 조응한 것으로 제시한다(〈그림 9-1〉 참조).[2]

2 삼항변증법을 적용한 그 외 사례들로 르페브르는 건축물 분석과 관련하여 형태, 기능, 구조라는 36삼항적 요소들을 제시한다. "형태는 소통 가능한 계기, 즉 지각된 것과 대략적으로 일치한다. 기능은 실행된다. 제대로 성취되거나 성취되지 않는다는 말이다. 기능은 재현 공간 안에서 체험된 것과 일치한다. 구조는 인지된다. 구조는 공간 재현을 내포한다. 전체는 공간적 실천 속에 위치한다"고 서술한다(르페브르, 2011: 524). 뿐만 아니라 그는 음악작품의 3항적 계기, 즉 리듬, 선율, 화음을 예로 들면서,

쉴즈(Shields, 1998: 119~120; 김경수, 2015: 57)는 이러한 르페브르의 삼항변증법을 도식화하면서, '정-반-합'으로 구성되는 기존 변증법에 제3항으로 타자성(제2의 부정 또는 부정의 부정)을 추가한 것으로 이해하고, 재현공간 또는 체험된 공간이 이에 해당한다고 서술한다.

공간의 역사에 관한 르페브르의 삼항변증법적 분석은 공간 생산의 3항적 계기들을 역사적 시간성과 결합시켜 공간의 변증법적 발전과정을 설명하기 위한 것이다. 그에 의하면, 공간의 생산은 생산양식의 변화를 주도하는 힘과 결부되어 있으며, 이에 따라 갈등과 모순 과정에서 이루어지는 역사적 전환 국면은 새로운 공간을 출현시킨다. 즉 "각각의 생산양식은 전유된 고유한 공간을 갖고 있으며, 하나의 방식에서 다른 방식으로 넘어가는 이행기에는 새로운 공간이 생산된다고 가정할 수 있다"(르페브르, 2011: 98).

르페브르는 공간의 역사적 변천이 진행되는 각 단계로 절대공간 → 역사적 공간 → 추상공간 → 모순공간 → 차이공간을 제시한다. 절대공간은 전자본주의, 추상공간은 자본주의, 그리고 차이공간은 자본주의 생산양식 이후의 공간에 해당하며, 역사적 공간과 모순공간은 각각 이들의 이행기에 형성된 이행적 공간으로 이해될 수 있다. 르페브르에 의하면, 자본주의와 국가에 의해 생산된 추상공간은 내재한 부정성에도 불구하고(또는 부정성 때문에) 공간의 모순을 파열시키고 새로운 공간, 즉 차이공간을 만들어낸다. "추상공간은 동질성을 추구하는 경향이 있으며, 따라서 기존의 차이

"각각의 계기나 이항대립은 고갈되게 마련인 반면, 삼항성(triplicite)은 무한한 생산가능성을 보장한다"고 주장한다(르페브르, 2013: 525).

<표 9-1> 삼항변증법의 주요 구성

헤겔의 변증법과 소외	마르크스의 자본 순환과 가치 개념	르페브르의 도시 분석		르페브르의 공간 분석	
		도시 구성	도시 차원	공간의 생산	공간의 역사
보편적인 것: (절대)정신	생산: 가치	도시성	국가 및 지구	공간적 실천: 지각된 공간	절대공간 (구체공간)
특수한 것: 소외, 외화	시장과 교환: 교환가치	도시계획	도시(교직)	공간 재현: 인지된 공간	추상공간
개별적인 것: 외화의 지양	소비: 사용가치	거주하기	일상생활	재현공간: 체험된 공간	모순공간

* 주: 헤겔, 마르크스, 르페브르가 설정한 삼항적 요소 또는 계기들은 유사한 맥락에서 이해되지만, 동일한 의미나 관계로 유추되는 것은 아님.

점(개별성)을 축소시키는 반면, 새로 태어나는 공간들은 오직 차이를 강조함으로써 존재감을 인정받을 수" 있다(르페브르, 2011: 106). 르페브르가 공간의 역사에 관한 분석에서 제시한 삼항변증법적 분석 사례들을 정리하면, 〈표 9-1〉과 같다.

도시 및 공간 연구에 응용한 이러한 삼항변증법과 관련하여, 쉴즈(Shields, 1998: 172)는 공간의 역사에 관한 르페브르의 연구가 헤겔과 마르크스에게서 연원하는 변증법적 해방론의 전혀 새롭지 않은 반복에 불과하며, 오히려 공간론의 가치를 갉아먹는 요인이라고 평가했다. 메리필드(Merrifield, 2013a: 298)는 르페브르가 이러한 삼중성의 각 항에 대한 구체적 설명 없이 단지 예비적 서술만을 제시했다고 지적한다. 반면 신승원(2017: 131)은 "르페브르는 변증법의 단선적이고 폐쇄된 전망을 다층적이고 개방적인 것으로 조정해 가는 가운데, 총체적 공간에 대한 역사적 전망에 도달한다"고 긍정적으로 평가한다.

논리적으로 보면, 공간의 역사에 관한 르페브르의 분석은 분명 단선적 또는 이항적 관계에 바탕을 둔 역사 서술에서 제3항의 매개적(모순적) 요소를 찾아내고 이를 이론적 및 실천적 계기로 강조했다는 점에서 유의하게 평가될 수 있다. 특히 변증법적 분석은 삼항적 관계가 정태적 상황이 아니라 역동적 운동과정에 있다는 점을 이해하고 고찰하도록 했다는 점에서 중요성을 가진다. 그러나 이러한 평가는 단순히 논리적 문제라기보다는 다음 절들에서 논의할 것처럼 일상생활과 도시·공간연구에서 고찰된 구체적인 세부 주제(내용)들과 관련시켜 확인되어야 할 것이다.

도시의 개념과 발달 과정

르페브르가 관심을 가지고 고찰한 주제는 엄격히 말해 도시(the city) 또는 도시집합체(urban agglomeration)가 아니라 '도시적인 것(the urban)' 또는 '도시사회(urban society)'이다. 그에 의하면, "도시사회는 농업적 생산을 흡수한 지배 과정으로서 산업화로 인해 만들어진 사회"를 의미한다(Lefebvre, 2003a: 2). 이러한 도시사회 개념은 '도시혁명'에 관한 그의 개념 규정과 연계되어 있다. 도시혁명은 "성장과 산업화에 관한 문제(모델, 계획, 프로그램들)가 탁월했던 시기에서부터 도시적 문제성이 탁월해져서 도시사회에 특이한 해법과 처방에 관한 연구가 주요해진 시기까지 현대사회에 영향을 미쳤던 전환"을 의미한다(같은 책, 5). 즉 도시혁명의 개념은 농업적 세계에서, 산업적 세계를 거쳐 도시적 세계로의 역사적 이행과 더불어 도시 내적 변화, 즉 정치도시에서 상업도시, 산업도시, 그리고 완전한 (지구적

<그림 9-2> 도시의 형태 및 도시사회의 구성 변화

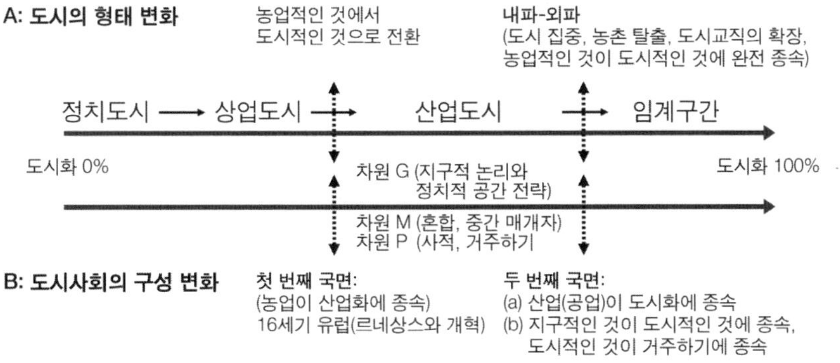

* 출처: Lefebvre(2003a: 15, 100)

또는 행성적 차원의) 도시사회로의 전환과정을 함의한다.

르페브르는 '도시적인 것'을 이러한 도시혁명 과정에서 그 형태와 내용을 변증법적으로 담고 있는 구체적 추상으로 이해한다. 즉 그에 의하면,

> "도시적인 것은 … 순전히 형태이다. 이는 만남, 집합, 동시성의 장소이다. 이 형태는 특정한 내용을 가지지 않지만, 매력과 생활의 중심지이다. 이는 추상이지만, 형이상학적 실체와는 달리, 실천과 연계된 구체적 추상이다. 살아있는 창조물, 산업 생산물, 부의 기술, 문화 작품, 생활양식, 상황, 일상의 조율과 파열, 도시는 모든 내용들을 누적시킨다. 그러나 도시적인 것은 누적 이상의 어떤 것, 누적과는 다른 것이다. … 도시적인 것은 형태이며 그릇이고, 공허하며 충만하고, 초객체이며 비객체이고, 초의식적이며 의식의 총체성이다. 이는 형태의 논리와 관련될 뿐만 아니라 내용의 변증법(내용의 차이와 모순)과도 관련된다"(같은 책, 118~119).

'구체적 추상'으로서 도시적인 것에 관한 르페브르의 연구는 2가지 측면, 즉 도시화의 전개과정과 사회 구성의 차원에 관한 고찰로 제시된다. 우선 그는 3가지 공간-시간적 영역, 즉 농촌적인 것, 산업적인 것, 도시적인 것 간의 관계에 의해 모양 지워진 도시의 발달 과정, 즉 도시화의 완전한 부재(0%)에서 완전한 도시화(100%, 임계적 구간)에 이르는 과정을 분석하고자 한다(Lefebvre, 2003a: 7). 그에 의하면, 도시 중심의 지배가 없는 상황에서부터 도시 중심이 완전히 지배되는 상황으로 나아가는 공간적 축과 이 공간 축에 따라 시간 축의 변화과정을 설명하는 것이다. 이 과정에서 도시의 형태는 정치도시 → 상업도시 → 산업도시 → 임계구간(완전한 도시사회, 즉 행성적 도시화 단계)로 변화한다(〈그림 9-2〉 참조).

고대 정치도시는 성직자, 전사, 귀족 등에 의해 지배되었고, 아고라, 포럼 등으로 특징 지워졌다면, 상업도시는 새로 등장한 상업계급에 의해 도시가 농촌을 지배하고, 자연으로부터 분리되었다. 그러나 농업적인 것에서 도시적인 것으로의 본격적 전환은 상업도시에서 산업도시로의 이행과정에서 이루어졌다. 자본가 계급이 봉건영주나 상인계급을 대신하고, 시장과 노동력에의 접근성과 중심성이 도시의 핵심적 요소가 된다. 산업도시가 점차 임계적 구간에 접근하게 됨에 따라, 도시사회는 더욱 성숙해져서 산업사회에 도전하게 된다. 결국 산업화는 부정되며, 완전히 도시화된 사회로 이행하게 된다.

이러한 도시 역사의 서술에서, '도시적인 것'은 보편적이고 중립적인 객체가 아니라 모순들 간의 투쟁의 결과들을 만들어내는 구체적 추상으로 이해된다. 즉 도시를 구성하는 객체들은 사회-역사적 과정의 산물이며, 모순들 간 갈등의 결과로 이해된다. 그렇지 아니하고 단지 추상화를 강조하는 과학적 지식은 도시를 물신화시키고, 그 변화과정을 왜곡시킨다(Lefebvre, 2003a: 17). 이러한 맥락에서 르페브르는 도시의 역사를 모순적 이해관계와 투쟁으로 가득 찬 것, 즉 부정의 극복을 통해 발전하는 과정으로 이해한다.

예컨대 르페브르는 산업화와 도시화를 변증법적 통합과정으로 이해한다. 우선 산업화는 그 초기 단계에 기존의 전통적인 도시적 실체를 실천적 및 이데올로기적으로 지배하게 되면서, 기존의 도시는 생산과 생활의 독립적 양식을 상실하게 된다. 즉 산업화는 도시적 실체에 대해 부정적 힘으로 작동하면서 도시사회로의 발전을 거부한다. 그러나 산업적 역동성은 예로 노동과 생산수단의 공간적 집적을 만들어내고, 도시 인프라를 확장시킨다. 이에 따라 도시화는 촉진·확산되고, 도시사회가 일반화된다. 거부되었던 도시적 실체는 이제 사회경제적 중심이 되고, 전체 사회가 도시와 중심성이 없다면 파편화되는 상황에 이른다(같은 책, 81~100).

르페브르의 연구에서 구체적 추상으로서 도시적인 것은 또한 사회적 질서의 매개적 차원이며 통합성으로 설정된다. 즉 사회적 질서는 일반적 차원(차원 G), 일상생활의 '사적' 차원(차원 P), 그리고 이들이 혼합된 중간적 매개자(차원 M)로 구성된다. 중간적 차원은 일상생활을 거시적, 구조와 연결시키는 전략적 중요성을 가진다. 이러한 차원들은 도시의 역사에서 나타나는 2번의 전환 국면들에서 위상의 중요성이 결정된다. 첫 번째 전환 국면에서 지배적인 농촌적인 것이 도시적 실체에 종속되며, 두 번째 전환 국면에서는 지배적인 산업이 도시적 실체에 종속된다.

그러나 르페브르에 의하면 이러한 역전(inversion) 내에서 어떤 전도(subversion) 과정이 이루어진다. 즉 항상 중요하지 않게 인식되었던 거주하기(habiting)가 근본적인 것이 된다는 것이다. 거주하기는 도시적인 것의 특정한 차원이 아니며 지구적인 것에 더 이상 의존하지 아니하고, 오히려 이들을 종속시킨다고 주장된다. 이러한 주장은 다소 역설적인 것처럼 보이지만, 두 번째 국면에서 산업화가 도시화에 종속되는 것처럼, 도시사회의 발달로 도시적인 것이 지구적인 것과 일상적인 것의 통합체가 되면, (진정한) 거주하기가 실현됨을 뜻하는 것으로 해석된다. 그러나 거주하기(특히 진정한 거주하기의 실현)에 관한 르페브르의 이러한 설명은 하이데거의 '거주하기(dwelling)' 개념을 원용한 것이라고 할지라도, 행성적 도시화의 이중적 성격에 관한 모호성을 안고 있다.

도시혁명과 도시적 소외

르페브르는 이러한 도시적 차원들의 설정을 배경으로 도시적 소외에 관한 논의를 제시한다. 그에 의하면, "도시적 소외는 다른 모든 형태의 소외를 담고 있고 지속시킨다"고 주장된다. 보다 구체적으로,

> "실제 도시는 점점 더 부유하게 성장한다. 도시는 권력을 집중시키는 것처럼, 부를 유인하고 문화를 독점한다. 그러나 도시는 그 부의 무게 때문에 붕괴한다. 도시가 생활의 필수품들을 더 많이 집중시킬수록, 도시는 점점 더 살기 어렵게 된다. 행복은 도시에서 가능하다는 생각, 그 곳에서 생활은 더 격렬하며, 즐거움은 향상되고, 여가시간은 더 풍부하다는 생각은 신비화와 신화이다"(Lefebvre, 2003a: 92).

르페브르가 이와 같은 도시적 소외를 서술한 맥락은 다소 모호하지만[3], 그의 저서 제목이며 또한 이 저서의 핵심 주제인 '도시혁명'과 밀접한 관계를 가진다고 하겠다. 르페브르에게 도시혁명이란 도시의 지배권력이나 시스템을 단기간에 전복시키기 위한 시도를 의미하는 것이 아니라(박배균, 2020: 155), 농업사회에서 산업사회를 거쳐 도시사회로 넘어가는 장기간의 역사적 과정을 지칭한다. 즉 르페브르에 따르면, '도시혁명'은 "성장과 산업화에 대한 이슈가 지배적이었던 때부터 도시적 문제의식이 지배적이게 된 시기에 이를 때까지의 오랜 기간 동안 지속된 현대 사회에 영향을 준 변화"(Lefebvre, 2003a: 5)를 의미한다. 여기서 르페브르가 지적한 도시적 문제의식은 분명 도시적 소외를 함의한다고 하겠다. 즉 도시적 소외는 농업사회에서 도시사회로 전환하면서 시작된 도시혁명의 진척에 따라 전면화된 도시사회에 만연하게 된 문제 현상, 즉 도시가 "그 부(그리고 권력)의 무게 때문에 붕괴하게 되는 문제와 관련된 것으로 이해된다.

이처럼 르페브르가 제시한 도시혁명의 개념은 산업혁명과 같이 사회 전반의 변화를 추동한 장기간의 과정을 의미하지만, 이러한 의미 규정은 도시혁명이 전개되는 과정이 장기적임을 강조하기보다 도시사회 전반의 근본적 변화를 추동하기 위한 것이라고 할 수 있다. 사실 르페브르는 '도시적 소외' 개념을 언급한 다음 이어서 즉 "사회적 관련성과 공간 간에, 장소

3 이 서술이 혼란스러운 점은 그가 1925년 경 구소련의 이론가들이 대도시를 비판하면서 제시했던 주장들을 간략히 요약하면서 도시적 소외에 관하여 언급했기 때문이다. 르페브르는 이들의 주장이 "틀린 것이 아니지만, 이러한 분석의 진실은 상대적이며 단명했다"고 적고 있다(Lefebvre, 2003a: 92).

와 인긴 집단들 간에 연계가 있다면, 우리가 연대를 구축할 수 있는 한 우리는 공간 구조를 급진적으로 변화시켜야 한다"고 주장한다(Lefebvre, 2003a: 5). 이러한 그의 주장은 도시적 소외의 극복을 위해 (도시) 공간구조의 근본적/급진적 변화가 필요하다는 점을 부각시킨 것이라고 하겠다. 물론 르페브르에 따르면 도시적 소외의 해소를 위한 도시 공간 구조의 급진적 변화는 현실적으로 일회적 또는 단기적인 시도나 사건에 의해 추동되는 것이 아니라 개념적으로도 소외/탈소외/재소외의 변증법적 과정 속에서 이루어질 수 있는 것으로 이해된다.

르페브르는『도시혁명』에서 소외를 더 이상 명시적으로 논의하지 않지만, 이 책의 후반부에 제시된 '도시적 환상(urban illusion)'에 관한 논의는 이 주제와 밀접하게 관련된 것으로 해석된다. 그에 의하면, 도시적 환상은 다른 2가지 환상들, 즉 철학적 환상 및 국가적 환상과 분리될 수 없고, 긴밀하게 관련된다. 철학적 환상은 철학자들이 세계를 그들 자신이 고안한 체계에 가둘 수 있다는 믿음에서 기인한다. 관료주의적 자본주의에서 계획가와 개발자, 기술자와 관료들은 이러한 철학적 믿음에 근거를 두고 도시 공간을 인식하고 설계하고 생산한다는 점에서 국가적 환상에 빠져있다. 이들은 공간을 격자나 구역으로 분할하지만, 공간이 이데올로기를 감추고 있다는 점을 알지 못한다(또는 알지 못하는 것처럼 가장한다). 또한 이들은 객관적인 것처럼 보이는 도시성이 실제 국가의 기능과 기술 및 지식에 의존하기 때문에 계급성을 반영하며, 특정한 계급전략을 내재하고 있다는 사실을 알지 못한다(Lefebvre, 2003a: 157), 이로 인해 이들에 의해 생산된 공간은 이데올로기와 사회적 계급관계를 은폐하고 있다는 점에서 물신적이다.

이와 같은 도시적 소외를 유발하는 자본주의적 도시성을 규명하기 위해, 르페브르는 부동산(투기, 건설)이 담당하는 역할을 조명하고자 한다. 그에 의하면,

> "산업 생산의 순환은 비내구적 자산시장, 또는 최소한 건축물보다 내구성이 적은 시장에 기여하며(즉 1차 부문), 부동산은 2차 부문, 즉 산업 생산의 순환과 병행하여 진행되는 어떤 순환으로 기능한다. (경제가 침체 상황에 빠지면) 일차순환 - 현행 산업 생산과 이에 따른 이동가능한 자산 - 은 둔화되고, 2차 부분, 즉 부동산 부분으로 자본이 이행한다. … 잉여가치 전체에서 산업에서 형성되고 실현된 부분의 퍼센트는 줄어들고, 부동산 투기와 건설에 의해 창출되고 실현된 부분의 퍼센트는 증가한다. 2차 순환은 1차 순환을 밀어내고, 본질적이게 된다"(Lefebvre, 2003a: 159~160).

자본주의적 도시성의 진행과정, 특히 부동산을 통한 자본의 2차 순환과정에서[4], 과거의 공간들은 파괴되고, 새로운 공간이 효율성을 증대시키도록 계획된다. 그러나 재생산과정이 자본의 1차 순환에 집중된 사회보다 2차 순환이 확대된 사회에서 계급 분할은 더욱 복잡해지고, 공간의 소외는 더욱 심화된다(Grahn, 2017: 18). 도시 공간은 자본 순환과정에 직접 투입되

4 자본의 순환과정에 관한 연구, 특히 내구성을 가지는 부동산(또는 건조환경)시장을 통한 자본의 2차 순환은 하비(1995)가 『자본의 한계』에서 제시한 독창적 연구로 알려져 있지만, 이는 르페브르의 이러한 주장에서 통찰력을 얻은 것으로 해석된다.

이, 이를 위해 계획되고, 통제되기 때문이다. 뿐만 아니라 도시 거주자들의 기능은 단지 공간의 구매자, 잉여가치의 실현자로 전락하게 되며(Lefebvre, 2003a: 156), 이들이 이러한 기능을 통해 얻고자 하는 만족은 허구적이게 된다. 요컨대, 이러한 도시성은 이중적으로 물신적이다. 즉 이는 만족(필요)의 물신성과 공간의 물신성을 함의한다(같은 책, 159).

이러한 물신성으로 인해 도시의 거주자들은 그들이 거주하고 있는 공간을 관리하고 통제할 수 있는 능력을 상실하게 되며, 이들이 거주하는 공간은 완전히 소외된 공간이 된다. 그러나 르페브르는 "도시사회의 개념은 이를 속박하는 신화와 이데올로기로부터 자유롭다"고 주장한다(Lefebvre, 2003a: 165). 또한 전환적 국면에서 도시의 중심성 자체는 부정되지 않는다. "중심성이 없다면, 여가, 축제, 지식, 구술이나 문서에 의한 전달, 고안, 또는 창조를 위한 장소는 있을 수 없다. 그러나 생산과 소유 간 특정한 관계가 변하지 않는다면, 중심성은 이를 활용하여 이익을 얻는 사람들에게 종속될 것이다. [이 경우] 중심성은 잘해야 엘리트에 의해, 최악의 경우 군대나 경찰에 의해 통제될 것이다"(Lefebvre, 2003a: 97).

이와 같은 중심성 통제 또는 도시 공간 통제에 대한 대안으로 거주자들에 의한 통제, 즉 '자기관리'가 제시된다. 자기관리 개념은 『도시혁명』이 출간되기 2년 전 1968년에 발표된 '도시에 대한 권리'에서 강조된 것이다(Lefebvre, 1996: 147~159). 이 개념은 『도시혁명』에서는 크게 부각되지 않지만, 르페브르는 대안적 도시공간을 위한 정치적 전략으로 첫째 "도시적 문제성을 정치생활에 도입"하기, 둘째 "일반화된 자기관리의 형태로 시작하는 프로그램 개발"하기, 셋째, "'도시에 대한 권리(중심성과 이의 운동으로부터 배제되지 않을 권리)'에 관하여 확대·재구성되고 구체화된 계약

체계 도입"하기를 제시한다(Lefebvre, 2003a: 150). 이러한 점에서 자기관리와 이를 요구하는 권리, 즉 도시에 대한 권리는 탈소외된 도시를 위한 전략으로 이해된다.

도시 공간의 생산

르페브르는 『도시혁명』에서 도시 공간에 많은 관심을 보였지만, 우선 주제는 '도시사회'였다. 뒤이어 그는 공간의 개념과 역사를 직접 다룬 방대한 분량의 저서 『공간의 생산』을 출간했다. 물론 여기서 그가 다룬 공간은 물리적 공간이 아니라 사회공간이며, 그가 제시한 사회공간이론은 한편으로 일상생활, 다른 한편으로 도시 실체를 비판적으로 분석하고자 했다는 점에서 앞선 연구 프로젝트들을 종합한 것으로 간주된다. 또한 이러한 종합은 현실의 변화를 반영한 것이다. 즉 그에 의하면, "공간의 문제성은 도시영역의 문제들(도시와 이의 확장)과 일상생활의 문제들(프로그램화된 소비)을 포섭하면서, 산업화의 문제성을 대체했다"(르페브르, 2011: 156, 번역수정). 이러한 공간의 문제성을 고찰하기 위하여, 그는 명시적으로 니체와 하이데거의 입장을 헤겔적 마르크스주의와 결합시켜, 추상/구체, 양/질 간 이원론적 대립 관계에서 벗어나 새로운 삼항변증법을 정형화하고자 했다.

앞서 논의한 바와 같이 삼항변증법은 헤겔의 구체적 추상(또는 보편) 개념을 마르크스의 사회적 실천 개념을 통해 재구성한 것으로, 여기서 예술과 언어 및 기호의 개념화가 추가됨으로써 삼항의 구성과 관계가 더욱 복잡해진다(O'Kane, 2013: 188). 르페브르가 삼항변증법을 적용하여 고안한 3가지 유형의 공간 개념은 단순히 공간 그 자체를 유형화하기 위한 것이 아니라 공간의 생산과 그 역사를 분석하기 위한 것이다. 르페브르(2013: 127, 290)에 의하면, 공간은 사회적으로 생산된다는 점에서 사회공간이다. 사회공간은 행위의 장이며 또한 행위의 매체이고, 현실적이며 또한 잠재적(가능성)이고, 양적이며 또한 질적이다. 사회공간은 이러한 이중성을 벗어날 수 없지만, 고정된 상태가 아니라 언제나 운동 중에 있다. 즉 사회공간은 이중적 요소들의 혼합 또는 모순을 포함하는 삼항성, 즉 구체적 추상으로 이해된다. 사회공간은 매우 다양하고 복합적인 관계들의 단면들을 드러내며, 이 단면들은 체험되고, 지각되고, 인식된다(같은 책, 89). 사회공간은 이러한 사회적 관계나 물질적 생산물로서 존재할 뿐 아니라, 제도나 문화, 개념적 지식으로서 생산되고 또한 생산한다. 요컨대 사회공간은 하나의 개념이면서, 생산물이고 또한 생산의 수단이 된다.

이러한 공간의 생산은 구체적 삶의 현장, 즉 일상생활이나 또는 공간의 통제와 지배를 위한 국가의 활동과 불가분의 관계를 가진다. 르페브르의 저작들은 모두 일상생활에 관한 그의 관심이 녹아 있지만, 『공간의 생산』에서 일상생활 자체가 핵심 주제이지는 않다. 하지만, 그는 일상생활 공간의 추상화와 국가에 의한 공간의 추상화, 그리고 이로 인한 공간적 소외나 공간의 물신성을 여러 측면에서 논의한다(Wilson, 2013). 그의 주장에 의하면, 전통적으로 철학자들은 사회공간을 절대적인 것으로 만드는 경향이 있지만, 일상생활의 차원에서 보면 이러한 공간의 추상화로 인해 도시인들은 스스로 추상화되고, 소외된다.

"'사용자'는 … 물신화된 추상 앞에서 자발적으로 스스로의 존재, 자신이 '체험한 것'과 자신의 몸을 추상화시키게 된다. 물신화된 추상공간은 '사용자'를 추상화시킴으로써 사용자 스스로는 자신이 그 공간에 있음을 지각하지 못하는 동시에 사고의 추상화로 인하여 비판하지 못하게 된다"(르페브르, 2011: 163; 또한 같은 책, 444).

즉 재현의 공간이 일상생활에서 이루어지는 공간적 실천을 소외시키게 된다. 다른 한편, 헤겔의 변증법에 근거를 두고 르페브르가 제시한 주장에 의하면, 역사적으로 국가는 점차 확대되어 지배력을 늘려감에 따라 공간은 국가의 질서 속으로 편입되어 물신화되게 된다(같은 책, 65). 국가의 기술관료들과 전문 계획가들은 추상적 합리성에 근거를 두고 공간을 계량화·동질화시킬 수 있는 것으로 만든다. 이러한 공간의 재현과정에서 유발되는 공간의 물신화는 체험된 공간(재현 공간)이 인간 잠재력의 다원성을 완전히 실현할 수 없도록 한다.

르페브르는 3가지 유형의 공간, 즉 공간적 실천, 공간의 재현, 재현 공간의 개념들이 공간의 생산 과정에서 상호 뒤얽혀 전개되는 공간의 추상화 과정을 개념화하는 한편, 이러한 뒤얽힘 속에서 공간이 자연에서부터 시작하여 절대공간, 역사공간, 추상공간, 모순공간 그리고 대안적 공간으로서 차이공간으로 나아가는 변증법적 과정을 설명하고자 한다. 그에 의하면, "공간의 생산과 그 생산과정이 존재한다면 거기엔 반드시 역시도 존재한다… 각각의 생산양식은 '전유된' 고유한 공간을 갖고 있으며, 하나의 방식에서 다른 방식으로 넘어가는 이행기에는 새로운 공간이 생산된다고 가정할 수 있다"(르페브르, 2011: 98, 67~68, 번역수정; 신승원, 2017: 116). 자연에서 추상화로 진행되는 공간의 역사에 관한 르페브르의 설명은 그의 삼항적 공간 개념과 분리되는 것(즉 통시성과 공시성의 분리)이 아니라 각 시기마다 3가지 공간 개념들 간 고유한 상호관계에 근거를 둔다. 또한 공간의 역사에서 시기별 공간의 전환은 생산양식의 전환과 관련되지만, 이에 환원되지 않는다(같은 책, 186). 특히 그가 주장하는 바와 같이, 이전 공간의 잔여물은 항상 그 이후 전환된 공간 내에 잠재적인 파괴적 요소로 남는다는 점은 그의 삼항변증법의 주요한 특성을 서술한 것이라고 하겠다.

공간의 역사에서 첫 번째 시기에 나타나는 절대공간은 '농업-목축적 공간' 내에 있는 자연의 파편들(동굴, 산, 샘 등)의 신성화에서 출현하며, 나아가 이들은 상징적 건축물들(사원, 궁궐 등)이 건설되는 의식의 자리가 된다. 절대공간은 종교적, 정치적 공간으로 사회공간 전체를 포괄하지만, 그 중심에는 신성화된 공간이 상징적 유의성을 가진다. 절대공간은 "인지된 것이 아니라 체험된 공간, 다시 말해서 공간 재현이라기보다 재현 공간이라고 할 수 있다"(르페브르, 2011: 348). 여기서 르페브르가 서술하는 절대공간의 개념은 흔히 데카르트적 공간을 지칭하는 '절대적 공간'(즉 선험적 공간)과는 전혀 다른 의미를 가진다.

그 다음 시기의 역사공간은 그리스·로마 도시문명에서 중세도시와 관련되며, 시장 도읍과 농촌 영지들로 구성된다. 이 공간에는 절대공간의 잔여물들이 잔존하지만, 의식의 장소라기보다 시장이 사회활동에서 우선 된다. 이러한 세속화 및 상품화의 과정과 더불어 도시에 관한 글과 설계도 및 조감도 등 다양한 공간 재현이 이루어지며, 르네상스 시기의 선형적 관점과 기하학적 공간으로 이어진다. 역사공간의 발달은 따라서 사회적 실천의 물질적 및 재현적 추상화의 증대로 나아간다. 즉 공간의 재현이 재현 공간을 (또는 인지된 공간이 체험된 공간을) 점차 지배하게 된다.

이러한 역사공간은 절대공간에서 추상공간으로의 전환을 매개한다. 추상공간은 도시의 발달과 농촌에 대한 도시의 지배, 그리고 산업자본주의의 발달과 중앙집권적 국민국가의 등장 등과 관련된다. 공간은 국가 권력에 의해 모양 지워지며 자본의 논리에 종속되면서, 축적과 성장, 계산, 계획, 프로그램화 등을 동반한다. 공간의 추상적 재현이 사회공간을 총체적으로 지배한다. 이러한 추상공간의 지배적 우월성은 현실의 공간에서 뿐만 아니라 현실 공간을 인식하는 양식에서도 나타난다(Wilson, 2013).

이와 같이 공간이 현실 세계에서 추상화되는 과정은 데카르트적 공간의 추상적 재현의 개념적 우월성을 동반했다. 공간을 동질적이고, 연속적이며, 모든 자연적 및 사회적 내용들이 제거된 선험적인 것으로 간주하는 데카르트적 사고는 공간을 계산가능하고 통제가능한 것으로 간주함으로써 공간에 대한 사회적 기술적 지배를 가능하게 했다. 데카르트적 공간 재현은 국가에 의해 기술관료적 도구로 사용되면서, 추상공간의 계획된 생산에 기여한다. 텅 빈 것으로 공간을 재현하는 것은 사회공간을 착취가능한 자원으로 조작할 수 있도록 하며, 동질적 평면으로 공간을 재현하는 것은 동질적 국가 영토성의 생산과 관리, 지배에 기여한다. 르페브르에 의하면, 오늘날 추상공간이 절대공간과 역사공간을 종결시키고, 공간의 재현은 재현 공간을 소멸시킨 것처럼 보인다.

도시의 공간적 소외

르페브르에 의하면, 이러한 공간의 재현은 단순히 자본주의적, 기술관료적 사회공간의 '물신적 소외'를 반영하기보다 "체험된 경험에 대해 무서운 환원적 권력을 휘두르는 추상화"의 기술로 기능한다(르페브르, 2011: 104). 경제적, 정치적 "지배의 수단으로 이용되는 추상공간은 그 공간 안에서 태어나서 그 공간을 벗어나려고 하는 것이라면 모두 억누른다. … 추상공간은 치명적인 공간으로 자신의 태생적인 조건(역사적 조건), 자신만이 지니는 고유한 차이(내적, 잠재적 차이)를 질식시켜버리고, 그 대신 추상적 동질성을 강조한다"(같은 책, 526). 추상공간이 자신을 탄생시킨 역사적 조건들을 말살한다는 것은 공간적 소외와 물신성이 극에 달하게 됨을 의미한다. 즉 르페브르의 주장에 의하면,

> "이 단계에 이르면, 소외 이론이 얼마나 필수적인가, 그리고 동시에 이 이론이 얼마나 부적합한가를 명확히 드러낸다. 소외 개념의 한계는 바로 여기에 있다. 이는 부인할 수 없는 사실이다. 우리가 서술하고 분석한 상황은 소외이론이 완전히 옳았음을 확인해주지만, 또한 이는 이 이론이 매우 사소한 것처럼 보이도록 만든다"(르페브르, 2011: 527).

이처럼 신자본주의 사회에서 공간의 추상화와 이에 관한 추상적 인식 또는 재현은 소외나 물신성에 관한 기존 이론들이 함의한 것보다 훨씬 더 큰 위험과 공포의 상황을 자아내고 있다.

그러나 르페브르는 이러한 추상공간이 이중성을 내포한다고 주장한다.

폭력적으로 공간을 전유하는 자본과 국가의 이면에는 이와 상반되는 경향, 이에 저항하는 운동이 잠재한다는 것이다. 추상공간은 권력의 공간이지만, 또한 그 안에서 발생하는 갈등과 모순에 의해 스스로 해체될 (잠재적) 가능성도 가진다(르페브르, 2011: 104). 추상공간에 잠재된 이러한 모순에 대한 자각은 모순이 극적으로 표출되는 공간에서 구체적으로 확인된다. 예로 상품화된 공간으로서 추상공간은 그 속에서 모든 요소들이 교환가치로 등가화될 수 있지만, 또한 개별 단위 필지로 불가피하게 분할되어 개별화된다. 또한 정치적 공간으로서 추상공간은 국가가 동질적 사회로 통합하기 위해 창출한 것이지만 또한 착취와 통제를 용이하게 하기 위해 차별화된다.

추상공간의 이중성에 관한 구체적 사례는 자본주의적 여가공간에서 찾아 볼 수 있다. 여가공간은 처음에는 기존 질서의 통제 밖에 있는 놀이공간이라는 거대한 '반(count)공간'을 형성하는 것처럼 여겨지지만, 이는 환상에 불과하다. 여가(공간)는 '체계(생산양식)'를 통합적으로 구성하지만 또한 체계에 의해 구성됨에 따라, 노동과 마찬가지로 소외당하고 소외시킨다. 여가공간은 자본주의적 생산관계의 재생산을 위해 봉사한다. 이에 따라 통제·관리되는 여가공간은 특별한 제한을 강요한다. 여가공간(호텔, 방갈로 등)은 관광상품으로 계획되고 교환가치로 측정·판매된다. 그러나 자연적 질적 공간을 추구하는 몸이 먼저 이러한 상품화된 양적 여가공간을 자각하고, 거부하며, 복수를 시작한다. 이는 "'양화되고 물신화된' 공간과 '구체적인' 향유의 공간 사이의 차이를 깨닫는 것을 의미한다"(신승원, 2017: 123n). 이러한 점에서, 여가공간은 이 둘 사이에 놓인 "이행공간으로서 모순공간의 가장 좋은 예"가 된다(르페브르, 2011: 545).

<그림 9-3> 공간의 삼항변증법적 발전

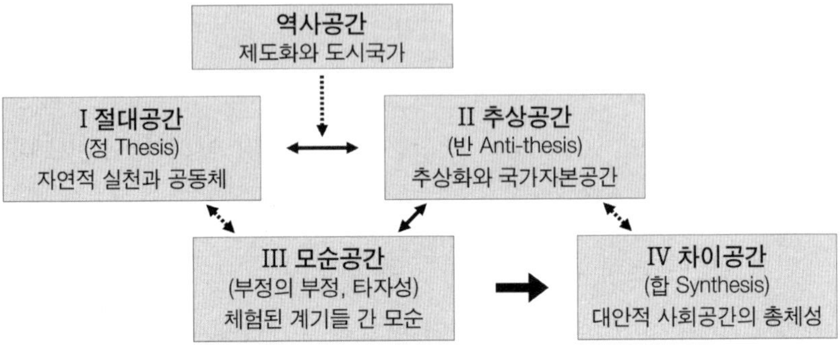

〈그림 9-3〉과 〈그림 9-4〉는 르페브르가 제시한 공간의 삼항변증법적 발전과정에 관한 설명과 여가공간을 사례로 추상공간에 내재된 모순을 통해 새로운 공간으로 이행하는 과정을 도식화한 것이다. 공간의 개념과 역사에 관한 르페브르 연구의 궁극적 목적은 신자본주의 사회를 지배하는 추상공간이 그에 내재된 (공간적) 모순들로 인해 (즉 모순공간을 매개로) 차이공간으로 이행되는 과정을 규명하기 위한 것이다. '모순들이 발생하는 장소들의 총체'로서 추상공간은 외관상 그럴듯한 일관성으로 (이를 위한 이데올로기에 의해) 모순들을 은폐하지만, 결국 공간적 모순은 사회적, 정치적 이해관계와 세력들 간 갈등을 드러낸다(르페브르, 2011: 519). 이러한 모순과 갈등으로 인해 유발되는 사회적 실천은 추상공간에서 벗어나 차이공간을 만들어낸다. 사회적 실천은 추상공간이 차이를 말살하면서 지구 전체로 확산되는 것을 막고, 나아가 신자본주의와 기술관료주의에 내재되지 않은 '차이'를 만들어낸다.[5] 그 결과로 생산되는 차이공간은 동질성에 대한 차이, 정량화에 대한 정성화, 인지된 것에 대한 체험된 것의 우월성을

<그림 9-4> 추상공간에서 차이공간으로의 전환

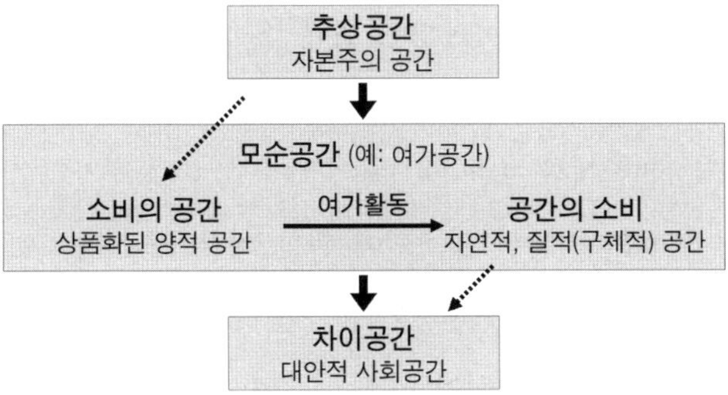

드러낸다. 차이공간은 탈자본주의, 탈생산주의 공간이며, 이는 궁극적으로 추상공간의 비인간적 폭력적 소외에서 차이공간의 인간적 유토피아적 탈소외(또는 자주관리)로의 전환이다.

『공간의 생산』에서 르페브르가 (공간적) 소외를 명시적으로 논의한 부분은 많지 않지만, 그는 추상공간의 부정성이 소외를 이론화하기 어려울 정도로 심화시킨다고 생각한다. 그러나 그는 동시에 추상공간에 내재된 어떤 긍정성이 탈소외의 가능성을 내재하고 있다고 확신한다. 즉 차이공간은 추상공간이 파괴한 통합성을 재건함으로써, 그리고 교환과 지배에 반대

---

5 르페브르에 의하면, 차이는 2가지 유형으로 구분된다. 한 유형은 개별자들이 가지는 소소한 차이로 '최소' 차이 또는 '귀납적'(induced) 차이라고 불리며, 자본주의 체제의 기능 내에서 생산되고 이에 조응하는 차이를 말한다. 다른 한 유형은 주어진 체제를 넘어서는 '최대' 차이 또는 체제의 파열로부터 '생산된' 차이이다(『공간의 생산』, 528쪽). 키퍼(Kipfer, 2008: 201~204)에 의하면, 르페브르가 제시한 '도시에 대한 권리' 개념은 "최소 차이가 최대 차이로 전환하게 되는 프리즘이며, 추상공간의 파편들이 차이공간을 찾아서 연계되는 것"을 의미한다.

되게 사용과 전유를 강조함으로써 소외(또는 물신성)를 극복할 수 있도록 한다고 주장한다(르페브르, 2011: 104). 또한 『일상생활 비판』 제2권에서 제시한 주장, 즉 "실질적 소외는 가능한 탈소외라는 점에서만 사유되고, 결정될 수 있다"는 관점에서 보면(Lefebvre, 2002: 207), 추상공간의 소외에 관한 이해는 차이공간의 가능한 탈소외에 관한 대립적 이해를 요청한다.

이러한 맥락에서 르페브르가 "추상공간을 자본의 상품화를 위한 등가화나 국가 통제를 위한 동질성에 의해 생성된 소외된 공간으로 개념화한 것은 이질성과 자율화의 탈소외된 공간으로서 차이공간의 가능성을 드러내"기 위한 것이라고 하겠다. 이러한 점에서, "추상공간은 이것이 인간의 거주 능력을 박탈한다는 점에서 소외된 공간이며, 차이공간은 (탈소외에 따른) 창조적 자유가 표현되는 공간으로 이해"될 수 있을 것이다(Wilson, 2013: 373). 물론 이러한 추상공간과 소외, 그리고 차이공간과 탈소외는 이분법적으로 대립되는 것이 아니라, 삼항변증법에 따라 모순공간을 매개로 내적 관련성과 역동적 변화 속에 있다. 요컨대 르페브르의 일상생활 비판, 나아가 추상공간의 소외에 관한 비판은 이들의 부정성에 대한 규명에만 있는 것이 아니라 사회적 실천을 통한 소외되지 않은 일상생활과 차이공간의 가능성 추구에 있다. 이러한 점에서, 르페브르는 "전환된 일상생활의 사회적 기반으로서 전지구적 (차이) 공간의 창출(또는 생산)은 수많은 가능성들을 열어둔다"고 주장한다(르페브르, 2011: 591, 번역수정).

제4부

공간 정의와 탈소외

제10장

사회공간적 불평등과 공간 정의

사회적 불평등과 소외

현대 (도시)사회에서 만연해 있는 소외는 흔히 사회공간적 불평등과 관련된 것으로 간주된다. 우리는 때로 소외라는 단어를 사회적 부의 배분이나 서비스의 제공에서 배제 또는 차별화된 상황을 지칭하기 위해 사용한다. 이러한 점에서 부나 권력을 가지지 못한 사회공간적 집단을 '소외계층'이라 부르기도 한다. 물론 엄격한 의미에서 소외의 개념은 사회공간적 불평등과는 구분된다. 소외란 자신이 생산한 것에 대해 아무런 통제권을 가지지 못하고 오히려 그 생산물이 소원한 힘으로 자신을 억압하는 상황 또는 이로 인해 자신의 본성을 잃어버린 상태를 말한다. 이와는 달리, 사회(공간)적 불평등이란 소득이나 자원, 지위와 권력 등이 사회공간적 맥락에서 차별적으로 분배 또는 분포하는 상황을 의미한다.

그러나 소외라는 단어의 일반적 용례에서 알 수 있는 것처럼, 소외와 불평등은 밀접한 관계를 가지며, 학술적으로도 그러하다. 예로, 소외 이론의 근대적 기원을 이루는 루소의 『인간 불평등 기원론』에 의하면, 인간은 본래 자연 상태에서는 평등했지만 사회화되면서 점차 불평등하게 되었다.

루소는 이러한 불평등의 기원을 '생신수단의 사유화'에 기인한 것으로 간주할 뿐 아니라, 이러한 생산수단의 사유화가 인간의 소외와 지배/종속 관계를 낳았고, 개인의 가치는 존재에서 소유로 바뀌게 되었다고 주장한다. 루소 이후 거의 모든 소외 이론가들(특히 마르크스주의적 전통에 있는)은 소외를 불평등의 문제와 직, 간접적으로 연계시킨다.

물론 사회공간적 불평등의 문제는 다양한 요인들에 기인하며, 이들은 또한 소외를 유발하는 요인이기도 하다. 불평등을 유발하는 요인들에는 개인의 신체 상태나 연령, 성별, 학력, 지위 등 개인적 요소들뿐 아니라 경제·정치적 체제나 사회문화적 배경 등 구조적 요소들을 포함한다. 예로 경제정치체제가 자유방임형을 지향하는가 또는 사민주의형을 지향하는가에 따라 그 사회의 불평등의 정도나 이를 시정해야 한다는 정책 의지 등이 확연한 차이를 보인다. 그러나 사회공간적 불평등을 유발하는 이러한 다양한 요소들을 공통적으로 조건지우는 구조적 요인은 자본의 작동 메커니즘이다. 즉, 오늘날 전세계적으로 작동하는 자본주의는 기본적으로 노동의 착취를 전제로 자본축적 과정을 촉진하는 사회경제체제라는 점에서, 노동과 자본의 불평등을 내재하고 이를 직간접적으로 드러낸다. 물론 다양한 규모(지역적, 국가적, 지구적 차원)에서 나타나는 불평등은 단지 계급적 모순과 갈등 뿐 아니라 젠더나 인종의 차별화와도 관련되며, 이로 인해 사회공간적 불평등은 매우 복잡한 양상으로 전개되고 있다. 그러나 사회공간적 불평등을 유발하는 이러한 다양한 요소들을 공통적으로 조건지우는 구조적 요인은 자본의 작동 메커니즘이라고 할 수 있다.

특히 지난 1970년대 시작하여 반세기에 걸쳐 진행되었던 신자유주의적 지구화과정은 이러한 사회공간적 불평등을 심화시켰다. 포드주의적 축적

체제의 한계로 위기를 맞았던 서구 선진국들은 시장의존적 경제체제로 전환하면서 국가가 담당했던 공적 역할과 재정을 감축하면서 이른바 탈규제 및 민영화 정책으로 나아가게 되었다. 이에 따라 그 동안 국가가 담당해 왔던 사회경제적 재분배 기능은 해체 또는 약화되면서, 시장 메커니즘에 맡겨지게 되었다. 이로 인해 노동자와 사회적 약자들, 즉 사회적 소외집단들은 정치·정책적 의사결정 과정에서 배제되면서 사회적 불평등은 급속히 심화되었다. 이러한 신자유주의화 과정이 지구적으로 확산되면서, 서구 선진국들뿐 아니라 한국을 포함하여 동아시아 국가들에서도 불평등은 더욱 악화되었다. 일본과 한국, 대만 등 그 동안 발전국가체제 하에서 경제적 부를 축적하면서 선진국 대열로 진입하게 된 국가들뿐 아니라 중국이나 베트남 등과 같이 사회주의 경제에서 자본주의 경제로 전환한 국가들에서도 불균등은 심각한 양상으로 드러나게 되었다.

이러한 과정 속에서 1997년 IMF 외환위기와 2008년 글로벌 금융위기는 사회공간적 불균등의 심화에 치명적 영향을 미쳤다. 우리나라는 외환위기 이후 신자유주의화 과정을 촉진하면서, 1996년에서 2016년까지 20년 동안 상위 10%의 소득집중도는 35.0%에서 43.3%(상위 1%는 7.8%에서 12.2%)로 상승하면서, 가구의 소득 격차는 OECD 회원국들 중 가장 크게 확대되었다(연합뉴스, 2019.3.10.). 또한 기간을 달리하여, 2007년부터 2021년까지를 살펴보더라도 소득 상위 10%의 집중도는 31.9%에서 34.4%(상위 1%는 8.4%에서 11.7%)로 증가한 것으로 나타난다(한겨레, 2023.4.10.). 이러한 소득의 집중도 또는 불평등을 세부 유형별로 살펴보면(2022년 가계금융복지조사 자료로 계산), 상위 20%의 금융 및 자산의 집중도는 각각 68%, 63%로, 소득(47%)집중도보다 훨씬 컸다(한겨레, 2023.6.7.). 이처럼 가구소

<그림 10-1> 우리나라 소득 불평등 지표들의 변화 추이

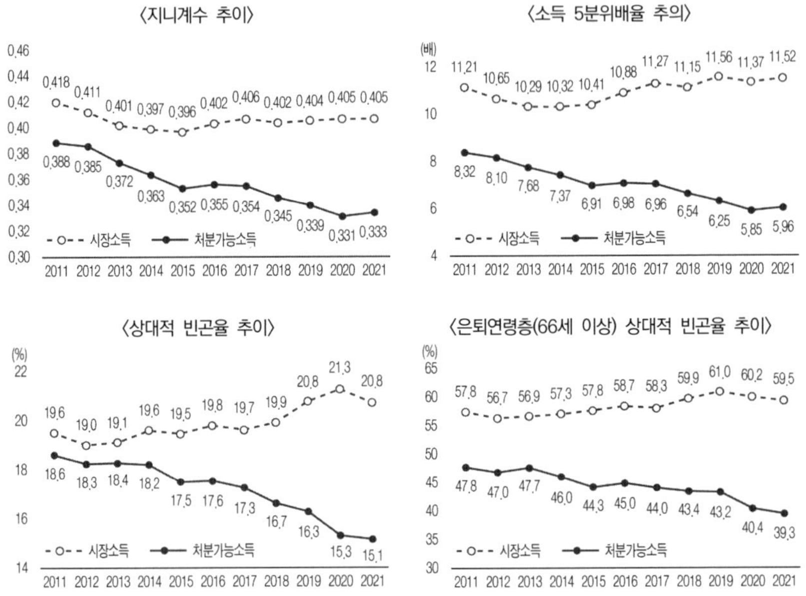

* 출처: 통계청, 2022년「가계금융복지조사 결과」(보도자료: 2022.12.1), 4쪽.

득의 불평등은 근로소득의 차이와 더불어 금융자산 및 부동산 보유 등에 의해 확대됨을 알 수 있다.

그러나 문제는 정부의 발표 자료에 의하면 2008년 금융위기 이후 심각한 경제침체와 사회적 충격에도 불구하고 2010년대 우리나라의 소득 불균등 지표들은 대부분 개선된 것처럼 보인다는 점이다. 즉 〈그림 10-1〉에서 볼 수 있는 것처럼, 처분가능소득을 기준으로 보면 지니계수, 소득 5분위 배율, 상대적 빈곤율, 그리고 심지어 노인의 상대적 빈곤율도 2011년에서 2021년까지 거의 지속적으로 감소 추이를 보이고 있다[1]

이처럼 소득 불평등을 나타내는 지표들이 계산하는 집단이나 기관에 따라 서로 정반대되는 경향을 나타내거나, 특히 정부 발표 자료에서 개선된 것처럼 보이는 이유는 무엇 때문일까? 우선 정부 발표통계가 잘못된 것이라고 추정할 수 있다. 정부 통계 자료에 오류가 있거나 또는 관련 자료의 내용, 즉 사회적 불평등을 은폐하거나 모호하게 하기 위해 조작했을 가능성을 고려해 볼 수 있다. 반면 만약 이러한 추이가 사실이라면, 사회적 불평등이 심화되고 있다는 일반적 인식이 잘못된 것이라고 할 수 있다. 그러나 세 번째 가능성으로, 우리는 이러한 추이가 사실이며, 또한 우리의 인식도 잘못된 것이 아닐 수 있다는 점이다. 즉 실질적으로 그리고 우리가 추정하는 것처럼, 구조적으로 사회적 불평등은 심화되고 있음에도 불구하고 기존의 불평등 지표들에서는 개선된 것처럼 나타날 수 있다는 점이다.

최근 상황을 감안하면, 문제는 더욱 심각해진다. 2020년 중국 우한에서 시작된 코로나 팬데믹은 지난 3년 동안 세계의 모든 국가에게 지역적 국가적 봉쇄를 강제했을 뿐 아니라 상상을 초월한 사회경제적 충격에 휩싸이도록 했고, 현재까지 그 어두운 그림자를 드리우고 있다. 이러한 와중에 발발한 우크라이나와 러시아 간 전쟁은 석유 및 자원 가격의 폭등과 더불어 전반적인 인플레이션을 유발하고 있고, 우리나라와 미국 등을 포함하여 거의 모든 국가는 이러한 물가 폭등을 통제, 완화할 목적으로 금리를 급속

1 처분가능소득은 가구 전체소득에서 비소비지출(조세, 연금, 보험료, 이자, 가구 간 이전 등)을 제외하고 실제로 가구에서 처분할 수 있는 소득을 말하며, 지니계수는 소득 불평등을 나타내는 대표적 지표로 0(완전 평등)에서 1(완전 불평등) 사이의 수치로 표시된다. '소득 5분위 배율'은 가구의 소득계층 구분에서 1분위(하위 20%)에 대한 5분위(상위 20%) 가구의 배수를 나타내며, '상대적 빈곤율'은 균등화 중위소득의 50% 이하에 해당하는 가구의 비율로 계산한다.

하게 인상시키고 있다. 이로 인해 소비는 급격히 얼어붙었고, 새로운 투자도 크게 위축되고 있다. 이러한 상황에서 가장 치명적 영향을 받는 계층은 개인적으로 취약한 집단들(노인, 여성, 장애인 등)과 노동자와 외국인 이주자, 그리고 소규모 자영업자들이라고 할 수 있다. 그러나 정부가 발표한 가구동향 통계자료에 의하면, 코로나19 이후 2년간 소득 불평등은 오히려 완화된 것으로 나타난다. 이러한 현상에 대해, 정부는 코로나19 위기에 따른 생계지원 및 경제침체에 대한 대응책으로 이들에게 대규모 공적 지원을 했기 때문인 것으로 설명하고, 이에 관심을 가지는 학자들도 대부분 그럴 것이라고 인정한다.

그러나 실제 코로나19 기간 임금 불평등은 심화되었고, 부동산 가격 폭등으로 자산 불평등은 역대 최악일 것으로 추정된다. 노동자들의 임금은 물가를 따라가지 못하고 상대적 빈곤의 늪에 더욱 빠져들도록 하는 반면, 주택가격 및 금리의 폭등으로 부동산이나 유휴현금 보유 상위계층들은 자산 가격이나 금융 소득을 대폭 늘리게 되었다. 이러한 상황에서 많은 가구들이 담보대출을 통해 주택을 구입함으로써 가계부채는 크게 증가했고, 개별 가구들은 엄청나게 늘어난 이자를 갚기 위해 안간힘을 다하고 있다. 즉 2011년 916조원이었던 가계부채는 그 이후 약간의 차이는 있지만 계속 증가했으며, 특히 당시 정부가 대출을 통해 주택 구입과 소비 진작 등으로 경제 부양을 촉진하고자 했던 2015-2016년에는 연간 10% 이상 증가했다. 코로나19 위기가 시작되었던 2020년 이후 다시 대출 증가율이 7%를 상회하게 되었고 이에 따라 가계부채는 2021년 1,862조 원에 달하게 되었다(〈그림 10-2〉).

지난 신자유주의화 과정에서 다른 경제 주체들(즉 국가와 기업들)의 부

<그림 10-2> 가계부채 증가 추이 (단위: 조원)

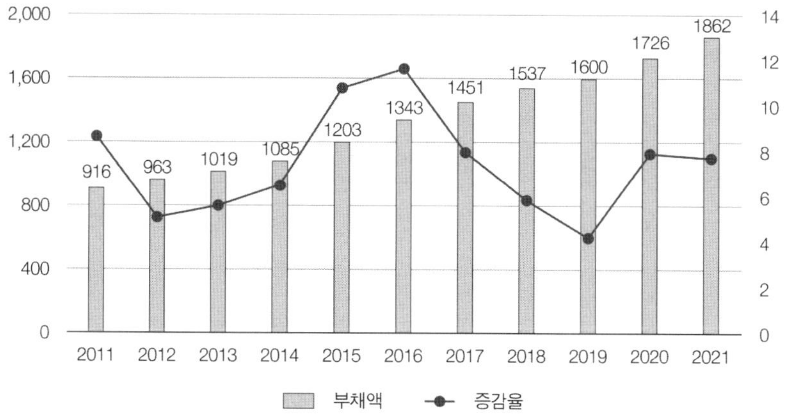

* 출처: 통계청 국가 통계 포털(KOSIS).

채 문제도 악화되었지만, 가계 부채도 이들 못지않게 또는 그 이상으로 심각한 위기 상황에 처하게 되었다. 즉 국제금융협회의『세계 부채 모니터 보고서』에 의하면, 우리나라 가계부채는 2023년 1분기 GDP 대비 102.2%로, 조사대상 34개국 중 유일하게 100%를 넘은 국가, 즉 한 해 벌어들인 국민소득으로 가계 빚을 갚지 못하는 유일한 나라가 되었다(YTN, 2023.7.19.). 우리는 이러한 통계자료로부터, 가계부채의 절대량 증가뿐 아니라 높은 증가율에 근거하여, 금융불평등 나아가 가계의 경제적 불평등이 심화되었을 것으로 추정해 볼 수 있다. 이러한 금융불평등은 바로 금융적 소외를 의미하는 것이 아니라고 할지라도, 금융(신용)의 접근에 있어서 불평등에 의한 소외와 더불어, 부채 상환을 위해 미래 소득의 자율적 처분이 불가능해짐에 따른 소외를 유발하게 된다.

이러한 점에서 주목할 점은 2011년에서 2021년 사이 10년 동안 가계부

<표 10-1> 소득 분위별 금융부채 보유가구의 금융부채, 소득 및 자산 현황

(단위: 만원, %, %p)

	금융부채 보유가구							
	비율	전년차	금융부채	증감률	소득	증감률	자산	증감률
체	57.3	-0.2	11,879	4.7	7,357	5.0	60,251	11.2
1분위	28.7	1.1	4,176	-6.1	1,433	2.4	18,113	-0.9
2분위	51.4	-1.1	6,631	7.9	3,138	4.7	29,566	7.5
3분위	63.8	-1.8	9,350	6.6	5,051	4.0	41,557	13.2
4분위	71.8	-0.2	12,084	-0.2	7,674	4.7	59,477	10.4
5분위	70.7	1.2	20,883	6.1	14,579	4.4	116,977	12.0

* 주: 2022.3.31.기준
* 출처: 통계청, 2022년 「가계금융복지조사」 결과(보도자료, 2022.12.1.).

채는 2배 이상 증가했지만, 위에서 논의한 바와 같이 소득 불평등을 나타내는 지표들의 통계는 전반적으로 개선된 것으로 보이며, 특히 코로나19 기간에도 소득 불평등이 개선된 것처럼 나타난다는 점이다. 일반적으로 저소득층일수록 가계부채가 많을 것이며, 따라서 가계부채의 증가는 가구 불평등으로 이어질 것으로 추정된다. 하지만 외형적으로 보면 이러한 추정은 분명 사실과 다른 것으로 확인된다. 〈표 10-1〉을 보면, 2022년 3월말 기준 전국 가구의 평균 부채는 9,170만 원으로 전년 대비 4.2%가 증가했다. 가구 부채 9,170만 원에서 금융부채가 74.2%, 임대보증금이 25.8%를 차지하며, 금융부채의 75%는 담보대출(5,381만 원)이며, 그 외 신용대출, 신용카드 관련 대출, 기타로 구성된다. 금융부채 보유 가구는 전체의 57.3%로 전년 대비 0.2% 줄었지만, 보유 가구의 금융부채 총액은 4.7%

증가했다. 이러한 금융부채의 실태를 소득계층별로 보면, 특이한 점은 고소득집단일수록 금융부채를 보유한 가구의 비율이 높고, 그 액수도 훨씬 많은 것을 알 수 있다.

이처럼 그 동안 가계의 금융부채 증가는 4,5분위 소득층이 주도했다는 점에서, 가계 금융부채의 질은 아주 나쁜 것이 아니며, 심지어 '양은 늘었지만 질은 좋아졌다'고 평가되기도 한다. 그러나 가처분소득 대비 원리금 상황금의 비율은 1분위 계층에서 매우 높게 나타나며, 이로 인해 이 계층의 가구들은 원리금 상환을 위해 엄청난 압박을 받을 뿐 아니라, 앞으로 금융부채를 갚기 어려울 것으로 추정된다. 뿐만 아니라 저소득층에서 금융부채 보유가구의 비율과 금액이 적은 것은 이 계층의 가구들이 금융대출에 대한 접근성이 그 만큼 낮기 때문이라고 할 수 있다. 이러한 점에서 1분위 계층의 가구들은 코로나19의 충격 속에서 소득이 절대적으로 적고 증가율도 낮지만, 금융부채 금액이 전년도 비해 감소한 것으로 나타난다. 이는 이 계층 가구의 자산이 절대적으로 적음에도 불구하고 이의 축소를 무릅쓴 결과라고 할 수 있다. 물론 다른 계층들, 차상위계층인 2분위 가구의 금융부채가 7.9% 증가했고, 3분위 및 5분위 가구들에서도 6%가 넘는 증가율을 보인 점도 심각하게 고려해 보아야 할 점이라고 하겠다. 3~5분위 가구들의 자산이 10% 이상 증가했다는 점은 이들이 보유하는 부동산의 가격이 증가했기 때문이기도 하지만, 또한 부분적으로 금융부채를 통해 자산을 매입했기 때문이라고 할 수 있다.

이와 같은 가계부채의 증가 추세는 세계적이며, 또한 국가 단위에서 저소득층뿐 아니라 거의 전계층에서 나타나는 현상이라고 할 수 있다. 이러한 현상은 1970년대 서구의 경제침체와 신자유주의로의 전환 이후 증가한 것으로 추정되며, 결국 가계부채(그리고 이와 함께 증가하고 있는 기업부채와 정부부채)에 의존하는 부채경제가 촉진되고 있기 때문이라고 할 수 있다. 특히 한국의 상황은 가계부채의 규모 및 증가 속도에 있어서 다른 국가들에 비해 훨씬 심각한 수준이다. 이러한 가계 부채의 증가는 부채를 갚기 위하여 노동을 강제하며, 그 노동에 따른 생산물은 물론이고 노동의 대가로 받게 되는 임금조차 노동자 스스로 통제·관리할 수 없는 상황, 즉 소외된 노동을 미래로 확장시키기 위한 것이라고 할 수 있다. 뿐만 아니라 대출 증대를 통해 부동산 매입이나 소비를 촉진시키는 정책은 결국 사람들의 소외된 욕구를 일상화시키기 위한 것이라고 할 수 있다. 이러한 점에서, 하비(Harvey, 2018)가 주장하는 바와 같이, 점점 더 많은 사람들이 부채를 갚기 위해 일하는 메커니즘 속에 갇히게 되었으며, 이는 자본가들로 하여금 노동자들을 보다 손쉽게 통제할 수 있도록 하지만, 일반 노동자들의 입장에서 보면 완전한 '보편적 소외'를 만들어내는 비결이라고 할 수 있다.

지리적 불평등과 공간적 소외

우리나라에서 1960년대 자본주의 경제의 본격적 발전, 그리고 신자유주의적 지구화 과정은 사회적 불평등과 소외의 심화뿐 아니라 공간적 측면에서도 지리적 불균등발전에 따른 지역 간 불균형을 확대시켜 왔다. 최소한 외형적으로 이를 시정하려는 정책들이 없지는 않았지만, 국토공간의 불균형은 점점 더 악화되었고, 이제는 마치 당연한 것처럼 거의 고착된 상태이다. 지역 불균형은 흔히 개별 단위 지역들 간의 차이, 즉 지역격차를 드러내는 주요 지표들(예로 1인당 생산성이나 소득, 또는 경제활동인구의 비율이나 인구당 범죄율, 문화시설 등)로 파악되고, 이에 따라 판단된 낙후지역(흔히 소외지역으로 불리는)들을 시정하려는 정책들이 강구된다. 이처럼 개별 지표나 이들을 종합한 수치 등을 이용하여 지역 격차가 어느 정도 심각한지를 확인하고, 이를 해소하려는 노력도 중요하다. 그러나 지역 불균형 문제는 단지 격차를 드러내는 상대적 낙후지역 자체의 문제라기보다 다른 지역과의 관계에서 유발되는 문제로 이해하는 것이 중요하다.

지역간 관계를 매개하는 요소로는 공간적 분업이나 자본의 지리적 순환(이동) 등을 들 수 있다. 우리나라에서 1960년대 이후 권위적(군사독재) 국가에 의해 본격화된 자본주의 경제발전 과정은 기본적으로 농촌인구의 대규모 도시 이동에 따른 도시화를 촉발했고, 이들은 도시의 근대 산업, 주로 섬유, 의복과 신발 등 경공업부문에 고용되어 장시간 노동을 감내하거나(이른바 유혈적 테일러주의), 또는 도시 비공식부문에 종사하는 도시 빈민으로 전환하게 되었다. 농촌지역은 도시로 집중하는 인구의 유지와 재생산에 필요한 저렴한 식량을 생산, 제공하는 기능을 담당했다. 이러한 과정에서 근대적 산업이 발달하기 시작한 도시지역과 전통적 빈곤이 잔존한 농촌지역 간 불균형이 조성되었다.

1970년대 초 이른바 '유신'정부는 중화학공업화를 선언하면서, 산업구조의 전환을 도모했다. 당시 중화학공업화는 1970년대 서구 선진국들에서 포드주의적 축적체제의 한계로 인해 유휴화된 표준적 생산설비와 기술의 이전을 전제로 한 것이었다. 이러한 중화학공업화를 위해 동남임해지역에 대규모 국가공업단지들이 조성되었고, 1980년대에는 신군부 권위주의 국가에 의해 산업구조조정과 중소규모의 지방공단 등의 확충이 이루어졌다. 이러한 공간정책은 포드주의 축적체제의 특징인 구상기능과 실행기능의 사회공간적 분화에 조응하는 것이었다. 즉 구상기능의 기업 본사와 연구소는 수도권에 집중하는 한편, 실행기능의 분공장과 하청공장들은 지방 공업도시들에 입지하면서, 국토공간은 수도권 및 동남임해지역과 그 외 지역들 간 이른바 경부축을 중심으로 한 지역 불균형이 구축되었다.

1990년대 이러한 포드주의적 축적체제의 성숙 및 국가의 탈권위주의화(민주화)와 더불어 서구 국가들에서 확산된 신자유주의화는 기존의 발전국가체제를 내재하면서도 신자유주의를 수용하는 혼합적 국가 성격을 가지도록 했다. 특히 1990년대 중반 이후 과도한 국제부채와 국내외 설비투자 확충은 이른바 IMF 위기를 초래하게 되었고, 그 결과 국가의 탈규제정책과 세계경제시장에의 통합을 전제로 한 신자유주의화가 노골적으로 강제되었다. 이처럼 신자유주의적 지구화 과정 속에서 국내 경제는 대기업 중심의 유연적 축적체제에 주도되지만, 정보통신산업 및 생산자 서비스 등의 지식기반경제와 기존의 중소기업 및 중화학 대기업이 부침하는 생산요소산업이 혼재되어 있었다. 이에 조응하여 국내 공간경제도 서울과 수도권에는 본사 및 생산자서비스업뿐 아니라 생산요소 제조업들도 재집중하는 경향을 보였다

세계적으로 수십 년 동안 지속되어 왔던 신자유주의 경제체제와 지구화 과정은 2008년 미국에서 촉발된 글로벌 금융위기로 점차 붕괴되는 조짐을 보였고, 2010년대 중반 이후 가시화된 미중간 무역갈등 등으로 세계경제는 불확실성을 확대시키면서 국가주의로의 복귀 조짐을 보이게 되었다. 2020년 시작된 코로나 팬데믹과 이로 인한 국내 및 세계 경제침체,

그리고 이의 충격을 완화하기 위해 상상을 초월한 국가재정 지출 등은 국내외 경제의 불안을 가중시키고 있다. 이러한 상황을 타개하기 위하여, 거대기업들은 반도체와 인공지능(AI)기술의 개발 및 응용 상품의 생산에 투자를 확충하고자 하며, 정부와 전문 연구자들은 이른바 제4차 산업혁명을 명분으로 이를 뒷받침하기 위한 정책이나 관련 기술의 개발에 박차를 가하고자 한다. 또한 이러한 4차 산업혁명에 부응하는 도시, 공간 정책으로 스마트 도시 전략이 강조되고 있다.

초자동화와 연계성으로 상징되는 제4차 산업혁명은 새로운 산업과 기술을 통해 경제시스템 전반의 혁신을 도모하고 새로운 일자리를 창출할 것이며, 스마트 도시공간의 구축은 인공지능 기술의 응용을 통해 도시의 교통, 에너지, 여타 기반시설 관리를 자동화하고 시민의 생활과 안전을 촉진할 것이라고 홍보된다. 그러나 실제 사람들은 양극화의 심화와 일자리 상실에 대한 불안감, 새로운 기술에 의한 삶의 질 개선의 불확실성, 도시 공간의 변화와 안전의 불명확성 등을 우려한다. 더욱 우려되는 점은 산업혁명이라고 일컬어지는 사회경제적 변화가 인간의 통제 능력을 점점 더 약화시키고 급기야 초자동화된 기술에 의해 인간의 의사결정이 완전히 배제되고 도시 공간이 더욱 체계적으로 물신화되고 지배될 수 있다는 점이다.

다른 한편 국토공간의 불균형 관점에서 보면, 4차 산업혁명에 따라 번성하게 되는 산업들은 기본적으로 기술혁신과 더불어 초공간적 연계성과 이동성을 전제로 하지만, 초국적 기업들의 허브는 여전히 특정 지역에 집중하는 경향을 보일 것이다. 반면 일상적 소비를 충족하기 위한 국지적 생활경제는 인구분포에 따라 산재하겠지만, 인구와 더불어 대도시로 집중할 것이고, 일부 대기업들은 일상생활의 소비와 여가생활 영역으로 침투할

<그림 10-3> 1인당 지역내 총생산 추이 (단위: 천원)

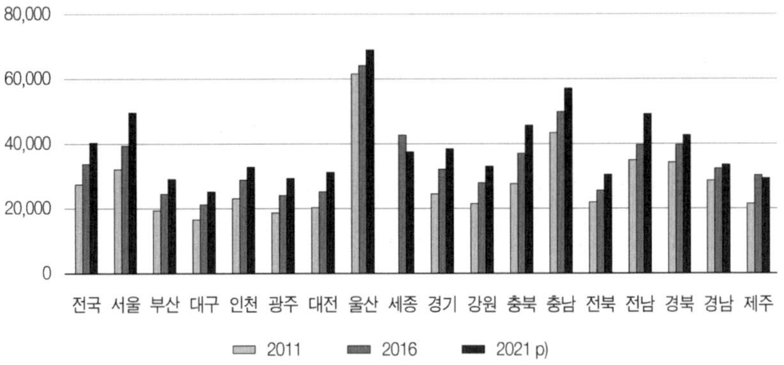

* 자료: 통계청 국가 통계 포털(KOSIS).

것이다. 이에 따라 초국적 디지털기업들의 허브와 일상적 생활경제 지역 간 다규모적 불균형이 심화될 것으로 추정된다.

이러한 국토 공간의 불균형은 매우 일반적 의미에서의 소외, 즉 성장지역에 비해 낙후지역의 상대적 소외라는 점에서 흔히 서술되지만, 보다 엄정한 의미의 공간적 소외를 내포하고 있다. 공간적 불균형은 단지 지역 간 생산성의 차이뿐 아니라 창출된 부의 지리적 이동에 기인한다. 한 지역에서 (그 곳의 노동자에 의해) 생산된 부가 그 지역 주민에게 배분되거나 재투자되지 아니하고 다른 지역으로 유출된다는 사실은 공간적 소외 개념을 전형적으로 함의한다고 하겠다.

이러한 점은 지역통계 자료를 활용한 간단한 지표를 통해 확인해 볼 수 있다.

2021년 서울의 1인당 지역내 총생산(GRDP, 지역에서 생산된 모든 재화와 서비

<그림 10-4> 1인당 소득 유출입 추이 (단위: 천원)

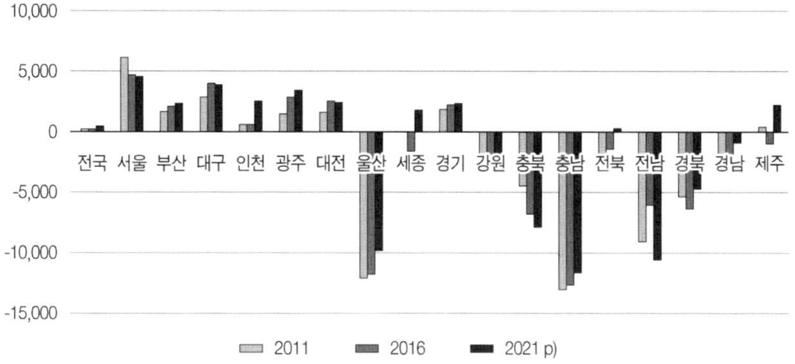

* 출처: 통계청 국가 통계 포털(KOSIS).

스의 시장가격 합계)은 4,965만 원으로, 대구의 2,549만 원에 비해 약 2배 정도가 되고, 부산, 광주, 대전 등 다른 지방 대도시보다도 월등히 높다(<그림 10-3>). 이에 따라 서울의 1인당 지역총소득(지역에서 생산활동에 참여한 대가로 얻는 소득의 합계)과 1인당 개인소득(가계에서 얻는 소득)도 상대적으로 높게 나타난다. 그러나 1인당 지역내 총생산만 본다면, 지방의 대도시나 지역들 가운데 일부도 상대적으로 높은 수준을 보인다.

지역내 총생산에 비하면 상대적으로 낮은 수준이다 즉 울산은 6,913만 원으로 가장 높고, 최근 지역 혁신산업 등에 기반을 두고 성장하고 있는 충남도 5,724만 원에 달하고, 심지어 전남도 서울에 버금갈 정도로 높다. 그러나 서울의 1인당 지역내 소득은 5421만 원으로 1인당 지역내 생산성보다 더 높고, 1인당 개인소득이나 민간소비의 수준은 전국에서 가장 높다. 물론 울산이나 충남과 같은 지역은 1인당 지역 내 소득이나 개인소득도 상내적으로 높지만, 지역내 총생산은 이보다 낮은 수준이다.

이러한 현상이 발생하는 것은 특정 지역의 생산성 증대가 지역 총소득이나 개인소득에 바로 연결되지 아니하고, 다른 지역으로 유출하거나 다른 지역에서 유입되기 때문, 즉 부의 지리적 이전이 발생하기 때문이라고 할 수 있다. 지역 총소득과 지역 총생산 간 차이로 계산된 소득의 지역간 유출입 규모를 보면, 2021년 충남과 전남에서는 1인당 지역 총생산에서 각각 20%와 21%에 해당하는 1,170만 원, 1065만 원이 역외로 유출되었고 울산에서도 978만 원이 역외로 유출된 것으로 나타난다. 〈그림 10-4〉에 의하면, 이러한 지역들에서 유출된 가치(또는 부)는 서울과 경기의 수도권 그리고 지방의 다른 대도시들로 엄청나게 유출되어 왔음을 알 수 있다. 왜 이러한 지역 불균형과 이를 더욱 심화시키는 지역 간 소득의 유출입이 발생하는가?

이러한 부의 유출은 특정 지역에서 생산된 가치가 결국 그 지역 내에서 배분되거나 재투자되지 아니하고 다른 지역으로 이전하기 때문에 발생한 것이라고 할 수 있다. 특히 이러한 부의 유출입은 지방에 위치한 대기업들의 분공장이나 하청공장 등에서 생산된 부가 이들을 통제, 관리하는 기업 본사로 이전하거나 또는 생산성이 높은 도시에서 창출된 가치가 주변의 대도시들에서 소비되기 때문이라고 할 수 있다. 달리 말하면, 지방의 노동자들이 생산한 가치가 그들에게 배분되거나 그들에 의해 통제되는 것이 아니라 수도권이나 다른 대도시의 본사나 관련 인구들에게 이전되어 배분, 소비되거나 또는 통제되기 때문이다. 요컨대 이러한 상황은 노동의 소외 문제가 공간적 차원에 반영된 것이라고 할 수 있다.

그러나 다른 한편, 부의 공간적 이전으로 지역 총소득이 높아진 지역들,

<그림 10-5> 시도별 코로나 확진자 발생률

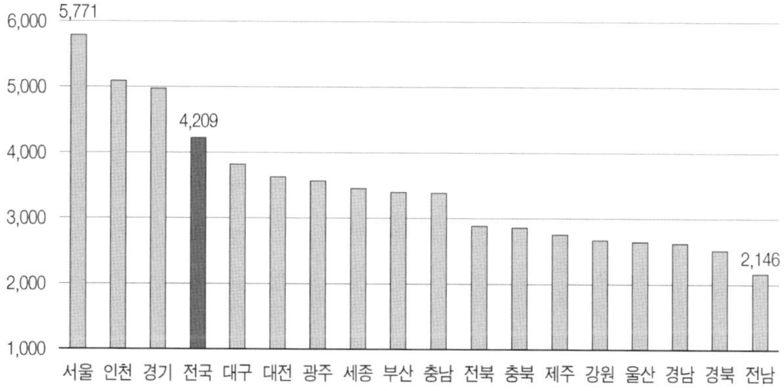

* 주: 10만 명당, 2022년 2월 21일 기준
* 출처: 코로나19(COVID-19) 실시간 상황판

즉 서울을 포함한 수도권이나 지방 대도시들에서 사회공간적 문제가 적게 발생하는 것이 아니라 오히려 더 심각하다는 점이 지적될 수 있다. 이의 구체적 사례로, 수도권에 집중된 코로나 확진자 문제와 서울과 수도권에서 급등하고 있는 집값 폭등문제 등을 살펴 볼 수 있다. 우선 코로나19 확진자 수를 살펴보면, 2022년 2월 21일 현재 전국 누진 확진자수는 215.7만 명인데, 지역별로 서울 56.1만 명, 경기 65.5만 명, 인천 15.0만 명 등으로 수도권의 비중이 63.3%를 넘었다. 이 지역들은 인구가 많기 때문에 확진자수도 많다고 하겠지만, 인구 단위당 발생률도 다른 비수도권의 대도시들이나 지역들에 비해 훨씬 높아서, 광역지지체들 가운데 1, 2, 3위를 차지하고 있다(〈그림 10-5〉). 이러한 점은 수도권의 인구과밀이 결국 사회적 거리두기를 어렵게 하고, 전염병의 전파 기회를 확대시킨다는 사실을 보여준다, 이러한 점에서 앞으로 재발할 수 있는 대규모 전염병 방지 대책에는

<그림 10-6> m²당 주택매매가격

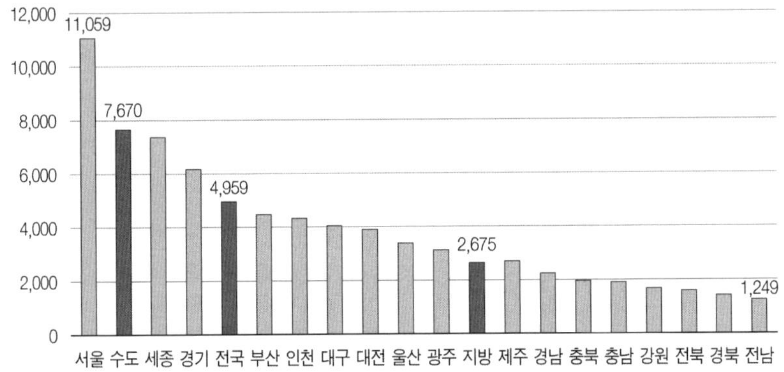

* 주: 천원/m²당, 2021년 12월 기준
* 출처: 한국부동산원.「21. 12월 전국주택가격동향조사」(보도자료 2022.1.14)

수도권의 인구 분산 정책이 무엇보다 중요하게 포함되어야 한다는 점을 알 수 있다.

지역 불균형으로 인해 유발되는 또 다른 심각한 현상은 주기적으로 겪고 있는 주택 및 토지가격의 폭등문제이다. 특히 지난 몇 년 동안 서울 나아가 수도권을 중심으로 이루어졌던 주택(특히 아파트)가격 폭등은 코로나 대유행과 이에 따른 경제침체에 대응하기 위해 상상을 초월한 재정 지출과 유동성 증가로 가속화되었다. 2021년 말 서울의 m²당 주택가격은 천만 원을 넘어섰고, 이는 가장 낮은 전남지역의 단위당 주택가격(약 125만 원)에 비해 무려 8.9배나 높다. 경기도와 인천시를 포함한 수도권의 주택 가격도 다른 지방 대도시와 지역들 보다 월등히 높았다. 수도권 주택 가격의 폭등이 사회적으로 심각한 이슈가 됨에 따라 이에 대해 거의 모든 대책들이 거론되었다. 하지만, 서울을 포함한 수도권의 인구 과밀 집중과 이를 해소하기 위한 지역균형 정책의 필요성에 대해서는 아무런 관심도 두지 않았다.

현재 수도권의 주택 공급 확대 정책은 사회·정치적으로 어느 정도 합의된 것처럼 보인다. 수도권의 주택 (가)수요의 폭발적 증가와 코로나 대책으로 엄청난 공적 자금의 투입과 이로 인한 화폐 유동성의 급증에 대처하기 위해 공급 확대 정책이 필요하다는 점은 인정될 수 있다. 그러나 공급 확대로 주택시장을 다소 안정시킬 수 있다고 할지라도, 이로 인한 역효과는 간과된다. 즉 그동안 수도권 과밀대응 정책에서 되풀이되었던 것처럼, 수도권의 주택과 토지 문제의 해결은 지방에서 수도권으로의 인구와 산업의 유입을 재촉진하여 과잉 집중과 집적의 문제를 악화시켜 왔다는 사실은 전혀 고려대상이 되질 않는다.

이처럼 비록 경제적 부가 집중·집적하는 서울이나 수도권이라고 할지라도, 지역 내적으로는 코로나19와 같은 전염병에 상대적으로 더 취약할 뿐 아니라 주택문제와 같은 생활수단의 확보에 있어서도 더 큰 어려움을 겪고 있다. 특히 이러한 문제들로 인해 더 많은 고통을 받는 사람들은 도시 내에서 주변화된 소외계층임이 분명하다. 즉 이들은 포괄적 의미에서 도시적 소외에 심각하게 노출된 집단이라고 하겠다. 이러한 도시 내적 소외는 국토 공간에서 발생하는 공간적 소외와는 구분되며, 도시·공간적 소외는 이중적, 다규모적으로 발생한다고 할 수 있다. 또한 서울을 포함한 수도권의 인구 과밀과 산업의 과잉 집중은 이러한 문제들 외에도, 도시화 과정에서 주변 환경의 난개발, 교통혼잡, 에너지 및 여타 자원의 과잉 소비, 오염물질의 과잉 배출 등으로 기후변화를 포함하여 환경위기를 초래하는 주요 근원이 되고 있다. 이는 거대도시화가 진행되면 될수록, 자연과의 유기적 관계는 점점 더 단절되고, 환경위기에 대한 통제는 점점 더 어려워지는 생태적 소외를 겪게 됨을 의미한다.

흔히 국가(경제)발전을 위하여 국토공간의 불균형과 도시 내부 문제들 그리고 이와 관련하여 초래되는 도시, 공간적, 생태적 소외가 발생하는 것은 불가피하며, 경제적 효율성을 위해 감내해야 할 문제로 치부되기도 한다. 그러나 수도권의 과잉 집중과 집적은 단지 지역 불균형과 이에 따른 사회공간적 문제들의 직접적 유발뿐 아니라 국가 경제의 지속적 발전을 저해할 수도 있다. 왜냐하면 특정 지역으로 인구와 산업의 과잉 집중은 해당 지역의 집적의 불이익을 초래할 뿐 아니라 다른 지역의 인적, 물적 자원의 효율적 이용을 어렵게 하고, 결국 지방경제의 붕괴 나아가 이른바 '지방의 소멸'을 가져올 것이기 때문이다. 달리 말해 국토 공간 전체가 수도권과 같이 거대한 단일 중심지에 종속되고 경제적 부가 블랙홀처럼 빨려 들어가 독점되는 것은 사회공간적 분업체제를 통한 합리적 경쟁과 상호 협력을 통해 국토공간이 균형적으로 발전하는 것을 저해할 수 있다.

공간적 불평등의 이론적 준거들

불평등은 집단 간 또는 지역 간에 사회공간적 제요소들, 즉 경제적 자원이나 정치권력, 사회적 참여 기회(예로 교육) 또는 문화적 요소들(젠더, 인종 등에 대한 인정 여부), 환경적 요인들이 불공평하게 배분된 상태를 의미한다. 즉 불평등은 경제적으로 유용한 자원의 배분뿐 아니라 중앙집권적 정치체제, 학력에 의한 서열화, 가부장적 사회적 관행, 폐쇄적 집단문화, 젠더 불평등의 문제를 포괄한다. 이러한 사회공간적 불평등은 흔히 이를 계량화하기 위한 지표들을 사용하여 계산된 상대적 격차로 표현된다. 그러나 불평등은 단순하게 외형적인 '객관적' 격차가 아니라, 한편으로 개인의 특성이나 주관적 판단에 따라 다르게 인식되며, 다른 한편으로는 사회구조적 배경이나 메커니즘에 의해 규정된다. 또한 불평등은 단순히 사회공간적 현상들의 어떤 특성을 서술하는 용어로 인식되지만, 이와 대립되는 개념인 '평등'을 고려하면 훨씬 더 철학적 접근을 요구한다.

사회적 불평등에 관한 이론적 논의는 이와 대립되는 '평등(또는 이와 관련된 개념들, 예로 정의, 자유 등)'과 연계된 철학적 사유와 더불어 이의 사회(공간)적 배경에 관한 분석을 포함한다. 사회이론에서 주류적 경향은 사회발전과 더불어 사회적 불평등이 해소될 것으로 기대하지만, 현실적으로 사회적 불평등이 존재한다는 사실을 부정하지 않는다. 심지어, 자본주의가 발달하면 할수록 사회적 불평등, 즉 부와 빈곤의 대립은 심화되며, 따라서 불평등은 역설적으로 자본주의 사회의 성공의 결과이지 실패에 기인한 것이 아니라고 주장되기도 한다(나종석, 2018). 자본주의가 발전할수록, 즉 자본의 확대재생산이 촉진될수록, 노동의 착취와 소외는 더욱 심화된다. 이러한 점에서 루소의 『인간불평등 기원론』이나 헤겔의 「시민사회론」, 그리고 마르크스의 『자본』 이후, 자본주의 사회에서 불평등은 구조적으로 불가피하며, 이로 인해 인간의 역사는 진보가 아니라 퇴락의 과정으로 이해되기도 한다. 소외 연구는 이러한 역사적 퇴락과 사회공간적 불평등에 대한 비판과 대안 모색에서 중요한 역할을 담당해 왔다. 하지만, 불평등과 소외에 관한 이러한 논란은 다소 피상적인 것처럼 느껴진다는 점에서 좀 더 구체적이고 현실적으로 확인가능한 이론적 준거들이 필요하다.

사실 사회공간적 불평등을 드러내는 이론적 준거들은 상당히 많겠지만, 최근 신자유주의화 과정에서 발생하는 공간적 불평등 문제에 관한 설명의 틀로서 우선 '창조적 파괴'의 개념을 들 수 있다. 이 개념은 예로 외형적으로 도시경관을 바꾸기 위해 필수적으로 수반되는 기존 경관의 파괴와 이를 대체하는 새로운 경관의 창조를 설명하기 위해 원용될 수 있으며(최병두, 2012: 170), 특히 불평등 문제와 관련하여 신자유주의적 도시화 과정(예로 도시재생이나 젠트리피케이션 과정)에서 드러나는 '파괴적 계기'와 '창조적 계기'를 다양한 측면에서 확인해 볼 수 있다(Brenner and Theodore, 2002; Peck et al, 2009). 신자유주의적 도시화 과정은 도시의 형태, 토지이용, 주거시장 등에서 공동체적 주거 양식과 공간편성을 파괴하고, 사회공간적 배제와 개발업자나 토지소유자들의 투자 또는 투기를 위해 재창출된다. 여기서 불평등은 두 가지 모순된 모멘트(힘)들이 교차하는 상황, 즉 한편으로 공동체적 도시공간이 파괴되는 모멘트와 다른 한편 새로운 신자유주의적 도시공간이 창조되는 모멘트가 동시에 작동하는 과정으로 이해된다.

이와 같이 창조적 파괴의 개념은 신자유주의적 도시화 과정에서 초래되는 도시 경관의 외형적 변화를 서술하는데 유용할 뿐 아니라 공간적으로 불평등하게 작동하는 자본주의 도시화의 메커니즘을 구조적으로 설명하는데 준용될 수 있다. 즉 "창조적 파괴란 도시 재구조화 과정에서 사용가치가 잔존하고 있는 기존 경관의 파괴 그리고 유휴자본을 흡수하기 위한 새로운 경관의 창조를 의미하며, 이 과정은 소유 및 이용 주체의 전환과 더불어 도시(재)개발에 따른 이익을 편향적으로 향유하도록 할 뿐만 아니라 그 비용(피해)을 도시의 경제적 빈곤계층이나 정치적 소외집단에게 전가"시키는 과정이기도 하다(최병두, 2012). 요컨대 창조적 파괴의 개념은

<표 10-2> 신자유주의적 도시화의 파괴적 및 창조적 모멘트

주요 측면	파괴적 모멘트	창조적 모멘트
도시형태	- 전통적 이웃관계에 기반한 공동체적 주거 및 도시 공간의 파괴 - 거주자의 의사결정에 따른 사회공간적 도시계획에서 후퇴	- 빗장도시, 또는 사회적 재생산을 위한 정화된(purified) 공간의 창출 - 투기적 재개발과 젠트리피케이션의 진전, 사회공간적 양극화의 심화
도시 토지이용	- 국지적, 소규모 토지이용을 위한 전통적 지역정책의 배제 - 주거와 일상생활을 위한 생활공간의 파괴 또는 파편화	- 역외자본 유치를 위한 대규모 메가 프로젝트의 시행 - '최고·최적' 토지이용 원칙, 공공성을 명분으로 한 토지 인클라브
도시 주거시장	- 소규모 저소득층을 위한 공공주거 및 노후주택 철거 - 저소득층 임대료 보조 및 주거 안정 지원제도 폐지	- 대규모 주거단지 개발과 투기적 투자를 위한 새로운 기회 창출 - 중상위계층의 주택 수요를 뒷받침하기 위한 금융 대출

* 자료: Brenner and Theodore(2002) and Peck et al(2009); 최병두(2012: 171) 수정

자본주의적(특히 신자유주의적) 도시화 과정에서 발생하는 불평등 문제를 두 가지 상반된 모멘트들의 모순적 관계로 파악할 수 있는 단초를 제공한다. 즉 (불)평등 또는 (부)정의는 단순한 일차원적 규범적 힘의 작동이 아니라 서로 반대(또는 대립) 방향으로 작동하는 힘을 가진 두 가지 갈등적 또는 모순적 계기들 간 관계로 이해될 수 있도록 한다.

이러한 창조적 파괴의 개념은 마르크스뿐만 아니라 슘페터에 의해서도 논의되었다. 그러나 마르크스는 자본주의의 창조성을 인정하면서 또한 동시에 이의 자기 파괴적 과정을 강조하지만, 슘페터는 자본주의의 무한한 창조성을 찬양했으며, 그 파괴성은 대체로 창조성을 위한 부차적 비용의 문제로 치부했다. 이러한 슘페터의 '창조적 파괴' 개념은 예로 제솝의 기업주의 도시 개념에 반영된다. 즉 슘페터는 기업주의를 생산요소들의 새로운

조합이나 기술혁신 등을 통해 초과이윤을 얻을 수 있는 기회의 창출로 정의하며, 제솝(Jessop, 1998)은 이러한 슘페터의 개념을 도시적 차원에 원용하여, 기업주의 도시를 새로운 기업혁신의 방법들(예로 새로운 재화나 생산방법의 도입, 새로운 원료나 반제품의 공급, 새로운 시장 개설, 새로운 독점적 조직 편성 등)의 촉진에 기반을 둔 도시로 정의한다. 이러한 제솝의 기업주의 도시 개념은 하비의 개념과 유사하지만, 하비는 창조적 모멘트와 더불어 파괴적(부정적) 모멘트를 동시에 강조하는 반면, 제솝은 창조적(혁신적) 모멘트를 주로 강조함으로써 창조적 파괴의 개념에 내재된 모멘트들 간 모순적 관계를 간과한 것으로 비판될 수 있다(최병두, 2012).

사회공간적 불평등(또는 불균형, 부정의)에 관한 또 다른 이론적 준거로, 닐 스미스(Smith)의 불균등발전론을 살펴 볼 수 있다(스미스, 2018). 그는 불균등발전을 자본축적을 위한 공간의 생산에서 서로 반대 경향을 가진 모멘트들, 즉 차별화와 균등화 경향들 간 관계로 파악한다. 여기서 차별화 경향은 '노동의 분업'에서 도출된다. 그에 의하면 노동의 분업은 사회의 발전 수준과 조건을 공간적으로 차별화하는 역사적 기반이다. 즉 노동의 분업은 처음 생산의 자연적 조건의 차이에 근거를 두지만, 사적 소유제의 확립에 따라 자연자원에의 접근성의 차이와 더불어 계급적 차별화를 만들어낸다. 이러한 발달과정을 통해 노동의 분업은 도시와 농촌 간 분화와 더불어 점차 사회적 분업으로 전환하면서 다양한 규모의 분업들로 세분화되고 이에 따라 사회공간적 차별화를 증대시킨다. 균등화란 생산 조건의 수준의 균등화를 향한 경향을 의미한다. 균등화는 사회를 공간적 차이로부터 해방시키고자 하는 역사적 경향(즉 '시간에 의한 공간의 절멸')으로 이해될 수 있으며, 특히 경제부문에서 시장 경쟁을 통한 이윤율 균등화 경향으로 파악되기도 한다. 그리고 가장 일반적 수준에서 생산 조건의 균등화는 자본주의에서 추상적 노동의 보편화에 연유하며, 신기술의 발전과 확산을 통해서 더욱 일반화된다.

사실 신자유주의적 지구화 과정은 세계 전반에 걸쳐 자본주의 경제체계를 확장·심화시키는 과정, 즉 세계경제 시장의 통합으로 나아가는 획일화 과정이지만, 또한 동시에 이에 내재된 배제와 양극화의 속성으로 인해 지구공간의 파편화와 구획화를 초래하는 과정이기도 한다. 닐 스미스의 불균등발전론은 이와 같이 자본주의의 발전과정을 균등화와 차별화 경향(또는 모멘트)들의 변증법적 과정으로 설명하고자 했다는 점에서 의미를 가진다. 즉 그에 의하면, "지난 수백 년 동안 자본주의의 발전은 전례 없는 수준으로 공간의 생산을 이루어내었다. 그러나 이는 주어진 공간의 절대적 팽창이라기보다는 지구적 공간의 내적 차별화, 즉 상대적 공간의 더 큰 배경 속에서 차별화된 절대적 공간의 생산을 통해 달성되었다"(스미스, 2018: 171).

이러한 불균등발전 이론 또는 지구적 공간의 균등화/차별화 과정에 관한 닐 스미스의 설명은 그 자체로서 사회공간적 불평등을 설명하기 위한 틀로 원용될 수 있다. 그러나 여기서 주목할 점은 차별화 과정이 불균등이나 부정의를 의미하지 않으며, 또한 균등화 과정이 평등이나 정의를 의미하는 것도 아니라는 점이다. 물론 오늘날 국토공간의 사회공간적 불평등은 노동의 사회공간적 분업에 따라 유발된 농촌과 도시 간의 소득 및 삶의 질 격차나 경제·정치적 권력이 집중한 대도시(수도권)와 단순히 분공장의 생산설비를 작동시키는 지방 공업도시 간 불평등한 사회공간적 관계로 드러난다. 그렇지만 이러한 사회공간적 불평등이나 개별 지역 간 격차는 흔히 자본의 축적 과정에 내재된 균등화 메커니즘에 의해 외형적으로 상쇄되거나 은폐되는 경향이 있다. 이러한 점에서 공간적 불평등은 관계적 공간의 관점에서 이해되어야 할 뿐만 아니라 특히 모순적 계기들의 변증법적 관계로 규정되어야 한다는 점을 알 수 있다. 요컨대 '창조적 파괴'의 개념이나 스미스의 불균등발전론은 사회공간적 불평등이 두 가지 대립적 모멘트들 간의 모순적 관계로 이해될 수 있음을 보여주는 개념적 준거라고 할 수 있다.

(불)평등과 공간 정의

불평등에 관한 논의는 기본적으로 이에 대립되는 '평등'에 관한 개념을 전제로 한다. 흔히 불평등은 현실이고, 평등은 이상이라고 칭해지기도 하지만, 이들을 결코 분리된 개념이 아니다. 그러나 불평등은 외형적 지표들을 이용하여 가시화해 볼 수 있지만, 평등의 개념은 훨씬 추상적이고 철학적 개념이다. 이러한 점에서 평등 자체를 정의하기보다는 불평등이 아닌 것이 평등이라는 동어반복적 해석이 제시되기도 한다. 사실 평등이 근대 시민사회와 정치 영역에서 핵심적 이념이 되면서, 학술적으로도 이에 관한 수많은 논의들이 있었고, 그 이념적 스펙트럼도 매우 폭이 넓다. 모든 인간은 그 존재가치에 있어 평등하다는 근본적 평등론에서부터 직업선택의 자유나 이동의 자유처럼 기본권이나 재산권의 보호를 전제로 한 자유주의적 평등론, 제도적 차원에서 기회의 불평등을 극복하고자 하는 절차적 평등론이나 최근에 등장한 기본소득이나 기본적 능력에서의 평등론 등은 그 예라고 할 수 있다. 또한 평등에 관한 논의에서, 흔히 이와 관련된 다른 개념들, 예로 정의나 자유 등의 개념이 등장하며, 특히 정의의 개념은 평등을 대체할 수 있는 개념으로 인식되기도 한다.

그 동안 지리학 및 공간 관련 학문분야들에서는 다소 피상적인 개념처럼 보이는 평등보다는 좀 더 실질적 내용을 가지는 개념으로서 정의가 공간적 불평등의 비판과 대안적 사회공간의 모색에서 핵심적인 것으로 관심을 끌어왔다. 그러나 평등의 개념 못지않게 정의의 개념도 매우 추상적 개념이며, 시대와 관점에 따라 달리 해석되고 있다. 하비의 초기 역작, 『사회정의와 도시』를 통해 정의의 개념이 지리학에 도입되면서, 공간적 (부)정의는 대체로 단일한 개념으로 규정되었다. 즉 비교적 단순한 경험적 연구에서 특정한 공간적 편성은 (부)정의에 관한 지표들로 평가될 수 있었다. 앞선 경험적 사례들에 관한 논의에서 제시한 바와 같이, 소득의 사회공간적 불평등 분포나 지리적 이전은 공간적 (부)정의의 정도를 나타낸다. 또한 예로 공공재의 적정한 공급(예로 깨끗한 수돗물의 공급)이나 공공서비스 시설(예로, 병원) 입지의 균등한 분포는 공간적 정의를 보여주는 중요한 현상이 된다. 그러나 이러한 단순한 공간적 분포 자료만으로 공간적 (부)정의가 이루어지는 배경을 이해하기 어렵다. 왜냐하면 예로 공공서비스 시설이 절대적 공간에서 균등하게 분포한다고 할지라도, 이에 대한 접근성이 돈이나 권력에 의해 제한될 수 있기 때문이다. 따라서 공간적 정의의 문제는 항상 사회적 관계 속에서 이해되어야 한다는 점이 강조된다.

다른 한편 공간적 정의는 정의에 관한 다양한 철학적, 사회이론적 전통에 따라 개념화될 수 있었다. 예로 잘 알려진 롤즈(Rawls)의 정의론에 의하면, 정의로운 공간은 주민들의 필요를 충족시킬 수 있는 (또는 역으로 주민들에게 피해를 입힐 수 있는) 공공적 재화나 서비스의 정의로운 분배를 위한 두 가지 기본원칙들, 즉 모든 재화나 서비스는 평등하게 분배되어야 한다는 기본 원칙과 '최소 수혜자에게 최대 혜택'을 통해 전체 분배가 개선될 수 있도록 하는 '차등의 원칙'이 공간적으로 적용될 수 있는 상황을 의미한다. 물론 이러한 원칙들은 경험 분석에도 응용될 수 있다. 한 도시에서 병원(또는 역으로 공해유발시설)이 공간적으로 균등하게 분포되어 있는가, 만약 불균등하다면 이는 도시의 저소득계층에게 더 많은 혜택을 주는가라는 점에서, 공간적 정의가 파악될 수 있다. 또 다른 이론들로 자유주의적 정의론이나 공리주의적 정의론 등 다양한 이론들이 공간적 정의를 개념화하기 위해 원용될 수 있을 것이다.

그러나 공간적 정의에 대한 최근의 관심은 이와 같이 기존 정의 이론이나 개념들을 단순히 공간적 측면으로 연장하거나 보완하기 위한 것이 아니라, 공간의 개념을 중심으로 정의에 관한 이해와 정치적 실천의 새로운 영역을 개척하기 위한 것이라고 하겠다. 이러한 점에서 소자(Soja, 2010: 5~6)는 "공간적 정의라고 지칭하는 것은 정의가 단지 공간성에 의해서만 결정된다는 것을 의미하는 것이 아니며, 또한 공간적 정의가 오늘날 상대적 강점을 가지는 것으로 이해되는 사회적 정의의 수많은 여러 성분이나 측면들 가운데 하나로 이해되어야 함을 의미하는 것도 결코 아니다"고 주장한다. 대신 소자는 정의를 '억압으로부터의 해방'으로 규정한 영(Young, 2000b)의 이론을 긍정적으로 차용하여, 일터 및 가정에서의 착취, 사회의 자원으로부터의 배제, 정치적인 참여와 권력의 박탈, 문화적 제국주의, 폭력으로부터 해방된 공간을 공간적 정의로 이해한다. 나아가 소자는 이러한 영의 (부)정의 개념을 르페브르의 '도시에 대한 권리'의 개념과 결합시켜서, 도시 공공정책 결정에의 참여와 더불어 도시를 스스로 관리하고 재전유할 수 있는 권리를 부각시키고자 한다(곽노완, 2013).

르페브르가 제시한 '도시에 대한 권리'의 개념은 그 자체로서 매우 유의한 개념이며 또한 바로 공간적 정의의 개념과 연결된다. 즉 소자(Soja, 2010: 95)가 주장하는 것처럼, "이 두 개념들, 즉 공간적 정의와 도시권의 개념이 오늘날 용례에서 긴밀하게 혼합되어 있기 때문에 이들을 분리시켜 말하기가 점점 더 어렵게 되었다." 그러나 '도시에 대한 권리' 개념은 공간적 정의 그 자체를 의미하기 보다는 이를 실현하기 위한 중간 과정으로 이해된다. 즉 버틀러(Butler, 2017: 121)가 지적한 것처럼, 이 개념은 "공간생산을 둘러싼 투쟁의 정치적 차원" 또는 "공간의 자율관리를 향한 정치적 지향"을 함의한다. 이와 같이 정의와 관련하여 르페브르가 제시한 '도시에 대한 권리'의 개념과 이를 재구성한 소자의 공간적 정의론, 르페브르 연구에 기반을 두고 공간적 정의를 정치적 모멘트로 이해하고자 한 버틀러의 논의와 더불어, 르페브르가 제시한 국가 공간의 개념과 이에 기반을 둔 브레너(Brenner, 2009)의 '국가 공간의 재규모화'에 관한 논의 등은 모두 르페브르가 그의 생애사적 연구 전체에 걸쳐 강조했던 자율관리 또는 (공간의) 재전유와 탈소외 개념과 연계되어 있다.

이러한 점에서 (사회)공간적 정의는 (도시)공간의 탈소외화로 재규정될 수 있으며, 여기서 '도시에 대한 권리'는 이를 실현하기 위한 투쟁 과정에서 우선적으로 요구될 실천적 과제라고 할 수 있다. 그러나 공간적 정의의 개념을 르페브르의 사유에 따라 탈소외와 관련지울 경우, 우선 고려되어야 할 점은 탈소외가 소외의 극복을 통해 단선적으로 추구되는 것이 아니라 소외/탈소외/재소외의 변증법적 과정 속에서 역동적으로 전개되는 것으로 이해해야 한다는 것이다. 달리 말하면, 탈소외로서의 정의는 이를 지향하는 일상생활의 변화과정에서 작동하는 어떤 변증법적 (급진적) 모멘트로 이해될 수 있다. 달리 말해, 탈소외로서 (공간적) 정의의 실현은 어떤 정의로운 상황의 지속적 유지라기보다 지향해야 궁극적 목적이며 또한 동시에 이의 시공간적 '즉시화'로 간주될 수 있다. 르페브르가 제시한 모멘트로서 공간적 정의의 개념과 소외/탈소외의 변증법에 관해서 다음 장에서 좀 더 자세하게 다룰 것이다.

이처럼 공간적 정의를 소외/탈소외 과정에서 작동하는 모멘트로 이해할 경우, 또 다른 문제는 정의의 구체적 내용 또는 요소들이 무엇인가라는 의문이 제기될 수 있다는 점이다. 르페브르(Lefebvre, 2002: 354)에 의하면, (공간적) 정의는 어떤 도덕적 덕목이나 사회적 제도로 규정할 수 있지만, 또한 일상생활에서 이루어지는 판단 행위의 모멘트로 이해될 수 있으며, 나아가 일상적 진부함(소외)으로부터 단절(즉 탈소외)의 문제를 내포하는 개념으로 이해된다. 따라서 르페브르의 관점에서 공간적 정의를 개념화하기 위하여, 그가 직접 '정의'의 개념과 연계시켜 논의한 '모멘트'의 사고를 이해할 필요가 있다. 그러나 이러한 제안은 공간적 정의의 개념화에서 이에 관한 "도덕적 덕목이나 사회적 제도"를 간과해도 된다는 것을 의미하지는 않는다. 사실 그가 제안한 '도시에 대한 권리' 개념은 바로 이러한 도덕적 덕목이나 사회적 제도의 일부라고 할 수 있다. 그러나 위에서 간략하게 논의한 것처럼 도시에 대한 권리의 개념이 공간적 정의를 전체적으로 포괄하는 것으로 해석하기에는 한계가 있다. 이러한 점에서 '사회적 정의'와는 다른 맥락에서 '공간적 정의'를 개념화하고 그 구성 요소들을 설정하기 위해 공간의 개념을 다시 살펴볼 필요가 있다.

공간적 정의에 관한 경험적 및 이론적 접근에서 공간은 흔히 사회적 희소자원들의 배분이 이루어지는 배경으로 간주된다. 즉 공간은 공공재나

서비스의 분배를 측정하기 위한 준거를 제공하거나 이를 실현하고자 하는 방식이 적용되는 장의 역할을 한다. 물론 여기서 공간은 그 자체로서 (정의롭게) 분배되어야 할 재화나 어떤 사물(또는 생산물)로 간주되기도 한다. 예로 오늘날 도시공간에서 토지(개별 필지)의 소유와 이용의 불평등이 심화되고 있는 상황에서, 지표 공간의 일부 그 자체가 공정하게 배분되어야 할 재화라고 할 수 있다. 이처럼 공간을 소유가능한 어떤 재화나 사물로 간주하는 것은 공간의 영역적 개념에 근거를 둔다. 그러나 공간은 단지 재화의 분배를 측정하거나 그 자체로 분배되어야 할 사물인 것은 아니다. 공간은 생산되고, 유지되고, 소멸되는 어떤 관계로 이해되어야 한다. 즉 절대적(또는 영역적) 공간보다 관계적 공간의 관점에서, 공간적 정의는 정의로운 공간적 관계를 의미한다. 뿐만 아니라 이론적 논의에서 공간적 정의의 개념화는 기존의 사회정의 개념이나 이론들을 응용하여 공간적 맥락으로 확장시키는 작업을 능가해야 한다. 사실 공간적 정의의 개념은 사회적 정의의 하위 범주로 적절하게 규정되기 어렵고, 또 그렇게 규정되어서도 안 된다고 하겠다. 왜냐하면 공간은 사회의 하위범주라기보다 상호변증법적 관계를 가지는 것으로 이해되어야 하기 때문이다.

이러한 점에서 공간적 정의의 개념화를 위하여 어떤 생산물로서 공간의 개념에서 '공간의 생산'의 개념으로 전환이 요구된다. 르페브르(2011: 148)에 의하면, "공간은 사물이 아니며, 사물들(대상들과 생산물들)들이 맺고 있는 관계의 총체이다." 달리 말해, 영역적 관점에서 보면 공간은 사용되고 소비될 생산수단이거나 생산물이지만, 또한 관계적 관점에서 공간은 생산의 사회적 관계의 특정한 속성을 의미한다. 이러한 점에서 공간적 정의 이론은 단순히 생산물로서 공간의 분배를 위한 정의뿐만 아니라 사회적 관계를 내재하는 '공간의 생산'을 위한 정의를 요청한다. 공간은 자본주의적 생산과정에 투입되는 자원이거나 또는 이를 통해 생산된 산물이지만, 또한 생산력, 노동의 분업, 소유권 등과 관련된 사회적 관계를 의미한다. 공간은 이러한 사회적 관계의 결과이며, 또한 동시에 이러한 사회적 관계를 만들어낸다는 점에서 공간의 사회적 생산은 변증법적 과정으로 이해된다. 르페브르는 이러한 공간의 생산 개념을 통해 '생산물'만이 아니라 생산과정에 주목하여, 생산과정, 생산주체, 생산대상(그리고 생산물)을 통합한 생산 개념을 제시한다(장세룡, 2006a).

요컨대 르페브르에 의하면, 공간적 정의의 개념은 절대적 공간이라기보다 영역적 공간과 관계적 공간의 통합적 관점에서 구축되어야 한다. 즉 공간적 정의는 사람들 간 그리고 사람과 사물들 간 물질적, 사회적, 정신적 관계의 장이며 이를 실천하는 영역으로서 공간의 탈소외된(또는 자율적) 구축을 의미한다. 또한 공간의 생산에 관한 르페브르의 사유는 공간적 정의의 개념화에서 분배적 정의에서 나아가 생산적 정의를 더 강조할 필요가 있음을 보여준다. 이에 더하여, 르페브르는 공간의 생산에 관한 논의에서 단순히 물질적 생산뿐 아니라 공간의 재현 및 재현 공간에 더 많은 관심을 두었다는 점에서, 공간적 정의의 개념은 담론적, 재현적 관계로서 공간의 정의로운 구성, 즉 공간 관계를 구성하는 행위자들 간 상호인정을 통해 구축되는 인정의 정의도 강조될 수 있다. 이러한 점에서 공간적 정의의 구체적 내용은 관련된 3가지 구성 요소들, 즉 생산, 분배, 인정의 관점에서 재구성될 수 있을 것이다(제12장 참조).

제11장

공간 정의의 재개념화

공간 정의 개념의 재구성

지리학에서 정의에 대한 관심은 1973년 하비의 고전적 저서, 『사회정의와 도시』(하비, 1983)의 출간으로 시작되었지만, 그 이후 최근까지 이에 대한 관심이 크게 활성화되지 않았으며, 특히 정의의 공간적 차원에 관한 논의는 그 동안 거의 없었다. 그러나 최근 들어 신자유주의화로 인해 사회공간적 불평등과 부정의가 심화됨에 따라 지리학이나 관련 분야의 연구자들 간에 공간적 정의에 관한 관심이 새롭게 부상하게 되었고, 이로 인해 '공간적 정의'라는 용어도 이제 상당히 친숙해졌다. 그러나 공간적 정의의 개념을 구성하는 '공간'과 '정의'는 각각 규정하기 매우 어려운 복합적인 용어이며, 이 두 가지 용어를 결합한 '공간적 정의'가 무엇을 의미하는가는 규정하기란 더욱 어렵다고 하겠다.

최근 공간적 정의에 관한 관심을 부활시킨 지리학자들 가운데 소자(Soja)는 이에 관한 연구의 출발점에서 "정의란 어떻게 정의된다고 할지라도 결과적인 지리, 즉 단순히 어떤 배경적 반영이나 또는 서술적으로 지도화될 수 있는 일단의 물리적 속성 이상의 어떤 [의미를 가지는] 공간적 표현으로 규정될 수 있다"고 주장한다(Soja, 2010: 1). 그러나 소자 자신은 공간적 정의에 관한 명료한 개념 정의를 내리길 거부한다. 물론 소자는 그의 저서 전반에 걸쳐 이 개념을 재구성하고자 하지만, 공간적 정의가 정확히 무엇을 의미하는가를 서술하지 않았다. 이러한 점에서 윌리암스(Williams, 2013)는 공간적 정의를 이를 촉발하는 공간의 역할을 전제로 한 분석적 틀이라고 주장하지만, 이러한 주장과 관련하여 여러 근본적 의문들이 제기된다. 즉 공간적 정의에서 공간이란 무엇을 의미하는가? 그리고 어떤 종류의 정의가 공간적 편성을 분석하는데 응용될 수 있는가?

그 동안 정의에 관한 이론이나 개념들은 이와 관련된 공간적 측면을 무시해 왔지만, 분명 공간은 사회적 정의를 실현하는데 매우 중요한 역할을 담당한다. 앞 장에서 경험적 사례에 관해 논의한 바와 같이 소득의 계층적 이전뿐만 아니라 공간적 이전은 심각한 지리적 불평등과 부정의를 만들어낸다. 또한 이로 인해 지방 중소도시나 농촌의 해체 또는 소멸 위기는 인구와 소득의 지리적 이전뿐만 아니라 이 지역들에 대한 정책적 무관심을 반영한다. 또한 이론적 준거들에 관한 논의에서 공간적 불평등 또는 부정의는 도시공간의 창조적 모멘트와 파괴적 모멘트, 또는 균등화 경향과 차별화 경향의 변증법으로 이해될 수 있다. 달리 말해 정의의 문제는 사회적 차원뿐만 아니라 공간적 차원을 가지며, 따라서 사회와 공간 간 관계를 전제로 고찰되어야 한다. 소자(Soja, 1980)가 르페브르의 공간 개념을 원용하여 제시한 '사회-공간적(socio-spatial) 변증법'의 관점에서 보면, 사회적 정의 또는 이를 함의한 정의로운 사회적 관계는 공간에 투영되어 이를 재편할 뿐 아니라 공간적으로 (재)생산되고 재현된다. 따라서 공간적 정의를 개념화함에 있어 공간은 정의의 관계를 생산하는 역동적 과정으로 이해될 수 있다.

사회-공간적 변증법에서, 공간은 단순히 사물 그 자체이거나 또는 어떤 사물을 담고 있는 그릇이 아니라, 사람들 간 또는 사람과 사물들 간에서 생성되는 일단의 관계로 이해된다. 이러한 관계적 공간 개념은 최근 지리학에서 나아가 사회이론 전반에서 잘 알려져 있고 많이 논의되고 있다(최병두, 2017). 르페브르는 이러한 관계로서 공간을 이해한 대표적인 이론가이다. 그에 의하면, "공간을 수동적인 용기로 간주"하는 것은 "이를 점유하는 세력들을 재현"하는 것으로, "공간의 생산에 내재된 사회적 관계"를 무시하거나 은폐함으로써 "공간의 물신성이라는 함정에 빠지는" 것이다(르페브르, 2011: 158). 이러한 함정에 빠지지 않기 위해, 르페브르는 공간을 그 자체로 어떤 사물이 아니라 사물들 간 관계로 이해해야 한다는 점을 강조한다. 하비는 이러한 관계적 공간 개념을 이어받아, 『사회정의와 도시』에서 이미 공간을 3가지 유형, 즉 절대공간, 상대공간, 관계공간을 구분하고, 관계적 공간의 의미를 강조했다. 그 이후 많은 지리학자들과 공간 연구자들은 이러한 관계적 공간 개념에 근거하여 공간(그리고 시간)을 독립적인 실체가 아니라 과정과 사건들로부터 도출된 관계로 파악한다. 예로 윌리엄스(Williams, 2013)는 공간은 독립된 어떤 실체가 아니라 서로 영향을 미치면서 요동하는 물질적, 사회적, 이데올로기적 관계를 전제로 한다고 주장한다.

이러한 관계적 공간 개념은 지리학과 더불어 기존 사회이론이나 철학에 준거를 두고 있을 뿐만 아니라 현실 세계의 변화를 반영한 것이다. 즉 관계적 관점에 대한 관심의 증대는 지구화 시대의 도래와 이에 따른 지구적 규모의 이동성과 상호연계성의 발달에 기인한 것으로 이해된다. 이러한 점에서 카스텔(2001)에 의하면 공간은 '장소의 공간'에서 '흐름의 공간'으로 전환했다고 주장된다. 그러나 닐 스미스(2018)의 불균등발전론, 즉 균등화와 차별화의 변증법(또는 이른바 '지구-지방화' 과정의 개념)에 함의된 것처럼, 자본주의적 공간은 지구적 규모로 확장될 뿐만 아니라 다양한 유형의 지역적 변화(예로, 도시마케팅, 지역혁신, 도시 거버넌스, 장소 정체성 등)를 수반하게 되었다. 일단의 지리학자들은 이러한 현실 세계에서 변화한 지역의 역할에 주목하면서, 관계적 공간의 지나친 일반화를 비판하고 대신 전통적 지리학의 주제들을 구성했던 장소, 지역, 영역 등의 개념을 새롭게 재조명하는 이른바 '신지역주의' 논쟁을 유발하기도 했다.

신지역주의에 관한 논의는 경험적 연구에서 다양한 세부 분야들을 포함하며, 특히 특정 경제적 영역에서 지역혁신을 강조하는 제도학파, 정치·행정적 측면에서 지역적 (또는 다규모적) 거버넌스에 대한 강조, 그리고 장소 정체성에 대한 재조명 등 유의한 성과들을 보여주었다(MacLeod and Jones, 2007: 1178). 사실 자본주의 경제의 지구화 과정 속에서도 개별 국가들은 여전히 영역에 기반을 둔 정치를 추구하고 있으며, 지방정부들 간 경쟁은 기본적으로 행정구역의 지역성을 전제로 하며, 지역 시민단체들이 강조하는 정체성 역시 일정한 물리적 장소에 기반을 둔다. 그러나 현실 세계의 지구적 변화와 더불어 공간적 관계성은 결코 부정될 수 없다. 관계적 관점에서 보면, 지구화 시대에 새롭게 구축된 공간적 편성들, 즉 네트워크와 관계적 연계망은 더 이상 영역적으로 한정되지 않는다. 지역의 정치나 정체성의 문화도 결코 폐쇄된 지역이나 장소가 아니라 개방된 관계적 공간을 전제로 다규모적 거버넌스나 혼종적 정체성 등의 특징을 가진다.

이러한 점에서 결국 관계적 공간 개념과 영역적 공간 개념을 새롭게 결합시켜야 한다는 주장들이 제기되게 되었다(Jonas, 2012 등 참조). 그러나 영역성과 관계성의 이원론을 벗어나서 이들을 적절하게 통합하는 데는 여러 문제들이 내재하며, 아직 완전히 통합된 공간 개념이나 이론이 구축되지 않았다고 하겠다. 그러나 이러한 통합의 시도들 가운데 하나는 브레너(Brenner, 2009)가 르페브르의 국가공간 개념을 재해석하면서 제시한 국가공간의 재규모화 개념이다. 그에 의하면, 지구화시대 국가공간은 '텅 빈 국가(blank state)'에서 새로운 규모적 배열로 이루어지는 것이 아니라, 국가의 규모 조직에 의한 기존 경관과 부분적으로 충돌하면서 재구성되는 갈등적 층화 과정을 통해 이루어진다고 주장한다. 다규모적 관계 공간의 관점에서 보면, 새로운 지역적 공간의 등장은 기존의 사회공간적 편성과 중첩적, 경쟁적, 보완적, 모순적 관계에서 이루어짐을 알 수 있다.

이러한 관계적 공간 개념과 영역적 공간 개념 그리고 이들을 통합하고자 하는 연구들은 공간적 정의에서 공간이 무엇을 의미하는가를 이해할 수 있도록 한다. 공간적 정의에서 공간은 정의로운 사회적 관계를 통해 형성된 공간이며, 또한 이러한 관계를 만들어내는 공간을 의미한다. 그러나 이러한 관계적 사유는 공간의 모든 측면들을 포괄하기에 충분하지는 않다. 왜냐하면, 이러한 관계적 공간 개념은 정의를 위한 정치나 투쟁이 지구적 규모에서 발생하기보다는 국지적인 지역이나 장소를 배경으로 전개된다는 사실을 간과하고 있기 때문이다. 공간 개념을 둘러싼 논쟁과 관련시켜 보면, 정의를 개념화하고자 할 경우 어떤 본질적인 의문이 제기될 수 있다. 즉 정의는 보편적 가치인가, 아니면 장소-특정적 과정으로 인식되어야 할 것인가라는 의문이다. 일반적으로 말해 철학이나 사회이론에서 정의는 어떤 추상적이고 보편적인 가치나 규범성을 가지는 것처럼 개념화된다. 그러나 정의의 개념은 그것이 실현되거나 도입되는 장소 특정적 맥락으로부터 분리될 수 없다. 이러한 점에서 공간적 정의에서 공간은 관계적으로 개념화되어야 하며, 또한 정의를 위한 장소의 정치는 그 영역성에 기반을 두게 된다.

요컨대 관계적 관점에서 보면, 공간적 정의는 역동적 과정에 있는 공간적 관계의 특정 속성을 의미한다. 또한 공간적 정의를 위한 장소의 정치에서 보면, 공간적 (부)정의와 이를 위한(또는 반대하는) 정치는 장소나 지역 등의 특성을 고려하지 않고서는 적절하게 이해될 수 없다. 여기서 영토, 장소, 지역 등은 흔히 절대적 경계와 어떤 고유한 특성을 가지는 것처럼 규정되지만, 사실 닐 스미스의 주장에 함의된 것처럼 한 지역(장소 또는 영토)의 특성은 공간적으로 전개되는 불균등발전의 결과 또는 이 과정의 한 국면에서 파편화된 것으로 간주될 수 있다. 뿐만 아니라 공간적 정의를 위한 투쟁은 장소의 정치를 필수적으로 포함한다. 왜냐하면 어떤 주어진 장소는 공간적 정의를 위한 실천 과정에서 한 모멘트가 되기 때문이다. 이러한 점에서 하비(Harvey, 2009)는 "장소는 개인적인 것이 특정 장소들에서 국지적 연대 조직을 통해 정치화되는 기본적 모멘트에서 나아가 보다 보편적인 권리와 정의의 정치로 이어준다"고 주장하는 한편, 장소에 내재된 이러한 모멘트(또는 힘)들은 흔히 지역주의 정치에 의해 물신화될 수 있다고 경고한다. 따라서 공간적 정의의 개념화에서 공간은 관계성의 모멘트와 영역성의 모멘트를 통합한 개념으로 이해되어야 할 것이다.

공간적 정의를 위해 영역성과 관계성이 어떻게 완전하게 통합될 수 있는가에 대한 의문은 앞으로 더 많은 논의를 필요로 하지만, 브레너가 원용한 르페브르의 국가공간의 재규모화 개념이 어떤 대안이 될 수 있을 것이다. 특히 르페브르가 제시한 국가공간의 재규모화 개념은 국가의 역할 변화 및 자율관리(autogestion)의 등장과 긴밀하게 관련된다. 즉 브레너와 엘덴(Brenner and Elden, 2009: 3)이 이해한 것처럼, 르페브르의 자율관리 개념은 물신화된 국가로부터 관리와 자율을 되찾기 위하여 이웃사회, 도시, 지역, 국민국가 그리고 궁극적으로 세계의 규모에서 이루어지는 풀뿌리 민주주의와 노동자 관리운동과 관련된다. 르페브르의 자율관리 개념에 의하면, 국가가 (노동자나 지역주민들의) 자율관리와 평화적으로 공존하기 불가능하다면, 자율관리는 국가를 '풀뿌리' 민주적 관리 하에 두어야 한다고 주장한다. 뿐만 아니라 이러한 자율관리 개념은 소외의 극복을 의미한다. 즉 "자율관리를 통해서만, 자유로운 결사체의 구성원들은 그들 자신의 생활을 관리하여, 어떤 작품(oeuvre)이 되도록 할 수 있다. 이는 또한 전유, 탈소외라고 불린다"(Lefebvre, 2009b: 150).

모멘트로서 공간적 정의

르페브르에 의하면, 공간적 정의는 바로 이러한 자율관리 또는 탈소외와 관련된 것으로 규정될 수 있다. 그러나 탈소외란 소외의 극복을 통해 바로 실현되는 것이 아니라 소외-탈소외-재소외의 모멘트들을 통해 역동적으로 전개되는 변증법적 과정으로 이해된다. 이러한 점에서 르페브르는 "우리는 정의를 덕목이며 또한 제도로 규정할 수 있다. 정의를 일상성과 개인적 의식에서 발생하는 것을 포괄하도록 제한하거나 확장시킬 경우, 우리는 정의를 모멘트로 이해할 수 있다"고 주장한다(Lefebvre, 2002: 354). 여기서 '모멘트(moment)'는 단순한 서술적 용어가 아니라 상당히 어려운 철학적 개념 또는 이론으로 제시된다. 이러한 점에서 공간적 정의의 개념을 보다 새롭고 정교하게 구성하기 위하여, 그가 제시한 모멘트 이론을 고찰해 볼 필요가 있다(Butler, 2017). 모멘트의 개념은 르페브르가 자서전적이며 자기비판적인 저서, 『전체와 나머지(La Somme et le Reste)』에서 처음 제시했고, 『일상생활 비판』 제2권에서 일상성에 대한 내재적 비판을 위해 매우 중요한 방법론적 도구로 이론화한 것이다. 르페브르의 설명에 의하면, "모멘트는 그 자체로서 목적을 두고, 욕망하며, 선택한 '불가능한 가능성(impossible possibility)'이다. … 이 점은 가능한 것과 불가능한 것의 변증법적 운동이 시작하며 이에 동반되는 모든 결과들을 가지는 시점이다"(Lefebvre, 2002: 347). 그는 모멘트를 일상생활의 공간성에서 유발되는 '현전의 양식(modality of presence)'으로 규정하고, 이를 존재의 총체성(또는 가능성)에 뿌리를 둔 일련의 시간적 잠재성과 연계시킨다(Lefebvre, 2002: 345; Gardiner, 2004: 243; Butler, 2017: 122 재인용).

르페브르의 이러한 '모멘트' 개념은 영미권에는 잘 알려지지 않았지만, 하비가 서술한 『공간의 생산』 후기에 의하면 이 개념은 르페브르의 저술과 사고에서 매우 중요한 역할을 담당한다. 하비는 르페브르가 '모멘트'를 "일상적 존재에 담겨진 가능성들의 총체성을 어떻게 해서든 계시하는, 쏜살같지만 결정적인 센세이션(sensation)[르페브르의 원문: 기쁨, 굴복, 역겨움, 놀람, 공포, 분노의 센세이션]으로 해석했다"고 서술한다. 여기서 '센세이션'은 어떤 순간적 운동이라고 할 수 있지만, 이러한 순간들의 진행과정에서 모든 (때로 혁명적인) 가능성의 양식들이 드러나고 달성된다. 이러한 점에서 "모멘트들은 단절(rupture)의 점들, 가능성과 강렬한 도취감의 급진적 인식의 지점으로 이해된다"(Harvey, 1991: 429). 이러한 단절의 모멘트들은 가능성 그 자체가 아니라 '불가능한 가능성' 또는 가능한 것과 불가능한 것 간의 변증법적 운동의 출발점으로 이해된다. 하비에 의하면, 이러한 모멘트의 사고는 파리코뮌이나 1968년 혁명운동에서 형상화된 것으로 추정된다.[1]

이러한 모멘트에 관한 르페브르의 개념화에서 중요한 점은 일상성의 연속성을 단절시킬 수 있는 내재적 능력으로서 모멘트의 사고이며, 이러한 사고는 그가 직접 제시한 정의의 모멘트와 연계된다는 점이다. 이러한 점에서 르페브르는 (공간적) 정의가 흔히 그렇게 규정되는 것처럼 어떤 규범적 덕목이나 사회적 제도로 설정될 수 있지만, 다른 한편으로 일상성이나 개인적 의식에서 발생하는 모멘트로 이해될 수 있다고 주장한다. 이러한 주장은 정의와 관련된 모멘트들이 판단 행위의 가능성으로 구성되며, 일상생활에서 우리는 항상 판단을 내린다는 점에 근거를 둔다. 나아가 모멘트로서 정의는 단지 이러한 일상생활에서 판단의 문제가 아니라 일상적 진부함(소외)으로부터 단절의 문제 그리고 절대적 가치로서 정의를 개

1 하비(Harvey, 2009)는 이를 모멘트 방법(론)이라고 지칭하고, 마르크스의 『요강』에서 그 개념적 기반을 찾아낸다(그는 이와 관련하여 때로 화이트헤드를 언급하기도 한다). 마르크스에 의하면, "(총체성 내에서) 개별 모멘트들은 내적으로 서로를 결정하고, 외적으로 서로를 찾는다. 그러나 …… 이들은 서로를 찾을 수도 있고 그렇지 않을 수도 있으며, 서로 균형될 수도 있지만 그렇지 않을 수도 있고, 서로 조응할 수 있고 그렇지 않을 수도 있다. 함께 속하는 모멘트들의 내적 필연성, 그리고 서로를 향한 이들의 무차별적이고 독립적인 존재는 바로 모순의 기반이다."(Marx, 1973; Harvey, 2009:240에서 재인용). 하비 자신은 이러한 모멘트의 개념과 관련하여 르페브르의 저서들보다는 마르크스의 『자본』에서 찾아낸 6가지 '모멘트'들(기술, 자연, 생산, 일상생활, 사회적 관계, 지적 개념화 등)들을 상호관련된 사회변화의 힘으로 제시했다. 그러나 하비는 이러한 모멘트들이 '세종시'와 같은 신도시의 설계에 응용될 수 있는 것으로 이해했다고 할지라도 르페브르처럼 공간성과 직접 관련시켜 명시적으로 논의하지 않았을 뿐 아니라 가능성/불가능성, 소외/탈소외/재소외의 변증법적 관계와 관련시키지도 않았다(Harvey, 2009).

념화하는 문제와 관련된다. 이러한 점에서 모멘드의 개념은 정의가 기존의 이론이나 이에 관한 인식들과는 전혀 다른 양식으로 규정되도록 한다.

르페브르에 의하면, 우리는 정의를 일상생활의 실천을 통해 추진되는 덕목으로 생각하든지 또는 제도화된 의사결정을 위한 포부로 생각하든지 간에, 정의의 모멘트는 '절대적인' 것이 되기를 바란다. 그러나 르페브르에 의하면, 정의가 절대적인 것으로 인식되거나 성취되는 순간, 이에 내재된 부정성이 작동하여 운명적인 실패 또는 비극으로 이어진다.

> 모멘트가 절대적인 것이 되고자 하기 때문에, 이는 정해진 소외를 고취하고 규정한다. … 모멘트란 소외시키는 것이고 또한 소외된 것인 한, 이는 특이한 부정성을 가진다. 이는 실패할 운명에 처해 있으며, 이는 실패를 향해 돌진한다. … 비극적인 것과 일상적인 것 간 연계는 심원하다. 비극은 일상 속에서 이루어지며, 일상 속에서 존재하게 되며, 항상 일상으로 되돌아간다(Lefebvre, 2002: 347).

정의는 흔히 이상적 사회 질서를 수립하고 안정시키기 위한 제도나 정책과 관련된다. 그러나 이러한 정의의 개념은 경제적 부나 정치적 권력의 유지와 강화를 위한 이데올로기로 동원될 수 있다. 진보적 입장에서 정의는 오히려 이에 거슬러 작동한다. 정의는 일상생활 내에 잔존하면서 규제 질서를 부여하고자 하는 사법적, 행정적 제도나 전략들을 탈안정화시키기 위해 작동하는 유토피아적 추동력의 근원이 된다. 그러나 르페브르에 의하면, 인간세계에서 정의를 달성하기 위한 시도들은 실패를 향한 비극적 궤적을 따르도록 운명 지워져 있다(Lefebvre, 2002: 354~355). 일상성의 진부함으로부터 단절의 모멘트들은 실패와 비극적 상실을 통해서만 가능하다. 이러한 점에서 르페브르는 정의의 모멘트를 유토피아적인 것과 비극적인 것이 상호교차하는 지점에 위치 지었다. 그러나 르페브르는 이러한 정의의 모멘트에 관해 회의적이지는 않다. 왜냐하면 "이러한 방식으로 이해하면, 정의의 모멘트는 '불가능한 가능성'으로서 '의사유령적 지위(quasi-spectral status)'를 가지"지만, "그럼에도 불구하고 이는 일상에서 불가능한 것을 가능하게 할 수 있는 끊이지 않는 희망을 만들어" 내기 때문이다(Lefebvre, 2002: 347).

르페브르가 제시한 단절의 모멘트로서 (공간적) 정의의 개념화는 몇 가지 주요한 함의를 가진다. 첫째 공간적 정의는 어떤 보편적 가치나 절대적 상황으로 개념화되기보다는 일상적 활동들의 진부함으로부터의 단절을 위한 모멘트로 이해될 수 있다. 즉 공간적 정의는 단지 어떤 목적을 정당화하거나 이를 달성하기 위해 동원되기 보다는 일상적 활동의 모멘트들에서 언제든지 나타난다. 둘째 공간적 정의는 일상생활의 공간성 내에 있지만 또한 이를 벗어날 수 있는 가능성, 즉 잠재된 유토피아적 추진력에 의해 추동되는 가능성으로 규정될 수 있지만, 또한 동시에 일상생활의 진부함(또는 소외)으로 인해 언제든지 실패나 비극으로 빠져, 일상으로 되돌아갈 수 있다. 셋째, 절대적 정의는 그 자체로서 소외된 것이라는 점에서 실현되기 불가능한 것이지만, 또한 일상생활에서 정의의 모멘트들은 불가능한 것을 실제로 가능한 것이 되도록 하는 끈질긴 희망을 만들어 낸다. 즉 르페브르에 의하면,

"정의는 이 세상의 것이 아니다. (그러나) 다른 세상은 없다. … 정의는

우리가 그 주변에서 현기증을 느끼게 되는 절대적인 것이다. 모든 절대적인 것과 마찬가지로, 정의는 요구와 소외를 만들어낸다. 정의에는 절대성이 있다. 이는 다른 것들처럼 잡히지 아니하고, 감탄할 수밖에 없으며, 긴급한 것이다. 그러나 모멘트로서 정의는 필수적인 것이다"(Lefebvre, 2003c; Butler, 2017: 125에서 재인용).

정의와 소외/탈소외의 변증법

르페브르의 연구에서 모멘트로서의 (공간적) 정의의 개념은 그의 『일상생활 비판』(3부작)뿐만 아니라 그의 생애사적 연구 전반에 걸쳐 핵심적이고 깊이 있게 다루었던 논제, 즉 소외 이론과 밀접하게 연계된다. 그가 일상생활에서 '단절의 모멘트'를 논할 때, 이는 바로 일상생활에서의 소외로부터의 단절을 의미한다. 또한 르페브르는 정의의 절대성 또는 유토피아적 성향을 논의하면서, 동시에 이를 소외/탈소외의 변증법으로 이해한다. 이러한 이해는 정의가 절대적 지위를 가지기 위해서는 일상생활로부터 소외(헤겔적 관점에서)되어야 한다는 점에 기반을 둔다. 나아가 르페브르가 정의의 개념을 '탈소외'의 개념과 같은 것 또는 등치 가능한 것으로 간주하는 것처럼 보인다. 예로, 그는 "일상생활의 사소함과의 관계에서 탈소외되기 … 이 모멘트는 (다시) 소외가 된다. 이러한 탈소외되기는 그자체로 절대적인 것이 될 것이라고 천명하기 때문에, 그 모멘트는 결정된 소외를 고취시키고 규정한다"(Lefebvre, 2002: 347).

소외의 개념은 정의가 어떻게 그리고 왜 이것이 인지되는 그 모멘트(순간)부터 절대적인 것이 되는가를 이해할 수 있는 기반을 제공한다. 르페브르가 서술한 바와 같이, 예로 정의를 사랑하고 정의를 원하는 사람(즉 정의로운 인간)이라면 다른 어떤 것보다 정의를 원하며, 정의에 따라 모든 것을 판단할 것이다. 그렇지만 그는 흔히 일상생활에서 정의 그 자체(또는 정의의 구체적 내용)가 무엇인가를 규정하려 하기보다, 어떤 절대적으로 주어진 정의에 따라 판단하고 실천하고자 할 것이다. 하지만 이와 같이 (절대적 의미로서) 정의가 인간의 판단과 실천을 규정하는 것은 결국 정의를 소외된 물신성으로 이해하는 것이며, 이러한 정의는 '정의로운' 인간을 소외시키게 된다. 즉 "이러한 방식으로 그는 특정한 소외, 즉 절대적이 되도록 고취하는 도덕적 의식의 소외로 빠져든다. … (이러한 상황에서) 정의는 그 자체 힘만으로는 실현될 수 없으며, 실현되도록 시작하기조차 어렵다. 정의의 실현은 정의의 억압과 폐기를 의미한다"(Lefebvre, 2002: 354).

이와 같이, 정의가 절대적 의미를 가지게 되면, 정의는 소외되고, 그 자체의 부정성을 드러낸다. 즉,

> "정의의 모멘트는 그 자체의 소외, 그 자체의 부정성을 가진다. 이는 정의를 정당화하고 실현시키고자 하는 … 최고의 심판관(the Supreme Judge)을 고취시킨다. 그는 항상 호출되지만 또한 항상 부재한다. 그는 최후의 심판에 관한 강력하고 아름다운 이미지, 그렇지만 세계가 멸망하는 그 모멘트의 이미지를 유지한다"(Lefebvre, 2002: 355).

이러한 점에서 르페브르는 정의의 모멘트를 총체화/부정성 또는 '소외/탈소외/재소외'의 변증법적 운동에 위치 짓는다. 만약 공간적 정의가 실현

될 수 없다면, 즉 비극에 빠지게 된다면, 이는 소외/탈소외의 변증법에 내재된 모멘트의 부정성 때문이다. 이와 같이 정의의 모멘트는 그 자신의 소외 그리고 그 자체 부정성을 내재하며, 소외와 탈소외의 모멘트에 내재된 부정성으로 인해 정의의 비극이 유발된다. 즉 "정의의 비극(실패, 부정성)은 진정한 모멘트들 어디에나 있다. 이의 성취는 이의 상실이다. 다시 우리는 총체화/부정성 또는 '소외/탈소외/재소외'의 변증법적 운동에 봉착한다"(Lefebvre, 2002: 352). 그러나 모멘트의 부정성으로 인해, 정의의 모멘트의 진정성이 부정되는 것은 아니다. 왜냐하면 비극적인 것은 진정한 모멘트들 어디에나 있기 때문이다. 이러한 점에서 우리는 소외-탈소외-재소외의 변증법을 피할 수 없다.

르페브르가 밝힌 바와 같이, 이러한 정의의 개념화에 준거가 되는 모멘트 이론과 소외 개념은 헤겔의 철학에서 연유한다(Lefebvre, 2002: 343). 헤겔의 사유체계, 특히 변증법에서 모멘트라는 용어는 특별한 대우를 받는다. 즉 모멘트는 어떤 것이 그 대립자와 통일되어 불가분의 관계를 가질 때 이러한 통일된 관계로 전환하는 계기를 의미한다. 변증법적 관계에서 모멘트는 어떤 것이 그 대립자로 이행하고 그로부터 다시 자기로 귀환하는 과정이지만 또한 앞선 과정을 전면적으로 부정하지 않으면서 이를 지양한다. 이러한 모멘트의 개념은 헤겔의 『정신현상학』에서 자기의식의 발전 과정, 즉 주관적 정신, 객관적 정신 그리고 절대적 정신의 단계를 거치면서 통일로 나아가는 과정과 관련된다. 주체가 외부의 대상을 인식하지만 아직 자신의 본질을 의식하지 못하는 주관적 정신 단계의 자기의식은 자신의 정신을 대상화(즉 자기소외)함으로써 자기의 본질을 의식하게 되고, 나아가 주관적 정신과 객관적 정신의 영역에서 남아 있는 모순들을 해결하고 주관과 객관의 동일성이 획득되는 단계로 발전한다. 절대 정신의 단계에서 자기의식은 비로소 자기 소외를 지양하고 타자적 존재에서 벗어나 자유를 획득하게 된다. 모멘트는 이러한 정신의 자기운동 과정에서 이루어지는 변증법적 전환(지양)의 계기로 이해되며, 소외는 이러한 자기운동 원리를 체현한 절대 정신의 실현으로서 자유를 획득하기 위해 필수적으로 거쳐야 할 과정으로 간주된다.

그러나 잘 알려진 바와 같이, 마르크스는 이러한 헤겔의 소외이론에서 정신의 자기소외와 소외의 극복과정이 모두 정신의 활동, 즉 사변적 관념 속에서 이루어지는 활동이라는 점에서 비판한다. 즉 마르크스는 『경제학·철학 수고』에서 "헤겔에 따르면, 인간 즉 인간의 본성을 자기의식이라고 보게 된다. 그러므로 인간적 본성의 모든 소외는 자기의식의 소외일 뿐"이라고 주장하고(Marx, 1975; 285), 이 과정을 역전시켜 사회의 발전을 역사의 물질적 과정으로 분석하고자 했다. 즉 헤겔의 소외개념은 사회적 관계의 산물인 현실적 소외 문제를 다루기보다는 정신의 자기소외 과정에 관심을 가지고 그 소외의 지양도 정신의 자기 운동 과정, 즉 정신의 외화인 소외를 정신이 다시 점유함으로써 소외가 해소되는 것으로 이해한다는 점에서 한계를 가진다. 그러나 마르크스는 초기 연구에서 인간의 본성과 소외에 관한 유물론적 접근을 강조했지만, 『자본』과 같은 현실 자본주의에 관한 분석에서는 소외를 포괄적 개념으로 논의하지 않을 뿐 아니라 자본주의적 생산의 사회적 관계(특히 임금노동과정)에서 유발된 부정적 상황으로 분석하기보다는 노동이나 경제활동의 결과물인 상품이나 화폐의 물신성과 관련시켜서 서술했다고 알려져 있다.

르페브르는 변증법적 전환과 관련된 이와 같은 모멘트와 소외에 관한 헤겔과 마르크스의 이론적 전통을 이어받으면서 또한 자신의 입장을 분명히 하고자 한다. 즉 르페브르는 기본적으로 헤겔적 변증법을 수용하지만, 인간의 자기의식이 완전한 절대정신에 도달할 것이라고 생각하지는 않는다. 이러한 모멘트들을 통한 "자기의식의 변증법적 운동은 현실 및 개념의 전환점"을 이루지만, "부정성의 근본적인 개입은 탈소외를 유도할 뿐 아니라 새로운 소외, 즉 부정의 부정을 통한 (탈소외의) 폐기를 유도"하기 때문이다(Lefebvre, 2002: 343). 또한 마르크스의 논의와 관련하여 르페브르는 "헤겔이 사변적으로 제시했던 소외는 마르크스의 철학적 사상에서 역사적 사실"이 되지만, "특히 마르크스의 후기 저작들에서 소외는 자본주의 내에서 그리고 자본주의에 의해 유발된 경제적 소외(화폐나 상품의 물신성 등)에 한정시켰으며, 그 이후에는 완전히 사라진 것처럼 보인다"고 비판적으로 서술한다(Lefebvre, 2002: 207).

요컨대 르페브르에 의하면, 소외는 하나의 단위 현상 또는 단일한 실체가 아니며, 같은 맥락에서 탈소외는 절대적인 것 또는 소외 일반의 종결로 간주될 수 없다(Lefebvre, 2002: 205), 대신 소외/탈소외는 끊임없이 지속되는 변증법적 운동과정 속에 있는 모멘트로 이해된다. 이로 인해 "영원히 추구되지만 영원히 접근할 수 없는 어떤 절대적인 것처럼, 정의의 모멘트는 우리 시대를 사로잡고 있다"(Lefebvre, 2002: 355~356).

또한 그에 의하면, 오늘날 자본주의 사회는 오래된 형태의 소외들(경제적 소외, 그리고 이데올로기적, 정치적 소외 등)뿐만 아니라 새로운 형태를 가진 많은 소외들이 유발되고 있다. 즉 현대 사회에는 과거 마르크스가 예측하지 못했던 다양한 소외들(기술적 소외, 일상생활의 총체적 소외 등)이 형성·심화되고 있다. 그러나 르페브르가 헤겔과 마르크스의 소외이론들을 비판하면서도 또한 동시에 수용하고자 했다는 점에서, 이들의 이론들이 그의 연구에서 어떤 개념적 모순이나 부조응 관계를 드러내지 않고 적실하게 통합되어 있는가에 대해서는 앞으로 더 검토해보아야 할 것이다. 뿐만 아니라 르페브르를 포함하여 많은 연구자들은 소외에 관한 연구가 마르크스의 초기 연구에 한정되며, 그 이후 『자본』 등에서 역사적 사실로서 (즉 현실의 물질세계에서 나타나는) 소외는 경제적 영역으로 축소된다고 알고 있다. 그러나 하비가 밝히고자 한 것처럼, 마르크스의 저술에서 소외의 개념이 자본의 순환 과정에 관한 연구에서 사라졌는가에 대해서도 좀 더 깊이 있는 검토가 필요하다고 하겠다.

소외의 정치경제학적 재인식

헤겔에서 마르크스로 넘어오면서 소외의 개념은 사변적 사고(정신세계의 발전과정으로서 소외)에서 유물론적 사고(역사적 사실로서의 소외)로 전환하게 되었음은 잘 알려져 있다. 위에서 논의한 바와 같이 르페브르는 헤겔과 마르크스의 소외론을 동시에 수용하면서 또한 동시에 이들을 부분적으로 수정하고자 했다. 특히 현실 세계에서의 소외와 관련하여, 르페브르가 주장하는 바와 같이, 마르크스가 목격했던 생산영역에서의 노동자의 소외와 같이 오래된 형태의 소외는 오늘날에도 여전히 만연해 있으며 점점 더 심화되고 있다. 뿐만 아니라 현대 사회의 일상생활 영역에서 새로운 형태의 다양한 소외들이 나타나면서 점점 확산되고 있다. 이러한 점에서 르페브르가 소외에 관한 마르크스의 경제적 개념을 일상생활에서 발생하는 다중적 소외의 개념으로 확장하고자 한 것은 많은 의미를 가진다고 하겠다.

현실 세계의 소외에 관한 르페브르의 연구는 앞선 논의들에서 이미 언급한 바와 같이 두 가지 특성을 가진다. 첫째, 일상생활에서 나타나는 다중적 소외들, 특히 소비 및 여가 부문에서 소외를 비판적으로 탐구하고 그 대안을 모색하는 것이 중요하다. 자본주의 사회에서 소비와 여가 활동은 생산활동(즉 노동)으로부터 분리되어 일상생활을 구성하는 영역(또는 노동력을 재생산하는 영역)이 되었지만, 결국 이윤추구를 위한 자본의 전략 대상이 되면서 자본축적을 위한 중요한 계기가 되었다. 광고 등으로 유도된 소외된 소비(주의)와 여가 활동은 유효수요를 자극하고자 하는 자본의 전략에 의해 추동된 것이라고 하겠다. 노동에서 소외를 경험한 사람들은 소비에서 이를 보상 받기를 원하지만, 노동에서 소외된 사람들은 소비에서도 필수적으로 소외된다.

둘째, 오늘날 이러한 다중적 소외들은 일상생활이 영위되는 도시에서 집중적으로 유발되고 있다. 이러한 점을 강조하기 위하여 르페브르는 "도시적 소외는 다른 모든 형태들의 소외를 담고 있으며, 이들을 지속시킨다"고 주장한다(Lefebvre, 2003a: 92). 거듭해서 인용하고 있는 이 문장은 오늘날 거대해진 대도시들이 인간이 경험할 수 있는 모든 소외 양상들을 집중적으로 드러내고 있음을 의미할 뿐 아니라 현대 사회가 산업사회에서 도시사회로 전환하게 됨에 따라, 과거 산업적 소외가 도시적 소외로 패러다임적 전환을 하게 되었음을 의미한다. 또한 그의 도시적 소외론은 『일상생활 비판』에서 제시된 소외에 관한 논의를 넘어서 『공간의 생산』에서 제시된 '추상공간'에 의한 소외와 그 대안으로 '차이공간'을 위한 탈소외의 정치에 관한 논의로 나아간다.

소외에 관한 르페브르의 연구에서 찾아 볼 수 있는 이러한 특성들은 하비의 연구로 이어진다. 하비는 자본의 총체적 모순들을 연구하면서 이들 가운데 하나로 '보편적 소외'를 강조하였으며, 최근 소외의 문제에 대해 보다 직접적인 관심을 표명하고 있다. 그는 우선 현대 도시생활에서 소외가 만연해 있음을 지적하면서, 다양한 유형의 소외들을 확인하고자 한다. 하비(2014b)에 의하면 오늘날 도시 생활에서 상품의 사용가치는 상실되고 자연과의 감성적 관계는 교환가치에 의해 지배되며, 소원한 상품화가 사회생활의 모든 측면으로 확산되고 있다. 그는 르페브르와 유사하게 "소외된 소비는 도시를 점유하고, 우리들을 보상적 재화의 풍요에 빠져 허우적거리도록 한다. 이러한 재화의 소유는 시장에서 인간 욕구에 따른 선택의 자유를 나타내는 것으로 간주되지만, 소외된 보상적 소비의 증대는 그 자체의 내적 파괴적 역동성을 가진다"고 주장한다(Harvey, 2014: 200).

그러나 여기서 소외에 관한 하비의 관심은 소외의 다중적 양상들과 근원들을 밝히기 위한 것이라고 할지라도, 상품화, 화폐체계, 부의 불평등, 노동분업, 소비주의, 기술과 기계의 발달, 젠트리피케이션, 직장에 대한 만족도나 법적 불평등 등에 이르기까지 객관적 소외뿐만 아니라 주관적 소외, 그리고 소외에 대한 저항과 탈소외의 개념 등을 나열식으로 혼란스럽게 서술하고 있다. 반면 하비는 소외에 대한 상당한 관심에도 불구하고, 이를 도시적 맥락에서 개념화하거나 또는 도시의 사회공간에서 발생하는 소외의 양상들을 지적하고 이러한 현실 문제들을 해소하고 탈소외된 사회로 나아갈 수 있는 대안을 명시적으로 모색하지는 않았다.

하지만 하비는 그의 논문(Harvey, 2018)에서 소외에 관하여 상당히 정교하고 이론적인 주장을 제시한다. 그는 도시에서 새롭게 등장한 형태의 소외들, 특히 소외된 소비와 부채 구조를 사례로 들면서, 그 근원을 밝히고자 한다. 그에 의하면, “부채 구조 전체는 사회적 통제의 광범위한 네트워크를 형성하여, 이를 통해 기본적 자유를 축소시키고 이들의 소외감을 확대시킨다”고 주장한다(Harvey, 2018: 435). 즉 오늘날 신용체계의 발달은 생산에서 창출된 잉여가치를 실현하기 위해 필수적이지만, 사람들을 금융 및 주택 시장체계에 종속시키고, 이들의 노동을 금융자본에 포획되도록 한다는 것이다. 하비는 이러한 소외의 근원을 이론적으로 규명하기 위해 마르크스가 그의 초기 저술들과는 달리 『요강』에서 새롭게 제시한 소외의 개념을 찾아낸다. 그의 해석에 의하면, 마르크스의 초기 저서에서 ‘논리적’ 성찰에 따라 논의되었던 소외의 인간주의적 개념화는 『요강』에서 현실세계에 대한 성찰과 더불어 개념의 ‘과학적’ 표현으로 재구성된다.

소외 개념의 과학적 표현에서 더욱 중요한 점은 소외는 생산의 모멘트에 한정되지 않으며 교환(또는 유통)의 모멘트, 즉 가치 실현의 모멘트에서도 발생한다는 것이다. 마르크스 자신의 설명에 의하면 이윤은 노동을 소외시키고 잉여가치를 추출하는 과정에서 발생하지만, 자본가는 교환을 통해 상품의 가치를 화폐화하여 이를 실현해야 한다. 마르크스는 이 점을 개념화하기 위하여 ‘소외 시점의 이윤(profit upon alienation)’[2]이라는 용어를 사용

2 『자본』에서 교환(또는 상업 활동)에서 소외는 상품의 물신성 개념으로 이해된다는 점에서, 마르크스가 『요강』에서 교환 영역에서 직접 소외의 개념을 논의했다는 점은 특이하다. 마르크스는 『요강』에서 유통 또는 교환의 영역에서 이러한 소외가 나타난다는 점을 여러 대목에서 논의하지만, ‘profit upon alienation’이라는 용어는 단지 한번 스튜어트(Steuart)의 주장을 비판하기 위해 사용되었다. 사실 영어 단어 alienation는 소외(또는 소원함, 낯섬 등)의 의미뿐만 아니라 양도(처분)의 의미도 가진다.

<그림 11-1> 자본의 순환에 관한 하비의 도식

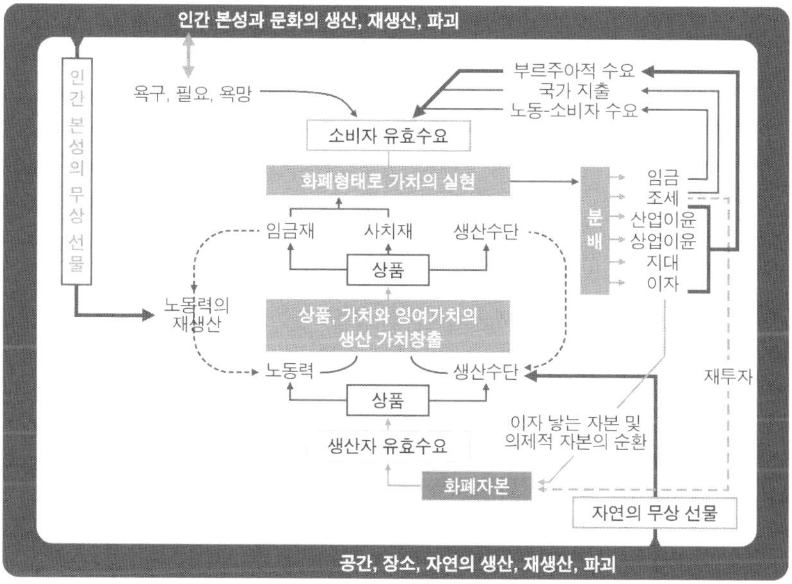

* 자료: Harvey, 2018: 434.

하여 그 모순적 성격을 규명하고자 했다. 하비는 이를 설명하기 위하여 총체성으로서 자본의 순환과정은 생산, 유통, 분배라는 3가지 주요 모멘트들로 구성된다는 점을 보여주는 새로운 도식을 제시한다. 그리고 그는 현대 사회에서 발생하는 많은 형태의 소외들(그리고 이에 따른 투쟁들)은

특히 교환이나 유통의 영역에서 이 단어는 이러한 두 가지 의미를 모두 내포하는 것으로 해석될 수 있지만, 여기서는 소외에 더 많은 관심을 가지기 때문에 '소외 시점의 이윤'으로 번역하고자 한다. 이 용어에서 upon은 on의 시간적 의미로 '~할(일) 때'로 번역될 수 있으며, 모멘트의 개념을 함의하는 것으로 해석될 수 있다.

가치 생산의 모멘트보다는 가치 실현의 모멘트에서 발생하고 있다고 주장한다. 그리고 이러한 소외의 가장 중요한 사례로 부채 구조로 인한 소외를 서술한다.

소외의 새로운 이론화를 위한 이러한 하비의 연구, 특히 『요강』에서 마르크스가 새로운 '과학적 표현'으로 제시한 소외 개념을 발굴하고, 이를 전체 자본순환 과정을 구성하는 모멘트들과 관련시키고자 했다는 점은 앞으로 소외 연구에 많은 시사점을 제공할 것처럼 보인다. 사실 그 동안 소외에 관한 마르크스의 연구는 그의 초기 저서들에서 인간주의적(헤겔적) 관점에서 제시되었지만 역사적 사실로서 자본주의에 관한 연구에서는 점차 사라진 것으로 알려져 왔다. 그러나 하비에 의하면 소외는 단순히 논리적(사변적) 양식이 아니라 과학적 표현 양식으로도 이론화 될 수 있게 되었다. 특히 현대사회에서 소외는 자본의 순환과정에서 (잉여)가치의 창출을 위한 생산의 영역뿐만 아니라 이를 실현하기 위한 교환(유통)의 영역에서도 더 심각하게 발생한다는 점은 그의 '탈취에 의한 축적'의 개념과도 조응한다고 하겠다(Fuchs, 2018). 뿐만 아니라 그의 주장에 함의된 것처럼, 이러한 설명은 현대 도시들에서의 소외에 관한 연구에 매우 중요한 통찰력을 제공하고 또한 자극한다.

그러나 소외에 관한 하비의 최근 연구는 이러한 통찰력 또는 유의성을 가짐에도 불구하고, 몇 가지 모호한 점을 남겨두고 있다. 우선, 하비에 의하면, 소외의 과학적 개념화는 인간주의적 개념화와는 전적으로 다르다고 평가된다. 달리 말해, 하비가 지적한 바와 같이, 마르크스의 초기 저작들은 소외의 문제를 "감성적이고 존재론적인 경험"을 중요한 이슈로 설정했다면, 이러한 "초기 저작들에서 소외에 관한 이해는 자본주의적 생산양식 내에서 구성된 일상생활의 현실과 노동자의 노동에 뿌리를 두지 않았다는 점"에서 한계를 가진다. 그러나 마르크스의 초기 저작에서 '논리적' 성찰에 따른 소외의 인간주의적 개념화와 그가 『요강』에서 찾아내었다고 주장하는 소외의 개념, 즉 현실세계에 대한 성찰을 통해 재구성된 소외 개념의 '과학적' 표현이 어떻게 연계되는가에 대해서는 논의하지 않았다. 요컨대 하비는 "자본은 객관적 및 주관적 외형들(garbs) 모두에서 소외를 만들어낸다"고 주장하지만(Harvey, 2018: 425~427), 이러한 상이한 개념화를 소외에 관한 통합된 이론으로 결합시키고자 하지는 않았다.

둘째 유사한 맥락에서 하비는 자본의 전체 순환 과정에서 가치의 실현 시점에서의 소외는 생산 시점에서의 소외와는 상이한 구조와 논리를 가진다고 주장한다. 그러나 그는 이들 간의 관련성을 밝히려 하지 않았다. 즉 하비는 총체성으로서 자본의 순환을 3가지 모멘트, 즉 생산, 유통, 분배로 구분하고 각 모멘트에서 상이한 소외가 유발된다고 주장하지만, 각 모멘트에서 어떠한 소외가 발생하는가에 대해 구체적으로 논의하지 않았을 뿐 아니라 이들 간을 서로 연계시키지도 않았다. 예로 그가 제시한 현실 사례로 부채 구조는 단순히 기본적 자유를 빼앗을 뿐만 아니라 미래의 노동에 대한 통제권을 박탈한다. 이러한 점은 분명 미래 노동의 소외를 의미하지만, 하비는 이것이 노동의 문제가 아니라고 주장한다.

셋째, 하비는 자신이 제시한 '보편적 소외'의 개념이 특히 도시적 맥락에서 어떠한 근거나 배경을 가지며, 어떠한 양상으로 전개되는가, 또한 이러한 소외를 해소하고 어떻게 탈소외된 (도시)사회로 나아갈 수 있는가에 대해서 아직 체계화된 서술을 하지 않고 있다. 하비는 오늘날 소외가 시골이나 도시의 특정한 사회공간적 배경과는 무관하게 만연해 있으며, 탈소외는 '이질적 공간'의 구축을 통해 해소될 수 있는 것처럼 이해한다. 그러나 현대 사회에서 드러나는 소외의 보편성이 특정한 도시적 맥락에서 어떻게 구현되는가에 대해서는 명시적으로 논의하지 않았다. 또한 (국지적인) 이질적 공간의 구축이 어떻게 탈소외된 (보편적) 사회공간의 창출로 이어질 것인가라는 의문은 여전히 남겨두고 있다.

다른 한편, 하비는 자본주의 도시가 "대중 소외의 우선적 장소이며, 따라서 혁명적 분노가 발발하는 발화점"이라고 주장한다.[3] 그는 르페브르를 인용하면서 2000년대 이후 도시운동을 "도시의 일상생활의 퇴락한 조건들 그리고 모든 종류의 민주주의의 결핍에 의해 소외된 인구들의 운동"으로 이해하면서, "이들은 노동자가 아니라 시민으로서 역량을 강화시키고 증대되고 있는 그들의 주변화를 경감시키기 위한 방식을 요구한다. 이런 종류의 투쟁들은 공장 노동을 둘러싼 전통적 노동투쟁과는 질적으로 다르다. 공장이 세계의 도처에서 사라지면서, 반자본주의 투쟁의 첨단 전선은 생산보다는 실현의 영역에 놓여 있다"고 주장한다(Harvey, 2018: 434). 그러나 이러한 하비의 주장은 전통적 논쟁점들 가운데 하나인 도시운동과 노동운동을 분리할 뿐 아니라 (가치의) 창출과 실현의 모멘트를 구분함으로써 도시적 맥락에서 이들 간에 어떤 사회공간적 연계성이 있는가를 제대로 설명하지 않았다.

또한 하비는 현대 사회에서 만연한 '보편적 소외'를 극복하고 탈소외된

3 예로 하비는 글로벌 금융위기 직후 전개되었던 대도시 점거운동에 지대한 관심을 가졌음에도 불구하고 이를 탈소외된 도시 또는 버틀러(Butler, 2016)가 제시한 바와 같이 '소외된 도시의 탈환'을 위한 도시운동이라는 점을 명시하지 않았다.

(도시)사회로 나아가기 위해 필요한 규범적 개념을 제시하지 않았다. 물론 '탈소외'를 위한 규범과 실천 방안의 제시는 르페브르가 주장한 것처럼 아무리 정교하게 구성된다고 할지라도 결국 실패할 수밖에 없는 비극적 궤적을 따를 것이다. 그러나 비록 그렇다고 할지라도 탈소외를 공간적 또는 도시적 배경에서 정의와 같은 규범적 개념과 관련지워 새롭게 이론화할 필요가 있을 것이다. 이러한 점에서 (삼항)변증법 또는 모멘트의 이론에 근거를 두고 탈소외를 개념화한 르페브르의 시도는 매우 중요한 의미를 가진다고 하겠다. 요컨대 하비에 의해 새롭게 인식된 소외의 개념이 도시적 또는 공간적 배경에서 어떤 특정한 근원을 가지며, 또한 이러한 근원을 해소하고 어떻게 탈소외된 도시를 성취할 수 있는가에 대해서는 앞으로 더 많은 연구가 요구된다.

제12장

탈소외로서 정의로운 도시

소외 완화를 위한 정책과 그 한계

현대(도시)사회에서 소외가 더욱 심화됨에도 불구하고 다소 완화되는 것처럼 보이는 것은 이를 유발하는 자본과 국가가 소외(의 외형적 표출)를 일정하게 통제하거나 또는 소외된 노동자들이 자신의 소외를 의식하지 못하도록 더욱 억제하기 때문이기도 하다. 사실 그동안 자본주의의 발전과정에서 자본과 국가는 다양한 방법으로 소외를 경감하거나 억제하기 위한 전략들을 수행해 왔다(Bayirbag and Penpecioglu, 2015). 해고 및 (최소)임금 통제, 노동조직의 제도화, 작업장 환경 개선(표준화) 등은 노동자의 소외를 직접적으로 관리하기 위한 대책이었다고 할 수 있다. 그러나 이러한 직접적인 정책만으로 소외를 관리하기가 부족하여 일상생활과 생활공간에 대한 다양한 제도들이 모색되었다.

대표적인 사례로 다양한 유형의 사회복지제도들은 노동자의 소외를 비노동 생활(공간)에서 부분적으로 경감시켜주기 위한 방안이라고 할 수 있다. 또한 한 때 논의되었던 노동계급의 자산보조 정책이나 최근 관심을 끌고 있는 기본소득 보장 정책은 소외를 경감시키기 위한 유의한 정책이라고 할 수 있다. 그뿐 아니라 공공주택의 공급, 임대차 보호, 공유재(또는 공공재, 예로 버스와 지하철)의 확충 등은 생활공간의 보호를 통해 작업장에서 소외의 부정적 영향을 보다 쉽게 억제할 수 있도록 했다. 그러나 유럽의 복지국가들이 1970년대 이후 경제침체와 공적 재원의 한계 등으로 신자유주의로 전환하게 됨에 따라, 소외를 완화 또는 경감시키고자 했던 정책들은 급속히 축소되었다.

시장 경제로의 회귀를 전제로 한 신자유주의 정책과 이에 따른 도시화 과정은 노동의 양적 유연화를 강화하면서 고용/해고 조건과 작업장의 노동 조건을 심각하게 악화시켰고 이로 인해 소득 및 자산보유의 격차를 크게 확대시켰다. 또한 젠트리피케이션 등을 통한 서민들의 토지나 주거의 탈취, 철도나 발전시설 등 공유재의 민영화, 해수면과 같은 공적 공간의 인클로저에 의한 사유화와 상품화, 복지보다 경제 성장과 도시 개발을 우선하는 기업주의 도시, 역외 자본의 유치과 저임금 이주노동자의 활용, 도시 브랜딩이나 마케팅 등을 통한 소비주의의 촉진, 그리고 세계화 또는 세계도시를 지향하는 국가(도시) 발전 담론, 인간의 창조성까지 상품화하고자 하는 창조경제 전략 등은 현대 도시에서 소외를 더욱 심화시키는 전략들이라고 할 수 있다. 그럼에도 불구하고 도시인들이 자신들의 소외를 의식하지 못하는 것은 이러한 전략들이 소외의 의식화를 억제하고 있기 때문이라고 할 수 있다.

예컨대 공적 공간의 상품화와 탈취에 대한 대중적 저항을 억제하기 위하여, 정부는 관련 사업에 직접 참여(보장)하거나 공적 담론을 홍보하여 민간 자본에 의한 사업임에도 불구하고 마치 공공성을 가지는 것처럼 보이도록 한다(예로 민자도로의 건설과 운영). 또한 도시적 소외를 심화시키는 정책들은 대부분 공동체적 결속을 도시경제에 편입시키는 담론을 가지거나(예로 공동학습, 사회적 자본과 같은 용어의 동원), 또는 역으로 도시재개발과 같이 지역사회의 물적 기반의 파괴나 이해관계의 배제로 인한 불만의 조직적 표출을 억제하기 위하여 이데올로기적 또는 폭력적 대책을 강구하기도 한다. 인간의 창의성까지 상품화하여 소외시키고자 하는 '창조경제·창조도시' 담론은 소외 의식을 억제하기 위한 이데올로기라면, 2009년 용산 도시재개발 철거반대시위에서 발생한 참사는 철거민의 소외에 대한 폭력적 진압의 전형적 사례라고 할 수 있다. 그러나 이러한 신자유주의적 소외 억제·억압 전략들은 한계를 가지고, 소외의 문제를 더욱 확대·심화시킬 뿐이다. 물론 이러한 점에서 오늘날 도시의 위기는 "자본주의에 의해 만들어진 소외의 효과로 인해 유발된 잠재적 불만을 통제하고자 하는 정치적 전략의 실패"에 기인한다고 주장되기도 한다(Bayirbag and Penpecioglu, 2015), 물론 서구 복지국가들(특히 북유럽의 사민주의 국가들)은 정책적으로 이러한 소외감을 줄이려고 관련 정책들을 적극적으로 추진해 온 것은 사실이다. 하지만 탈산업사회로의 전환 이후 소외는 오히려 더욱 악화되었고, 특히 신자유주의 국가들은 '대안이 없다'는 명분으로 소외를 이데올로기적으로 은폐하고자 했다.

실제 신자유주의적 사회경제체제 하에서 노동의 비정규직화와 더불어 작업환경은 오히려 열악해졌고, 일상생활의 소비 조건과 주거환경은 별로 개선되지 않은 채 엄청나게 늘어난 가계부채로 인해 미래 소득이 차압당하고 미래 노동이 강제되고 있다. 이러한 억압과 고통으로 일부 사람들은 부정의(불평등, 차별화 등)와 소외를 자각하게 되고, 이에 대한 분노와 좌절을 분출하면서, 이를 유발하는 생산과 생활의 조건들을 바꿀 것을 요구해 왔다. 오늘날 도시생활에 만연한 부정의와 소외에 대한 이러한 저항을 정당화하고 촉진하는 개념이 바로 '도시에 대한 권리'이다. 이 개념은 그 자체로 탈소외에 대한 포괄적 관심을 내포하고 있지만, 이를 보다 명시적으로 드러내기 위하여 '탈소외된' 도시에 대한 권리라고 지칭할 수 있다. 이 용어는 르페브르가 큰 영향을 미쳤던 프랑스 68혁명을 선도하는 구호가 되었으며, 또한 2008년 세계 금융위기를 전후하여 하비에 의해 새롭게 주창되면서 미국 월스트리트점거운동에서 나아가 세계 도처에서 신자유주의적 지구화와 금융자본에 반대하는 도시운동을 확산시키는데 기여했다.

소외의 문제가 마르크스와 그 이후 많은 학자에 의해 심각하게 제기되었음에도 불구하고, 소외가 지속적으로 심화되어 온 것은 물론 근본적으로 자본 축적의 끊임없는 확대재생산 메커니즘에 기인한 것이며, 소외에 대한 진정한 (이론적이라기보다 실천적) 의식의 부족과 더불어 이를 경감 또는 억제하기 위한 자본과 국가의 전략에 기인한다고 할 수 있다. 이러한 상황에서 르페브르의 탈소외 이론이 가지는 또 다른 유의성은 그의 탈소외 개념을 현실 세계에서의 실천(또는 운동)으로 전환시켜 줄 수 있는 '도시에 대한 권리' 개념과 긴밀하게 연계되어 있다는 점이다. 68혁명이 프랑스를 휩쓸던 시기에 제시된 이 개념은 그의 관심을 일상생활에서 도시로 전환시키는 주요한 계기가 되었을 뿐만 아니라 실제 68혁명에 지대한 영향을 미쳤다. 이러한 점에서 소외의 도시(공간)적 근원과 탈소외된 도시의 물질적 및 개념적 특성에 관한 근본적 연구는 일단 제쳐놓고, 우선 기존 소외 이론들에서 탈소외에 관한 논의들을 간략히 살펴본 후, 공간적 정의와 관련하여 탈소외의 개념을 재해석하고, 이를 반영한 '탈소외된' 도시에 대한 권리에 관하여 논의해 볼 수 있다. 끝으로 탈소외로서 공간적 정의를 개념적으로 구성하는 요소들을 제안하고자 한다.

소외 극복을 위한 이론적 논의

헤겔의 소외론과 이를 비판적으로 계승한 마르크스의 소외 및 물화 이론 이후, 많은 이론가들은 소외에 관한 비판적 논의와 더불어 이를 어떻게 극복할 것인가에 대한 대안을 모색하였다. 마르크스는 초기 저술에서 임금노동과 사적 소유 및 노동의 분업으로 인해 자유로운 인간이 노동과정에서 자유를 상실하고 소외되었음을 지적하고, 사유재산제와 노동 분업의 폐지를 통한 소외의 극복을 주장한다. 사적 소유제의 폐지는 노동자가 자연(토지)과 자신이 맺는 소외된 관계, 그리고 노동자가 자신이 생산한 생산물의 사적 전유로 인해 발생하는 소외를 극복할 수 있도록 한다. 자본주의적 분업의 폐지는 화폐에 의해 기능적으로 연계된 생산-소비 관계를 극복하고 자율적인 공동체적 경제활동을 가능하게 할 것으로 추정된다.

마르크스는 후기 저작에서 상품의 물신성 극복을 위하여 생산수단의 공유와 임금노동에 의한 생산체계의 극복을 주장한다. 그는 자유(또는 탈소외)의 실현을 위하여 노동력의 자각에 따른 사회화와 생산자들의 결합으로 이루어진 확장된 자유인들의 연합체, 그리고 이들에 의해 자연과의 물질대사에 대한 합리적 통제(최소 노력과 인간 본성에 조응하는 관계)를 제시한다(Marx, 1991: 959). 여기서 탈사회화된 노동력의 자각과 자유로운 생산자들의 연합체의 결성은 사회적 소외의 극복을, 그리고 인간 본성에 조응하는 자연과의 관계를 통한 물질대사의 합리적 통제는 생태적 소외의 극복을 제안한 것이라고 할 수 있다. 이와 같은 제안은 물론 이론적으로 더 정교해지고, 현실적인 가능성(예로 생산주의의 극복)에 관해서도 고려되어야 하겠지만, 현대 (도시)사회의 탈소외가 사회적 및 생태적 측면에서 어떤 원칙들에 준거해야 할 것인가를 밝히고 있다는 점에서 의의를 가진다(최병두, 2010, 제2부 참조).

현대적 소외가 생산영역에서 사회공간(그리고 생태환경)의 모든 영역으로 확장되었다는 점에서 제시된 대안들의 대표적 사례들은 프랑크푸르트학파의 마르쿠제와 프롬의 소외론에서 찾아 볼 수 있다(무스토, 2011 참조). 예로, 마르쿠제(Marcuse, 1966)에 의하면, 소외에 대한 비판은 노동과 기술 일반에 대한 비판이며, 소외의 극복은 생산활동에서 부정되는 자유를 획득하기 위한 유희의 순간에만 가능하다고 제시된다. 즉 그는 마르크스가 제기한 생산수단의 공동소유에 기반을 둔 탈소외된 사회의 가능성을 폐기하고, 오직 노동의 종말과 리비도(libido)의 실현만이 소외된 인간을 해방시킬 수 있다고 보았다. 마르쿠제의 대안은 기술 지배 일반에 반대하면서, 모든 노동을 자유와 희열과 대립시키고, 노동의 영역 밖에서 탈소외의 계기를 찾고자 했다는 점에서 한계를 가진다.

프롬은 생산과정에서 유발된 소외를 극복하고 '적극적인 자유'를 실현하기 위해 '생산적 인간'과 '건전한 사회'의 형성이 필요하다고 주장한다. 생산적 인간(또는 '생산적 성격 유형')은 인간이 이성에 의해 인도되어질 때 가능한 것으로 자기 자신의 재능을 스스로 이용하고 타고난 잠재력을 실현시키는 인간(성격) 유형을 의미한다(Fromm, 1949). 프롬의 대안은 생산적 인간으로 살아갈 때 인간은 자기의 힘을 자신이 실제 구현할 수 있다는 점에서 인간 본성의 회복을 강조하지만, 생산적 인간이 어떻게 구체적으로(이성이 아니라 진정한 노동을 통해) 실현될 수 있는가에 대한 설명은 분명하지 않았다.

탈소외에 관한 르페브르의 견해는 마르쿠제나 프롬과는 다르다. 후자는 노동의 영역 밖에서 탈소외의 계기를 찾고자 하지만, 전자는 소외된 노동 또는 소외된 일상생활 자체에서 탈출의 계기를 찾고자 한다. 르페브르의 『일상생활 비판』에 있어 비판은 "가능성, 아직 완수되지 않은 가능성"을 의미한다. 따라서 "비판의 과제는 이러한 가능성과 완수되지 않은 것이 무엇인가를 논증하는 것이다"(Lefebvre, 1991a: 18~19).[1] 이러한 점에서 (도서 또는 추상공간에서의) 일상생활은 기술관료적 생산주의에 종속되어 있지만, 또한 이에 저항적이며, 따라서 소외의 영역이면서 동시에 가능한 '탈소외'의 자리이기도 하다. 즉 일상생활 속에서 사람들은 자신이 소외되었음을 의식함으로써 탈소외의 가능성을 찾게 된다.

르페브르에 의하면, 소외에 관한 자각적 의식은 우리를 소외로부터 해방시킬 수 있는 단초를 제공한다. 인간은 소외에 관한 의식을 통해 그 자신을 탈소외시킬 수 있다. 일상적 인간은 실천 인간이며, 실천만이 인간을 소외로부터 해방시킬 수 있다(같은 책, 20~23). 일상생활에서 소외에 대한 의식에 근거하여 탈소외의 가능성을 모색하려는 시도는 그의 『공간의 생산』에서 명시적으로 제시된다. 여기서 그가 논의한 추상공간에서 차이공간으로의 전환은 현실적인 것 내에서 가능한 것의 추구, 즉 기존의 도시 공간(그리고 이의 재현)에 존재하는 잠재적 탈자본주의 공간으로의 전환을 의미한다. 즉 추상공간의 소외에 관한 그의 비판은 추상공간이 차이공간의 가능한 탈소외에 대립적으로 이해될 것을 요청한다(Wilson, 2013).

1 달리 말해, 르페브르에게 있어 "소외는 어떤 본질 또는 일반적 인간성으로부터 거리두기에 관한 것이 아니라, 가능한 것을 달성할 수 있는 능력이 있다는 느낌의 상실, 즉 가능한 것을 불가능하게 만드는 것이다"(Lefebvre, 1996: 21).

르페브르가 제시한 탈소외 공간으로서 차이공간은 생산주의의 극복 및 자율성 또는 자주관리(autogestion)와 이를 위한 차이의 정치 등에 바탕을 둔 '혁명적 낭만주의'에 관한 그의 관심과 관련된다. 일상생활을 생산주의적 규정력에 종속되도록 하는 기술관료적 도구적 합리성은 인간을 소외(소거)시키는 추상화를 통해 사회를 지속적으로 지배하고자 한다. 르페브르는 이러한 추상공간의 소외된 현실에 개입하여, 탈생산주의적 공간으로서 차이공간의 인식과 실천을 강조한다. 자율화 또는 자주관리는 교환가치에 대한 사용가치의 우선성을 강조하고, 생산의 집단적 자기관리, 즉 마르크스의 용어로 자유로운 생산자들의 결합으로 구성된 연합체에 의한 관리를 의미한다(Lefebvre, 1979, 2001: 779~780).

이러한 자율화를 위한 정치, 즉 탈소외의 정치는 동질화, 추상화에 의한 체험된 경험의 지배에 반대하는 차이의 정치를 통해 일상생활을 차이의 공간으로 전환시키고자 한다. 차이공간의 생산은 교환가치에 대한 사용가치, 동질성에 대한 차이, 정량화에 대한 정성화(定性化), 인지된 것에 대한 체험된 것의 우선성, 그리고 생산주의의 극복과 탈생산주의적 사회로의 전환 등을 포함한다. 여기서 생산주의의 극복은 노동에 의한 생산의 포기가 아니라 기술관료적 성장 이데올로기의 극복을 의미한다. "성장 이데올로기로부터의 해방은 침체된 내핍을 의미하는 것이 아니라, 물질적 풍요와 창조적 자유의 탈소외된 사회를 가능하게 하는 것이다"(Wilson, 2013: 373). 르페브르의 혁명적 낭만주의는 그의 평생 연구에서 이러한 가능성의 집단적 실현을 위한 희망의 표현이었다.

탈소외에 관한 르페브르의 주장들은 이론적 및 실천적으로 매우 중요한 의미를 가짐에도 불구하고, 여전히 현실적으로 많은 한계를 가진다. "인간은 소외에 관한 의식을 통해 그 자신을 탈소외시킬 수 있다"는 그의 주장은 물론 현대 사회(도시)의 소외된 일반 시민들을 전제로 한 것이다. 그러나 헤겔과 마르크스 이후 많은 철학자와 사회이론가들이 소외의 근원과 그 심화과정에 관하여 그렇게 심각하게 비판했음에도 불구하고, 현대사회는 오히려 소외를 점점 더 심화시켜 왔고, 탈소외의 가능성을 점점 더 어렵게 만들고 있다. 즉 소외에 대한 자각은 탈소외를 위해 필수적 모멘트이지만, 이것만으로 충분하지는 않다.

이러한 점에서, 소외를 심화시키는 자본축적과정과 이에 내재된 모순들에 관하여 훨씬 더 체계적인 연구가 필요하며, 또한 소외의 심화로 인한 도시인들의 주체적 의식과 실천 가능성의 소진에 관해서 좀 더 심각하게 고찰할 필요가 있다. 또한 탈소외를 위한 이상적 전망과 현실적 대안 간의 괴리에 주목하고, 대안의 진정성과 의사성(擬似性) 여부에 대해서도 평가할 수 있어야 할 것이다. 예로 르페브르는 간과한 점이지만, 오늘날과 같이 폭발적 인구 성장과 생산체계의 지구적 확장, 그리고 이에 따른 행성적 도시화 과정에서, 마르크스가 주장했던 탈소외를 위한 노동의 사회공간적 분업은 폐기되어야 하는가, 만약 그렇다면 어떻게 폐기될 수 있는가 등의 의문이 제기될 수 있어야 할 것이다.

소외 극복과 도시에 대한 권리

마르크스는 정의에 관하여 직접 논의를 하지는 않았지만, 정의란 탈소외된 상황, 즉 사회적 의사결정과 생산과정에 평등한 집합적 통제력을 가지면서 자유롭게 결사한 생산자들의 사회를 지향하는 것으로 해석된다. 르페브르는 이를 보다 명확히 하면서, 탈소외의 모멘트로서 정의의 개념을 규정한다. 마르크스는 탈소외 자체를 논의하기보다, 자본 축적 과정에서 유발되는 소외 및 물신성의 극복과 관련하여 논의한다. 즉 자본주의 하에서 노동자들은 그들의 노동력과 더불어 그들의 창조적 능력에 대한 통제권을 양도하게 된다. 자신의 노동력과 더불어 창조적 능력에 대한 통제권의 박탈은 소외(즉 노동의 결과물에 대한 소외뿐 아니라 노동과정으로부터의 소외, 인간 종으로부터의 소외 등)라는 참담한 결과를 초래한다. 이러한 소외를 극복하기 위한 정치는 자본과 노동 간 계급관계의 철폐와 더불어 사적소유제 및 노동분업의 폐지 등에 대한 요구를 포함한다고 주장된다.

그러나 이러한 주장은 (탈)소외를 위한 마르크스의 연구에 대한 전통적이고 고전적인 해석이라고 하겠다. 르페브르가 주장하는 것처럼, 후기 자본주의 사회에서 소외는 총체적이고 어디에나 편재되어 나타난다. 즉 소외는 단지 생산의 영역뿐만 아니라 소비와 여가를 포함하여 일상생활 전반에서도 나타난다. 이러한 점에서 '보편적 소외' 개념을 제시한 하비는 일상생활에서의 소외의 근원을 보다 과학적인 표현으로 자본축적과정에 필요한 잉여가치 실현의 모멘트에서 찾고자 한다. 그러나 양자는 모두 이러한 소외를 극복하고 나아가 탈소외된 도시의 구축(즉 공간적 정의의 실현)을 위하여 '도시에 대한 권리'의 개념에 공통적인 관심을 가진다.

도시에 대한 권리는 현장의 목소리를 반영하고 이를 지원하는 실천적 개념이지만, 또한 (탈)소외와 관련된 이론적 개념이기도 하다. 이론적 관점에서 도시에 대한 권리 개념을 탈소외를 위한 주장 및 실천으로 이해하기 위하여, 탈소외를 위한 도시사회운동의 출발점으로 '소외의식(즉 소외에 관한 사각)'에 관한 논의가 필요하다. 현대사회 특히 도시의 일상생활에서 다양한 유형의 소외들이 만연해 있기 때문에, 도시인들은 소외를 제대로 인식하지 못한다. 따라서 르페브르가 "소외 의식은 우리를 소외로부터 해방시키거나 또는 해방시키기 시작한다"고 주장한 것처럼, 소외의 의식은 탈소외의 정치를 위한 출발점이 될 수 있다. 그러나 소외의 자각만으로 충분하지 않다고 하겠다. 사실 헤겔과 마르크스 이후 소외에 관한 오랜 철학적 전통과 많은 (자각적, 성찰적) 논의에도 불구하고, 현실 세계에서 소외는 사라지기보다는 오히려 점점 더 심화되고 다양화되어 왔다. 대부분의 사람들은 소외를 의식한다고 할지라도, 이에 대한 반응은 전형적으로 수동적이고, 무기력하다.

이러한 상황을 전제로 제시된 도시에 대한 권리 개념은 도시사회운동에서 볼 수 있는 치열한 저항과 요구를 추동하면서 현실적으로 실현가능한 용어가 되었을 뿐 아니라 지리학 및 관련 학계에서도 많은 관심을 끄는 학술적 용어가 되고 있다. 예로, 미첼(Mitchell)은 도시에 대한 권리를 공적 공간을 위한 사회적 정의와 관련시켜 고찰하면서, "누가 도시 및 이의 공적 공간에 대한 권리를 가지는가, 이 권리는 법과 거리에서 어떻게 결정되는가, 이 권리는 어떻게 정치화되고, 정당화되고, 손상되는가, 그리고 일반적으로 그러한 것처럼 [현실세계에서] 제한된 권리는 도시에서 사회적 정의(또는 이의 부재)에 함의된 형태의 권리와 어떻게 경쟁하는가"를 밝히고자 했다(Mitchell, 2003: 4). 이러한 점은 소자(Soja, 2010: 95)의 주장, 즉 도시에 대한 권리는 공간적 정의와 개념적으로 뒤얽혀 있다는 주장으로 이어진다. 또한 메리필드(Merrifield, 2013b)는 이 개념에 근거를 두고 행성적 도시화과정 속에서 요구되는 새로운 도시 공간의 근본적 성격을 중심성,

모임, 만남 등으로 이해하고자 했다.

그러나 이들은 도시에 대한 권리의 개념이 단순히 도시공간에서 전개되는 어떤 실천적 함의를 촉진하기 위한 것일 뿐만 아니라 르페브르의 공간의 생산 개념이나 나아가 생애사적 연구주제였던 소외의 개념과 관련시켜 설명하지는 않았다. 사실 르페브르는 이 용어를 프랑스 68혁명을 촉진하고 정당화하기 위해 제안하기도 했지만, 또한 1960년대 후반 도시화의 실증주의적 및 기술관료적 형태에 대한 비판과 도전으로 제시하면서, 이 용어를 상품화된 소비와 레저를 위한 일상생활 공간을 향유하는 것과는 구분되는 새롭게 전환된 도시생활에 대한 권리로 묘사했다(Lefebvre, 1996: 158). 이러한 점에서, 도시에 대한 권리에 관한 르페브르의 정형화는 "도시공간의 자율관리를 위한 전환의 요구와 더불어 추상공간의 파괴적 폭력[그리고 소외]에 대한 근본적 반대를 전제로 하고 있다"고 주장된다(Butler, 2017). 버틀러는 공간적 정의를 '도시에 대한 권리(특히 느슨하게 정의된 개혁주의적 개념)'와 등치시키기 보다는 르페브르가 제시했던 모멘트 이론을 도입하여 공간적 정의를 재구성하고자 한다. 그러나 버틀러는 이 과정에서 '도시에 대한 권리' 개념을 현대 도시공간에서 일상화된 소외와 연결시키지는 않았다.

르페브르에 의하면, "도시는 그 자체가 작품(oeuvre)이다. 즉 화폐와 상업, 교환과 제품을 추구하는 경향과 반대되는 특성을 가지고 있다. 작품은 사용가치이고 제품은 교환가치이다."그러나 현대 자본주의 도시에서 사용가치보다 교환가치가 중시되고 이로 인해 집합적 작품인 도시가 소외되고 있다. 도시에 대한 권리는 도시 거주자들이 공동작품으로서 도시에 대한 권리를 되찾는 것이다. 즉,

> "도시에 대한 권리는 … 도시 생활에 대한 권리, 부활된 도시중심성에 대한 권리, 만남과 교류의 장소에 대한 권리, 생활 리듬과 시간 사용에 대한 권리, 완전하고 완벽한 시간과 장소의 사용을 가능하게 하는 권리인 것이다"(Lefebvre, 1996: 66~67).

이처럼 공동작품으로서 도시에 대한 권리는 구체적으로 사적 소유권과 교환가치에 대해 사용가치를 우선한 전유의 권리, 도시 공간의 생산을 둘러싼 의사결정에 참여할 권리, 도시 재개발로 인해 배제된 도시 중심부에 대한 권리, 도시 공간의 동질화에 반대하는 차이의 권리와 도시 공간을 자율적으로 이용할 수 있는 정보의 권리, 국가에 의해 부여되는 시민권보다 도시 주거에 기반한 거주자의 권리 등을 포함한다(강현수, 2010).

이러한 도시에 대한 권리 개념은 그의 탈소외 개념과 긴밀한 관계를 가지고 있을 뿐만 이를 실천하기 위한 전략으로 이해될 수 있다. 퍼셀(Purcell, 2013: 149)에 의하면,

> "마르크스가 자본이 생산수단과 노동의 생산물을 노동자로부터 소외시킨 것으로 이해한 것처럼, 르페브르는 재산권이 도시공간을 도시 주민들로부터 소외시켰다고 보았다. 이에 따라 르페브르는 도시에 대한 권리를 도시공간을 탈소외화하기 위한, 이를 사회적 연계성의 망으로 재통합하기 위한 투쟁으로 이해한다. 그는 전유의 관점에서 이러한 탈소외를 논한다. 도시에 대한 권리에 관한 그의 사고는 도시에서 공간을 전유하는 주민들을 포함한다."

이러한 점에서 르페브르의 도시에 대한 권리 개념은 그 자체로 의미를 가질 뿐만 아니라 그가 주장한 탈소외와 자주관리를 위하여 즉 도시의 공간을 그들 자신의 것으로 다시 만들고자 하는 주민들의 실천 전략이라고 할 수 있다.

도시에 대한 권리 개념은 최근 하비의 『반란의 도시』에서 재조명되면서 대안적 도시를 모색하는 연구자들과 실천가들의 많은 관심을 끌고 있다. 하비에 의하면 도시권은 기본적으로 도시화 과정에서 전개되는 "잉여의 생산과 이용의 민주적 관리"에 관한 권리이다(하비, 2014a: 56). 그에 의하면 도시화는 잉여가치를 끊임없이 생산해야 할 뿐만 아니라 생산한 잉여생산물을 지속적으로 흡수하는 역할을 수행한다. 이러한 점에서 도시권은 도시 공간의 형성과 재편과정에서 이루어지는 잉여의 생산과 배분, 재투입에 관한 집단적 권리로 이해된다. 특히 하비는 도시를 온갖 유형과 계급의 사람들이 살아가면서 공유재를 생산하는 장이며, 따라서 도시권은 도시인들이 공동으로 생산한 공유재에 대한 집단적 권리로 규정한다.

하비의 도시권 개념은 분명 그의 자본순환론과 탈취에 의한 축적의 개념과 긴밀하게 연계되어 있겠지만, 하비는 도시권 개념을 이론적으로 정립하기보다 현장에서 실천되어야 할 개념으로 간주한다. 그에 의하면 "도시권 개념이 되살아나고 있지만 이를 설명하기 위해 반드시 르페브르의 지적 유산으로 되돌아가야 하는 것은 아니"다. 왜냐하면 "도시 사회운동에서 중요한 것은 현장에서 전개되는 상황"이기 때문이다. 나아가 그는 도시권을 "내재적이고 초월적이지 않은 여러 가능성으로 채워져야 하는 텅 빈 기표"로 간주한다(하비, 2014a: 18). 이러한 점에서 도시권은 도시의 주민이나 노동자들에게만 주어져 있는 것이 아니라, 금융투자가와 도시 개발업자가 홈리스나 불법 이민자들보다 더 강하게 도시권을 요구할 수도 있다. 하비가 주장하는 것처럼 "권리를 정의하는 것은 그 자체가 투쟁의 대상이며, 또 권리를 정의하는 투쟁은 권리를 실현하기 위한 투쟁과 병행해서 진행될 수밖에 없다"(하비, 2014a: 18).

물론 도시권 개념을 단지 현장에서 투쟁하는 사람들이 채워야하는 것은 아니다. 도시권에 대한 요구와 그 내용은 일상생활의 위기에서 비롯된 실존적 고통, 즉 소외로 인한 불만과 저항에서 나와야 한다는 주장은 당위일 뿐이다. 달리 말해 도시인들이 자신의 소외를 의식하고 탈소외를 주장한다고 해서 문제가 해소되지 않는 것처럼, 도시권을 인식하고 이를 요구한다고 해서 그 내용이 진정하게 구성되고 실행되는 것은 아니라고 할 수 있다. 하비가 『반란의 도시』에서 도시권 개념을 논의하는 과정에서 분석한 것처럼, 도시권의 개념과 이에 대한 요구가 왜 중요한가의 문제는 신용체계의 발달과 의제자본의 순환 과정, 공유재로서 도시문화와 독점지대 등과 나아가 자본축적 과정에 내재된 모순들, 특히 오늘날 도시공간에서 자행되는 탈취에 의한 축적을 배경으로 이해되어야 한다.

하비 역시 '도시에 대한 권리' 개념을 강조하지만, 도시적 소외와 직접 관련시켜 논의하지는 않았다. 그러나 그가 재구성한 도시에 대한 권리 개념에는 도시적 소외와 탈소외를 함의한 부분들이 많이 들어 있다. 예로 하비는 르페브르의 도시에 대한 권리 개념을 소개하면서, 이를 "도시 일상생활이 쇠퇴하는 위기에서 비롯하는 실존적 고통에 대한 반응"으로 이해한다(하비, 2014a: 9). 여기서 '실존적 고통'이란 바로 소외를 의미한다. 또한 하비는 "도시생활을 건설하고 유지하는 사람들이 자기들이 만든 모든 것에 대한 권리를 주장할 수 있다고 깨달을 때, … 의미 있는 도시정치를 실현할 것"이라고 주장한다(하비, 2014a: 19). 이러한 주장은 르페브르가 소외 의식이 탈소외 정치의 시작이라고 주장한 점과 더불어 도시의 자율관리 개념을 반영한 것이라고 할 수 있다. 이러한 자율관리의 개념은 하비가 도시에 대한 권리와 관련하여 제시한 주장, 즉 "도시를 생산하고 재생산하는 노동에 종사한 모든 사람은 자신이 생산한 것에 대한 집단적 권리는 물론 어떤 유형의 도시 공간이 어디서 어떻게 생산되어야 하는지를 결정할 집단적 권리"를 가진다는 주장에도 반영된다(하비, 2014a: 233~234).

요컨대 도시에 대한 권리의 개념이 단지 현장의 요구라는 실천적 의미뿐 아니라 도시의 일상생활에서 소외 의식에서 나아가 도시의 자율관리를 함의한다는 점에서 이론적으로도 심원한 의미를 가진다고 하겠다. 물론 이러한 점에서 하비(2014a: 22)가 주장하는 바와 같이, 도시에 관한 권리는 그 자체로서 목적이라기보다 탈소외와 자율관리의 목표로 나아가기 위한 중간역과 같다고 하겠다. 또한 이 개념은 아직 보다 적실한 이론적 의미들로 더 많이 채워져야 할 '기표'이며, 동시에 (공간적) 정의의 정치를 도시권의 사고와 연계시킬 때 느슨한 개혁주의로 전락하지 않도록 주의해야 할 실천적 개념이다. 즉 도시에 대한 권리의 개념은 도시가 물신화된 자본이나 권력에 의해 전유되고 이들의 의사결정에 따라 재편되는 것이 아니라, 도시를 생산한 사람들이 자신의 마음 속 열망에 따라 도시를 새롭게 건설할 권리가 있음을 의미한다. 이러한 도시에 대한 권리 개념의 재해석을 통해 우리는 오늘날 도시생활이 심각하게 소외되어 있음을 깨닫고, 보다 의미 있고 덜 소외된 대안적 도시생활을 영위하며, 궁극적으로 탈소외와 자율관리(현실세계에서 자율관리뿐 아니라 정신세계에서 자아의식의 실현)의 공동체 사회로 나아갈 수 있을 것이다.

탈소외로서 정의로운 도시

도시권 개념의 내용을 이론적으로 채우기 위한 한 방법으로, 다시 르페브르의 일상생활 비판 및 공간의 생산에 관한 이론 특히 여기서 강조되는 소외/탈소외의 개념과 좀 더 긴밀하게 관련시켜 이해하고, 나아가 마르크스의 소외론이나 물신화 이론을 간략히 재검토해 필요가 있는 것 같다. 르페브르는 '공간의 생산' 개념에 기반을 두고, 공간의 역사적 발전과정을 절대공간, 역사공간, 추상공간, 모순공간 그리고 대안적 공간으로서 차이공간으로 나아가는 변증법적 과정을 설명하면서, 오늘날 자본주의적, 관료기술적 사회에서 추상공간의 만연으로 인해 소외가 유발되어 극에 달하며, 따라서 이러한 추상공간에 내재된 모순의 극복을 통해 탈자본주의적, 탈생산주의적, 즉 탈소외된(자율관리) 차이공간으로 나아갈 것을 요청한다. 하지만, 그가 제안한 3가지 모멘트로서 공간의 생산과 더불어 추상공간에서 차이공간으로의 공간적 특성 전환에 관한 이러한 주장도 사실 공간의 개념적 변화에 관한 성찰로서 의의를 가지지만, 공간(편성)의 물질적 전환을 이론화한 것은 아니라고 할 수 있다.

르페브르가 소외/탈소외와 관련하여 논의한 핵심적 개념들 가운데 하나는 기술관료적 생산주의 비판이다. 생산주의에 대한 그의 비판에 의하면, "성장의 문제와 이에 내포된 정량주의가 근본적 문제이며 전략적 목표는 무한한 성장이라는 사고"에 기인한다(Lefebvre, 1976: 100). 이러한 생산주의는 자본축적의 메커니즘에 의해서 뿐만 아니라 생산주의적 기술관료제에 의해 추동된다. 여기서 재검토되어야 할 점은 기술관료적 생산주의에 의한 추상화(그리고 추상공간) 그 자체가 소외를 유발하는 주요 요인이지만, 더 큰 문제는 생산주의가 추상화를 통해 인간의 노동과 일상생활을 통제하여 지속적으로 생산과정에 (재)투입되도록 한다는 점이다.

이러한 생산주의는 '거대한 규모'의 공간을 생산할 수 있는 조직적 능력을 갖춘 국가 형태의 발전을 요구하면서[2], 그 효과를 전체 영토, 국가, 대륙으로 확장시키지만, 다른 한편 노동자들의 노동과정을 강제하고 그 결과물을 국가 관리로 전환시킴으로써 소외를 심화시킨다(Wilson, 2013). 이러한 점에서 탈소외를 위한 탈생산주의로의 전환은 사적 소유제의 폐지에 기반을 둔 분배의 문제라기보다 강제되지 않은 노동의 자율성을 전제로 한 생산의 문제로 이해될 수 있다. 이러한 점에서 탈소외된 도시의 추구 또는 이를 위한 도시권의 요구는 도시인들의 소외를 해소하기 위하여 (도시 공간 그 자체를 포함한) 생산물의 정의로운 분배, 즉 분배적 정의뿐 아니라 노동의 자율적 생산을 보장하는 '생산적 정의', 그리고 노동의 자율성을 인정하는 '인정의 정의'와 관련된다고 주장할 수 있다.

이러한 주장을 위해, 르페브르의 연구에서 정의가 탈소외의 모멘트로서 어떤 의미를 가지는가, 그리고 이러한 탈소외의 모멘트로서 정의가 도시권 개념과 어떤 관계를 가지는가를 다시 살펴볼 필요가 있다. 르페브르의 연구에서, 정의는 탈소외의 모멘트로 이해된다. 그에 의하면, "우리는 정의를 덕목이며 또한 제도로 규정할 수" 있지만, 또한 "정의를 일상성과 개인

2 르페브르는 생산주의가 자본주의뿐만 아니라 국가 사회주의에서도 공통된 프로젝트였음을 지적하고, 교환가치의 지배 및 사적 소유관계가 약화된 사회에서도 소외가 심화되고 있음은 도구적 합리성과 기술관료적 추상화에 기인한다고 주장한다. 그는 이러한 점에서 『공간의 생산』을 완성한 후, 국가 생산양식에 관한 연구로 옮겨갔다.

적 의식에서 발생하는 것을 포괄하도록 제한하거나 확장시킬 경우, 우리는 정의를 모멘트로 이해할 수 있다"(Lefebvre, 2002: 354). 왜냐하면 정의와 관련된 모멘트들은 판단 행위의 가능성으로 구성되며, 일상생활에서 우리는 항상 판단을 내리기 때문이다.

그러나 모멘트로서 정의는 단지 일상생활에서 판단의 문제를 능가하여 일상적 진부함(소외)으로부터 단절의 문제, 그리고 절대적 가치로서 정의를 개념화하는 문제와 관련된다. 르페브르에 의하면, 정의는 탈소외의 모멘트로 이해될 수 있지만, 또한 정의의 모멘트가 절대적인 것으로 인식되거나 성취되는 순간 이에 내재된 부정성이 작동하여 소외로 되돌아가는 비극으로 이어질 수 있다. 즉 정의의 모멘트는 탈소외를 위한 유토피아적 추동력이 되지만, 또한 현실 세계에서 정의를 달성하기 위한 시도들은 실패를 향한 비극적 궤적을 따르도록 운명지워져 있다. 그러나 르페브르에게 정의의 모멘트는 단지 회의적인 것만은 아니다, 왜냐하면 이는 일상에서 불가능한 것을 가능하게 할 수 있는 끊이지 않는 희망을 만들어 내기 때문이다(Lefebvre, 2002: 347). 이러한 희망은 '도시에 대한 권리'의 개념 속에 함의된다.

최근 '도시에 대한 권리'의 개념을 중심으로 '공간적 정의' 또는 '정의로운 도시'에 대한 관심이 부활하고 있지만, 이들은 소외 및 탈소외의 개념을 간과하고 있을 뿐만 아니라 '정의로운 도시'의 개념을 체계적으로 재구성하지는 못했다. 예로, 소자(Soja, 2010: 6)는 오늘날 도시화 과정에 대한 비판적 관점은 르페브르에서 기원한 '도시에 대한 권리'를 둘러싸고 투쟁하기 위한 '공간적 정의'의 모색과 연계되어 있다고 주장한다. 그러나 부정의한 지리(도시 공간)의 생산에 관한 비판이나 공간적 정의에 대한 이론적 요구에서도 르페브르가 논의한 소외/탈소외에 관한 개념을 전혀 언급하지 않는다.

다른 한편 도시에 대한 권리의 개념을 소자가 주장하는 것처럼 공간적 정의와 분리될 수 없을 정도로 뒤얽혀 있거나 이의 통합적 구성 성분으로 규정하는 것은 르페브르가 제시한 모멘트로서 정의의 개념과는 대립되거나 맥락을 달리하는 것이다. '도시에 관한 권리'의 개념이 구체적 내용을 가지는 것으로 규정되면, 이는 정의(또는 탈소외)를 지향하는 어떤 모멘트라기보다 정의를 구성하는 덕목이나 제도가 되기 때문이다. 르페브르에 의하면, 정의는 규범적 덕목이나 사회적 제도로 규정되거나 또는 일상성과 단절적 변화의 모멘트로 규정될 수 있다. 그는 후자의 맥락, 즉 모멘트로서 정의를 규정하는데 많은 관심을 보였지만, 전자의 맥락, 즉 규범적 덕목이나 사회제도로서 정의에 관해서는 거의 아무런 논의도 하지 않았다. 르페브르가 정의를 규범적 덕목이나 사회적 제도로 규정하지 않은 것은 이렇게 할 경우 정의는 인간의 판단과 실천을 좌우하고 지배하는 절대적 의미를 가지게 되고, 결국 정의를 소외된 물신성 또는 그 자체의 부정성을 드러내도록 하는 것이라고 우려했기 때문이라 하겠다(Lefebvre, 2002; 354).

그러나 도시에 대한 권리의 개념은 그 자체로서 매우 유의한 개념이며, 또한 공간적 정의의 개념과 이론적 및 실천적으로 직접 연계된다. 이 개념은 그 자체로 어떤 유토피아적 이상을 내재하거나 실천적 투쟁의 궁극적 목적은 아니라고 할지라도 어떤 이상이나 규범을 실현하기 위한 중간 단계로 간주된다. 특히 이 개념은 공간적 정의로 규정되는 유토피아적 이상을 실현하기 위한 실천적 모멘트로 이해될 수 있다. 하지만 이 개념의 내용을 이론적으로 구성하려는 시도는 탈소외의 모멘트로서 정의라기보다 도덕적 규범이나 제도로서 정의를 전제로 한는 점에서 딜레마에 빠지도록 한다. 특히 르페브르에 의하면, 후자의 맥락에서 정의를 규정할 경우, 정의는 절대적 의미를 가지게 되고, 이에 따른 정의 개념의 물신화 또는 이데올로기화로 인해 재소외의 나락으로 빠지도록 한다. 이러한 딜레마를 해소하기 위하여, 공간적 정의의 개념을 규정함에 있어 두 가지 맥락, 즉 정의를 모멘트로 규정하면서 또한 동시에 사회적 규범이나 제도로 규정할 수 있는 방안을 강구할 필요가 있다.

이를 위해 하비(2001)가 『희망의 도시』에서 제시한 '변증법적 유토피아주의'를 원용해 볼 수 있다. 하비에 의하면, 역사적으로 유토피아에 관한 논의와 실천은 크게 2가지 유형, 즉 '사회적 과정'으로서 유토피아주의와 '공간적 형태'로서 유토피아주의로 구분된다. 사회적 과정으로서 유토피아주의는 현실 문제의 비판을 위한 준거와 더불어 미래에 지향할 이상을 설정해준다는 점에서 의의를 가진다. 그러나 사회적 과정으로서 유토피아주의는 이를 실현하고자 할 때 현실의 공간성과 타협하게 됨에 따라 이상적 성격을 상실하거나 또는 미래의 이상을 이데올로기화함으로써 지배의 도구로 전락할 위험을 가진다. 반면 공간적 형태로서의 유토피아주의는 사회적 과정으로 추구되는 유토피아를 현실 세계에 즉시화하여 특정한 공간적 형태로 실체화하고자 한다. 그러나 공간적 형태의 유토피아주의는 명확한 비전을 제시하지 못한 채 일시적으로 대안적 공동체를 건설할지라도 결국 실패하게 된다. 하비는 공간적 형태 및 사회적 과정으로서 유토피아주의가 가지는 이러한 결함과 난점을 극복하기 위하여 유토피아의 시공간적 모멘트와 실체적 속성을 변증법적으로 결합시킬 것을 제안하고 이를 '변증법적 유토피아주의'라고 지칭했다.

하비의 '변증법적 유토피아주의'는 공간적 형태의 유토피아주의와 사회적 과정의 유토피아주의가 실제 어떻게 변증법적으로 결합될 수 있는가에 대해 구체적 방안을 제시하지는 않았다. 이와 관련된 그의 주장은 사실 지리학의 오랜 논쟁 주제인 공간적 형태와 사회적 과정 간의 관계, 즉 소자가 르페브르의 연구에서 원용한 사회-공간적 변증법을 반영하고 있지만, 이에 내재된 개념적 문제를 해소한 것처럼 보이지 않는다(최병두, 2002: 320~322). 그러나 분명한 점은 모멘트로서 공간적 정의의 개념(또는 공간적 유토피아주의)은 사회적 규범이나 제도로서 정의(즉 사회적 과정으로서 유토피아주의)를 전제로 하고, 그 역도 성립한다는 점이다. 물론 이들은 분리된 실체가 아니라 변증법적으로 결합된 것으로 인식되고 개념화되어야 한다. 그렇지 않을 경우, 정의를 소외 극복을 위한 일상성의 단절 모멘트로서만 규정한다면, (탈)소외의 구체적 내용이나 도시에 대한 권리와 같은 실천 과제를 설정하기 어렵게 된다.

이러한 점에서 탈소외를 위한 모멘트로서 정의 개념과 더불어 탈소외의 규범 및 제도로서의 정의 개념을 규정해 볼 필요가 있다. 르페브르는 전자를 위하여 많은 서술을 제시했기 때문에, 여기서는 후자의 맥락에서 (공간적) 정의 개념을 피력해 보고자 한다. 이를 위해 우선 고려되어야 할 점은 공간은 절대적이라기보다 관계적 관점에서 이해되어야 하고, 또한 소외는 유기적 관계의 단절 또는 관계의 물신화에 기인한다는 점이다. 따라서 탈소외로서 정의의 개념은 사람들 간 그리고 사람과 사물들 간의 물질적, 사회적, 정신적(또는 재현적) 관계의 근본적, 유기적 재편으로 규정될 수 있다. 아래에서 제시될 3가지 정의의 개념, 즉 생산적 정의, 분배적 정의, 인정의 정의는 이러한 3가지 유형의 관계에서 도시에 대한 권리의 과제들을 구체화하면서 궁극적으로 탈소외를 추구한다.[3] 소외는 사회의 모든 측면들, 즉 경제적, 정치적, 사회적, 문화적, 이데올로기적, 철학적 영역들 전반에서 제기되는 현상이며, 탈소외 역시 이러한 제반 측면들에서 살펴볼 수 있다. 그러나 (탈)소외 또는 (부)정의를 이와 같이 사회의 여러 측면들로 피상적으로 분류하기보다는 관계성과 관련해서 유형화하는 것이 더 적절할 것이다.

또한 고려되어야 할 점으로, 이러한 3가지 정의의 개념이 헤겔이 제시한 변증법(즉 보편, 특수, 개별의 관계적 전환)이나 르페브르가 재구성한 삼항 변증법(예로, 공간적 실천, 공간적 재현, 재현 공간)을 직, 간접적으로 반영한다면 더 유의할 것이다. 이러한 점에서 기존의 정의 이론이나 개념에서 가장 흔하게 거론되는 분배의 측면뿐 아니라, 공간의 생산과 물질적으로 관련된 생산의 개념, 그리고 공간의 생산의 주요한 모멘트인 재현과 관련된 인정의 개념 등이 반영될 수 있다. 생산적 정의는 인간 생존과 이를 위한 노동(실천)의 보편적 속성으로 이해될 수 있으며, 사회적 정의는 경제적 및 권위적 자원의 배분을 위한 사회적 제도화라는 점에서 특별한 것이 되며, 인정의 정의는 이러한 생산과 분배에 참여하는 개별 행위자들 간 관계라는 점에서 개별적인 것으로 간주될 수 있을 것이다.

이러한 논의들을 배경으로 탈소외로서 정의로운 도시의 개념을 규정하면, 도시권은 정의와 관련된 3가지 모멘트를 내포한다. 우선 도시권의

3 최병두(2010)는 이러한 3가지 측면 또는 유형의 정의 개념을 '비판적 생태학과 환경정의와 관련하여 자세히 논의하고 있다.

개념은 도시의 불평등 해소를 위한 정당한 분배의 요구, 즉 분배적 정의를 내포한다. 도시 서민들이 필요를 충족시킬 수 있도록 충분한 소득(노동에 대한 정당한 임금)이 주어져야 하며 또한 개인적 소득만으로 충분하지 않을 경우 국가에 의한 재분배가 적정하게 이루어져야 한다. 시장 메커니즘에 따른 분배는 개인들의 필요를 적절하게 충족시킬 수 없으며, 오히려 한편으로 구매력 부족과 다른 한편으로 과시적 소비로 인해 소비의 양극화를 초래하게 된다.

이러한 점에서 도시 공간의 배타적 사적 소유와 이용을 지양하고 도시 공유재를 공동으로 활용할 수 있는 방안을 모색해야 한다. 특히 도시 재생, 젠트리피케이션 등 도시 인클로저를 통한 도시 공간의 소유권 이전이나 공적 공간의 사유화, 나아가 거의 모든 부문들에서 진행되고 있는 탈취에 의한 축적은 기본적으로 근절되어야 한다. 왜냐하면 이러한 축적은 사실 새로운 부를 생산하기 보다는 기존에 생산된 사회적 잉여가치를 사적으로 전유함으로써 분배적 부정의와 도시적 소외를 초래하는 전형적인 메커니즘이기 때문이다. 특히 금융화를 통한 탈취로 인해 급증하고 있는 엄청난 부채는 미래의 노동까지도 소외키시고 있다는 점에서 체계적으로 관리·완화되어야 한다.

오늘날 도시적 소외는 이러한 분배적 정의의 새로운 방안들의 모색만으로 극복되기 어렵다. 자본주의적 도시 소외의 핵심은 노동 및 생산과정에 있다. 노동은 인간이 물질세계와 관계를 맺는 과정이며, 이를 통해 자기 자신을 계발할 뿐만 아니라 사회적 관계를 형성한다. 이러한 노동은 자본주의 사회에서 잉여가치의 창출을 위한 임금노동으로 전락함으로써 소외의 가장 핵심적인 요인이 되고 있다. 하지만 심화되고 있는 노동의 소외를 해소하기 위하여, 노동의 영역 밖에서 탈소외의 방안을 모색하는 것은 불가능하다. 왜냐하면 비록 그 바깥에서 탈소외의 가능성을 실현한다고 할지라도 노동의 영역은 여전히 소외되기 때문이다. 따라서 생산과정에서 노동이 소외되지 않도록 하기 위한 생산적 정의가 필요하다.

생산적 정의란 노동자가 자신의 능력에 따라 일할 수 있는 기회를 보장하고 노동을 통해 자신의 자존감과 자아실현을 성취할 수 있도록 보장하는 것이다. 이러한 점에서 노동자들이 자신의 능력에 따라 일할 수 있는 기회 즉 양질의 일자리는 최대한 제공되어야 하고, 반면 임금을 줄이기 위한 고용과 해고의 유연성은 축소되어야 하며, 궁극적으로 잉여가치의 극대화를 추구하는 임금노동은 지양되어야 한다. 또한 자본에 의해 지배되는 지나친 기술의 발달과 분업의 세분화는 억제되어야 한다. 왜냐하면, 이들은 노동자들이 더 이상 자신이 무엇을 위해 일하는가를 알 수 없을 정도로 생산과정 및 생산물로부터 분리시키기 때문이다. 이러한 점에서 기술은 노동자가 스스로 통제할 수 있는 기능으로 체화되어야 하며, 분업은 노동자들이 자신의 노동이 생산체계 전체에서 어디에 위치해 있는가, 또는 자신의 생산이 누구에 의해 소비되는가를 이해하고 관리될 수 있는 정도로 한정되어야 한다.

끝으로 도시적 소외의 극복은 인정의 정의를 요구한다. (상호) 인정은 타자와의 대상적 관계 속에서 자신의 정체성을 획득하는 상호보완적 과정이며, 자기의식은 상호보완적 행동의 구조 즉 '인정을 위한 투쟁'의 결과로 이해된다. 만약 이러한 투쟁에서 상호인정이 아니라 타자의 삶을 억누르고 거부하게 되면, 자아는 자기 삶의 불충분, 즉 자신으로부터 소외를 경험하게 된다. 이러한 사고는 호네트가 주장한 것처럼 마르크스의 노동 개념에 암묵적으로 내재되어 있다. 즉 "생산함에서 한 사람은 그 자신을 실현할 … 뿐만 아니라 또한 동시에 그의 상호행위 상대자들 모두가 필요를 가진 공동주체일 것이라고 기대하기 때문에 이들을 애정 깊게 인정하게 된다"(Honneth, 1995: 147, 최병두, 2010: 330 재인용). 이러한 인정의 정의는 자연과 인간의 관계뿐만 아니라 인간 주체들의 관계도 매개하는 노동이 매개 대상물들의 상호인정, 즉 자연에 대한 인간의 배려와 더불어 물신화된 사회적 관계를 인간적 관계로 재전환시켜 줄 수 있다.

이러한 인정의 정의는 특히 도시를 구성하는 다양한 개인과 집단들이 가지는 정체성이나 차이의 상호 인정을 촉진한다는 점에서 의의를 가진다. 이러한 점에서 이프토첼 등(Yiftochel et al, 2009)은 도시권과 관련된 정의의 핵심요소로 인정의 개념을 강조한다. 이들에 의하면 "인정 또는 인정의 부재는 사회적 및 공간적 정의를 향상시키거나 또는 손상시킨다"는 점에서 도시권의 개념은 이러한 인정의 정의를 요구한다고 주장한다.[4] 요컨대 인정의 정의 개념은 그 자체로서 유의성을 가질 뿐 아니라 분배적 정의와 생산적 정의가 기본적으로 사회의 재현적 관계에서 상호 인정을 전제로 한다는 점에서 유의성을 가진다.

4 그러나 이프토첼 등(Yiftochel et al, 2009)은 이러한 인정의 정의 개념을 주로 인정과 재분배 간 관계를 둘러싼 논쟁과 관련시켜 이해하면서, 이 개념의 근원이 소외(특히 헤겔과 마르크스)에 관한 연구에서 기원하며, 생산의 사회적 관계에서의 정의, 즉 생산적 정의의 개념과 밀접한 관련성을 가진다는 점을 간과한다.

참고문헌

강재호. 2010.「변증법적 몽환극 – 발터 벤야민의 초현실주의 '경험' 비판」.《시대와 철학》, 21권 3호, 119~148쪽.

강현수. 2010.『도시에 대한 권리 – 도시의 주인은 누구인가』. 책세상.

곽노완. 2013.「도시 및 공간 정의론의 재구성을 위한 시론」.《철학사상》, 제49권, 289~310쪽.

기든스, 안소니. 1991a.『사적 유물론의 현대적 비판』. 최병두 옮김. 나남.

___________. 1991b.『포스터모더니티』. 이윤희 옮김. 민영사.

김경수. 2015.「헤겔의 관념변증법의 공간화 – 앙리 르페브르의『공간의 생산』연구」.《철학탐구》, 제39집, 37~66쪽.

김남희. 2002.「자본주의와 후기 자본주의, 그리고 인간 소외」.《한국시민윤리학회보》, 제15집, 321~343쪽.

김백영. 2007.「제국의 스펙타클 효과와 식민지 대중의 도시 경험」.《사회와 역사》, 제75호, 77~113쪽.

김수진. 2017.「르페브르의『도시혁명』에 나타난 구체적 추상」.《한국프랑스학논집》, 98권, 65~88쪽.

김승환. 2022.「도시 공간의 설천으로서 성찰적 걷기에 관한 연구 – 미셸 드 세르토(Michel de Certeau)와 스텔리 하우어워스(Stanley Hauerwas)를 중심으로」.《기독교사회윤리》, 53권, 205~235쪽.

김언영. 2020.「근대적 장소와 일상의 실천」.《비평과 이론》, 제25권 제2호, 31~50쪽.

김용창. 2015.「신자유주의 도시화와 도시 인클로저 (1): 이론적 검토」.《대한지리학회지》, 제50권 제4호, 431~449쪽.

김원식. 2009.「생활세계 식민화론의 재구성: 배제, 물화, 무시」.《사회와 철학》, 18호, 99~124쪽.

김창완. 2001.「현대시에 나타난 자연으로부터의 인간 소외 연구」.《새국어교육》, 62호, 169~188쪽.

나종석. 2018.「근대 산업혁명과 헤겔의 시민사회이론에 대해」.《인문과학연구논총》, 39권 4호, 47~83쪽.

낭시, 장-뤽. 2010.『무위의 공동체』. 박준상 옮김. 인간사랑.

네그리, 안토리오·하트, 마이클. 2014,『공통체: 자본과 국가 너머 세상』. 정남영·윤영광 옮김. 사월의책.

노대명. 1997.「앙리 르페브르의『일상생활 비판』에 대한 재음미」.《정치비평》, 3권, 230~250쪽.

_____. 2000.「앙리 르페브르의 공간생산이론에 대한 고찰」.《공간과 사회》, 14권, 36~62쪽.

렐프, 에드워드. 2001.「장소감」. 핸슨, 수잔 편.『세상을 변화시킨 열 가지 지리학 아이디어』. 구자용·박의준·변필성 옮김. 한울엠플러스. 305~339쪽.

___________. 2005.『장소와 장소 상실』. 김덕현·김현주·심승희 옮김. 논형.

루카치, 죄르지. 2015.『역사와 계급의식』. 조만영·박정호 옮김. 지식을 만드는 지식.

르페브르, 앙리. 2005.『현대세계의 일상성』. 박정자 옮김. 에크리.

___________. 2011.『공간의 생산』, 양영란 옮김. 에코 리브르.

______________. 2013.『리듬분석: 공간, 시간, 그리고 도시의 일상생활』. 정기현 옮김. 갈무리.
무스토, 마르셀로. 2011.「마르크스 소외 개념에 대한 재논의」,《마르크스주의 연구》, 8권 2호, 85~113쪽.
문규민. 2021.「지능형 도시와 그 불만: 스마트시티와 도시 정동의 딜레마」.《공간과 사회》, 제31권 제3호, 198-231쪽.
박준상. 2021.「장-뤽 낭시, 저 멀리로, 저 멀리에서」.《문학과 사회》, 겨울호 제34권 제4호, 318-337쪽.
박찬국. 1995.「인간 소외의 극복에 대한 하이데거와 마르크스 사상의 비교 고찰」.《철학연구》, 36집, 153~176쪽.
박치완. 2007.「스펙타클의 지배와 인간의 (자기)소외 - G. 드보르의 〈스펙카틀의 사회〉를 중심으로」.《철학연구》, 33호, 191~224쪽.
백승한. 2018.「장-뤽 낭시의 도시 논의를 통한 단수이자 복수로서의 도시론 탐구」.《탈경계인문학》, 제11권 제1호, 제23집, 5~28쪽.
서동진·김주연. 2022.「장소 정체성을 위한 장소성의 다의적 개념 비교 연구」.《한국공간디자인학회》 논문집, 17권 3호, 364~373쪽.
서은주. 2018.「냉전의 지식문화: 1960~70년대 소외론을 중심으로」.《민족문학사연구》, 67호, 391~424쪽.
스미스, 닐. 2017.『불균등발전』. 최병두, 황성원, 최영래, 이영아, 최영진 옮김, 한울엠플러스.
신상희. 2008.「사방세계 안에 거주함」. 하이데거, 마르틴.『강연과 논문』. 이기상·신상희·박찬국 옮김. 이학사, 453~485쪽.
신승원. 2014.「르페브르의 변증법적 공간이론과 공간정치 -『공간의 생산』을 중심으로」.《도시인문학연구》, 제6권 제1호, 63~98쪽.
_____. 2017.「앙리 르페브르의 공간이론」. 서울시립대학교 대학원 철학과 박사학위논문.
신진숙. 2019.「조선산업을 통해 본 산업도시의 정동 정치 - 정동적 도시론을 중심으로」.《대한지리학회지》, 제54권 제2호, 177~198쪽.
심혜련. 2008.「도시 공간과 흔적 그리고 산책자」.《시대와 철학》, 19권 3호, 103~135쪽.
아렌트, 한나. 1996.『인간의 조건』. 이진우·태정호 옮김. 한길사.
__________. 2004.『혁명론』. 홍원표 옮김. 한길사.
__________. 2006.『전체주의의 기원 1, 2』. 박미애·이진우 옮김. 한길사
안형관. 1990.「헤겔과 마르크스의 소외론에 관한 연구」.《현대사상연구》, 1집, 73~130쪽.
양창아. 2014.「한나 아렌트의 장소론: 공적 영역과 평의회 체제에 대한 사유의 재해석」.《코기토》, 제76호, 198~237쪽.
오제, 마르크. 2017.『비장소: 초근대성의 인류학 입문』. 이상길·이윤영 옮김. 아카넷.
윤미애. 2011.「현대도시의 지형학과 벤야민의 도시 읽기 - 발터 벤야민의『파사주 프로젝트』에 대한 소론」.《독일어문학》, 52권, 153~173쪽.
윤병렬. 2007.「하이데거의 존재 사유에서 고향상실과 귀향의 의미」.《현대유럽철학연구》, 16호, 61~98쪽.

이무용. 2009.「장소마케팅 전략의 지역믹스 유형 분식과 시론적 모델 연구」.《한국지역지리학회지》, 제15권 제2호, 226~249쪽.

이정훈. 2008.「연성 지역개발의 주요 수단으로서 장소브랜딩에 관한 이론적 고찰과 과제」.《대한지리학회지》, 제43권 제6호, 873~893쪽.

이석환. 1998.「도시 가로의 장소성 연구: 대학로의 사례를 중심으로」. 서울대 대학원 협동과정 조경학 도시·환경설계 전공 박사학위 논문.

이석환·황기원. 1997.「장소와 장소성의 다의적 개념에 관한 연구」,《국토계획》, 제32권 제5호, 169~184쪽.

이영빈. 1996.「앙리 르페브르의 소외문제에 대한 연구 - 그의 일상생활비판론을 중심으로」. 전남대학교 대학원 사학과 박사학위논문.

이운형. 2004.「마르크스의 소외론」.《대동철학》, 24집, 339~362쪽.

이유택. 2013.「하이데거의 존재론적 공간 이해」.《해석학연구》, 제33호, 243~274쪽.

이형기. 1994.『죽지않는 도시』. 고려원(고려원미디어).

이홍균. 2002.『사회적 압력과 소외』. 학문과 사상사.

임채광. 2013.「소외 개념에 대한 프롬과 마르쿠제의 정신분석학적 해명」.《동서철학연구》, 제67호, 385-407쪽.

장세룡. 2004.「미셸 드 세르토의 일상과 민중문화」.《서양사론》, 제82호, 205~238쪽.

_____. 2005.「앙리 르페브르의 일상생활 비판 - 문화이론적 접근」.《역사학연구》, 제25집, 283~317쪽.

_____. 2006a.「앙리 르페브르의 공간의 생산 - 역사이론적 전유의 모색」.《역사와 경계》, 제58집, 293~325쪽.

_____. 2006b.「앙리 르페브르의 국가론: 국가주의 생산양식론을 중심으로」.《대구사학》, 제85권, 189~224쪽.

전석환. 2007.「비판이론을 통해서 본 하이데거 철학에 대한 비판: 현존재 개념을 중심으로」.《철학사상문화》, 제5호, 1~38쪽.

정문길. 1978.『소외론 연구』. 문학과 지성.

정예슬. 2022.「전치된 자들의 장소 만들기: 음식배달 플랫폼 노동자 '딸배'들의 작업장 지리」.《공간과 사회》, 79호, 82~114쪽.

정윤석. 2006.「아렌트의 하이데거 비판」.《哲學》, 제88집, 207~230쪽.

정은해. 2001.「하이데거의 공간 개념」.《哲學》, 제68집, 207~229쪽.

정헌목. 2013.「전통적인 장소의 변화와 '비장소(non-place)'의 등장: 마르크 오제의 논의와 적용사례들을 중심으로」.《비교문화연구》 제19집 1호, 107~141쪽.

조경진·한소영. 2011.「역공간(liminal space) 개념으로 해석한 현대 도시 공공공간의 혼성적 특성에 관한 연구」.《한국조경학회지》, 제39권 제4호, 49~59쪽.

조나영. 2019.「'인정 망각'과 '자기 부정'의 교육에 대한 비판적 고찰: 호네트의『물화: 인정이론적 탐구』를 중심으로」.《교육철학연구》, 제41권 제4호, 349~373쪽.

조정환. 2011.『인지자본주의: 현대 세계의 거대한 전환과 사회적 삶의 재구성』. 갈무리.

조항구. 1999.「루카치와 마르크스 소외론」.《철학연구》, 제70집, 263~282쪽.

최병두. 2002.『근대적 공간의 한계』. 삼인.
_____. 2009.「자연의 신자유주의화: (1) 자연과 자본축적 간 관계」.《마르크스주의연구》, 제6권 제1호, 5~51쪽.
_____. 2010.『비판적 생태학과 환경정의』. 한울엠플러스.
_____. 2012.『자본의 도시: 신자유주의적 도시화와 도시 정책』. 한울엠플러스.
_____. 2017.『관계적 공간과 포용의 지리학』,《대한지리학회지》. 제52권 제6호, 661~682쪽.
_____. 2021.『인류세와 코로나 팬데믹』. 한울엠플러스.
_____. 2023.「난민의 소외와 장소를 가질 권리로서 환대」.《인간과 평화》, 제4권 제1호, 111~155쪽.
최종욱. 1993.「앙리 르페브르의 '일상생활비판'에 대한 비판적 소론」.《어문학논총》, 12권. 299~319쪽.
카스텔, 마누엘. 2001.『정보도시』. 최병두 옮김. 한울엠플러스.
케이시, 에드워드. 2016.『장소의 운명』. 박성관 옮김. 에코리브로.
콕스, 주디. 2009.「마르크스의 소외론」.《마르크스 21》, 제3호, 189~220쪽.
크랭, 마이크·스리프트, 나이젤. 2013.『공간적 사유』. 최병두 옮김. 에코리브로.
크레스웰, 팀. 2012.『짧은 지리학 개론 시리즈: 장소』. 심승희 옮김. 시그마프레스.
푸코, 미셸. 2011.『안전, 영토, 인구』. 오트르망·심세광·전혜리·조성은 옮김. 난장.
하비, 데이비드. 1983. 『사회정의와 도시』. 최병두 옮김. 종로서적.
___________. 1995a.『자본의 한계』. 최병두 옮김. 한울엠플러스.
___________. 1995b.「공간에서 장소로 다시 반대로: 포스트모더니티의 조건에 대한 성찰」. 박영민 옮김.《공간과 사회》, 통권 제5호, 32~71쪽.
___________. 2001.『희망의 도시』. 최병두·이상율·박규택 옮김, 한울.
___________. 2007.『신자유주의』. 최병두 옮김. 한울엠플러스.
___________. 2009.『포스트모더니티의 조건』, 구동회·박영민 옮김. 한울엠플러스.
___________. 2014a.『반란의 도시』. 한상연 옮김, 에이도스.
___________. 2014b.『자본의 17가지 모순』. 황성원 옮김. 동녘.
하이데거, 마틴. 2008.『강연과 논문』. 이기상·신상회·박찬국 옮김. 이학사.
해밀턴, 클라이브. 2018.『인류세: 거대한 전환 앞에 선 인간과 지구시스템』. 정서진 옮김. 이상북스.
홍준기. 2011.「르페브르의 공간 및 도시공간 이론에 대한 정신분석적 고찰:『공간의 생산』을 중심으로」.《현대정신분석》, 제13권 제2호, 163~182쪽.

Agnew, J. 1987. *Place and Politics: The Geographical Mediation of State and Society.* Routledge, London.
————. 2011. "Space and place", in Agnew, J. and Livingstone, D.(eds). *Handbook of Geographical Knowledge.* Sage, London.
Amaral, C. 2015. "Urban enclosure: Contemporary strategies of dispossession and reification in London's spatial production". http://www.enhr.net/pastwinners.
Anderson, B. 2006. "Becoming and being hopeful: towards a theory of affect". *Environment and Planning D: Society and Space*, Vol. 24, Issue 5, pp. 733~752.

Archibald, W. P. 2009. "Marx, globalization and alienation: received and underappreciated wisdoms". *Critical Sociology*, Vol. 35, Issue 2, pp. 151~174.

Baudrillard, J. 1998. *The Consumer Society*. Sage

Bayirbag, M. K. and Penpecioglu, M. 2015. "Urban crisis: 'Limits to governance of alienation'". *Urban Studies*, Vol. 54, Issue 9,

Benjamin, W. 1999. *Arcades Project*. Harvard Univ. Press.

Bondi, L. 2005. "Making connections and thinking through emotions: between geography and psychotherapy". *Transactions of the Institute of British Geographers*, Vol. 30, Issue 4, pp. 433~448.

Boswell, G. 1997. "'Non-places and enfeeblement of rhetoric in supermodernity'". *Enculturation*, Vol. 1, No. 1. http://enculturation.gmu.edu/1_1/boswell.htm.

Brenner, N. 2009. "Open questions on state rescaling". *Cambridge Journal of Regions, Economy and Society*, Vol. 2, Issue 1, pp. 123~139.

Brenner, N. and Elden, S. 2009. "Introduction". in Lefebvre, H. State, *Space World: Selected Essays* (eds, by Brenner, N., and Elden, S.), Univ. of Minnesota Press, Minneapolis and London, pp. 1~48.

Brenner, N. and Theodore, N. 2002. "Cities and the geographies of 'actually existing neoliberalism'", in Brenner, N. and Theodore, N.(eds), *Spaces of Neoliberalism: Urban Restructuring in North America and Western Europe*. Blackwell, Oxford, pp. 2~32.

Burkitt, I. 2019. "Alienation and emotion: social relations and estrangement in contemporary capitalism". *Emotions and Society*, Vol. 1, Issue 1, pp. 51~66.

Butler, C. 2012. *Henri Lefebvre: Spatial Politics, Everyday Life, and the Right to the City*. Routledge, London.

________. 2017. "Space, politics, justice", in Butler, C. and Mussawir, E.(eds). *Space of Justice: Peripheries, Passages, Appropriations*. Routledge, London, pp. 113~131.

Butler, C. and Mussawir, E.(eds). 2017. *Space of Justice: Peripheries, Passages, Appropriations*. Routledge, London.

Casey, E. 1996, "How to get from space to place in a fairly short stretch of time", in Feld, S. and K. Basso (eds), *Senses of Place,* Santa Fe, N.M; School of American Research Press, pp.13~52.

Castree, N. 2001. "Commodity fetishism, geographical imaginations and imaginative geographies". *Environment and Planning A*, Vol. 33, Issue 9, pp. 1519~1525.

Choi, B.-D. 1987. "Space and Social Theory: A Geographical Critique and Reconstruction". Leeds Unvi. Ph.D. diss.

Cohen, G. A. 1978. *Karl Marx's Theory of History: A Defence*. Oxford Univ. Press, New York.

Conradson, D. and Latham, A. 2007. "The affective possibilities of London: a antipodean transnationals and the overseas experience". Mobilities, Vol. 2, Issue 2, pp. 231~254.

Cresswell, T. 1996. *In Place/ Out of Place: Geography, Ideology and Transgression.* Univ. of Minnesota Press, Minneapolis.

Cronon, W. 1992. "Kennecott Journey: the paths out of town" in Cronon, W. Miles, G. and Gitlin(eds). Under an Open Sky. W W Norton & Co Inc, New York, pp. 28~51.

De Angelis, Massimo. 2000. "Marx's theory of primitive accumulation: A suggested teinterpretation". Department of Economics, Working Papers No. 29, University of East London.

De Certeau, M. 1984, The Practice of Everyday Life. University of California Press, Berkeley.

Debarbieux, B. 2017. "Hannah Arendt's spatial thinking: an introduction". Territory, Politics, Governance, Vol. 5, Issue 4, pp. 351~367.

Debord, G. 2002. *The Society of the Spectacle.* Hobgoblin Press, Canberra.

Diaz-Parra, I. and Jaime Jover. 2020, "Overtourism, place alienation and the right to the city: Insights from the historic centre of Seville, Spain". *Journal of Sustainable Tourism*, Vol. 29, Issue 2-3, pp. 1~18.

Douglas, M. 1966. *Purity and Danger: an Analysis of Concepts of Pollution and Taboo.* Praeger, New York.

Duff, C. 2010. "On the role of affect and practice in the production of place". *Environment and Planning D: Society and Space*, Vol. 28, Issue 5, pp. 881~895.

Elden, S. 2001. "Politics, philosophy, geography: Henri Lefebvre in recent Anglo-American scholarship". *Antipode*, Vol. 33, Issue 5, pp. 809~825.

_______. 2004. *Understanding Henri Lefebvre: Theory and the Possible.* Bloomsbury Academic, London.

Entrikin, N. 1991. *The Betweenness of Place: Towards a Geography of Modernity.* Johns Hopkins Univ. Press, Baltimore.

Ezioni, A. 1996. "The responsive community: a communitarian perspective". *American Sociological Review*, Vol. 61, No. 1, pp. 1~11.

Fainstein, S. 2010. *The Just City.* Cornell Univ. Press, Ithaca and London.

Fischer, C. S. 1973. "On urban alienations and anomie: powerlessness and social isolation". *American Sociological Review*, Vol. 38, No. 3, pp. 311~326.

Fraser, B. 2015. "Urban alienation and cultural studies: Henri Lefebvre's recalibrated Marxism", in Fraser, B.(ed), *Toward an Urban Cultural Studies: Henri Lefebvre and the Humanities.* Palgrave McMillan, London, pp. 43~67.

Fromm, E. 1949. *Man for Himself.* Routledge and Kegan Paul.

Fuchs, C. 2018. "Universal alienation, formal and real subsumption of society under capital, ongoing primitive accumulation by dispossession: Reflections on the Marx@200-Contributions by David Harvey and Michael Hardt/Toni Negri", *TripleC*, Vol.16, No.2. pp. 454~467.

Gardiner, M. 2014. "Everyday utopianism: Lefebvre and his critics". *Cultural Studies*, Vol. 18, Issue 2~3, 228~254.

Gore, A. 1989. *Critique of Economic Reason*. Verso, London.

Grahn, J. 2017. "Space, class, and revolutions: a critical reading of Henri Lefebvre's Urban Revolution"(https://lup.lub.lu.se/student-papers/search/ publication/8906070).

Guignon, C. 2011, "Heidegger's concept of freedom, 1927-1930", in Dahlstrom, D.(ed). *Interpreting Heidegger: Critical Essays*. Cambridge University Press. pp. 79~105.

Habermas. 1984. *The Theory of Communicative Action*, vol. 1, 2, Heinenmann, London.

Harvey, D. 1991a. "Afterword". *The Production of Space*. Blackwell, Malden MA., pp. 425~432,

_________. 1991b. "Afterword" in Lefebvre, H. *The Production of Space*. Blackwell, Oxofrd.

_________. 2009. *Cosmopolitanism and the Geographies of Freedom*. Columbia Univeristy Press, New York.

_________. 2014. "Alienation and urban life", in Brekke, J. et al.(eds). *Crisis-Scapes: Athens and Beyond*. Crisis-Scape.net. pp. 195~204

_________. 2018. "Universal alienation". *TripleC*, Vol. 22, Issue 2, pp. 137~150.

Heidegger, M. 1962. *Being and Time*. Blackwell, Oxford.

___________. 1971. "Building dwelling thinking", in *Poetry, Language, Thought*. Harper and Row, New York.

___________. 1993a. *Basic Writings*. Harper, SanFrancisco.

___________. 1993b. "Letter on humanism", in *Basic Writings*. Routledge.

Honneth, A. 1995. *The Struggle for Reconnition*, The MIT press. Cambridge. Mass.

Jaeggi, R. 2014. *Alienation*,(trans, by F. Neuhouser and A.Smith). Columbia Univ. Press.

Jessop, B. 1998. "The narrative of enterprise and the enterprise of narrative: place marketing and the entrepreneurial city", in Hall, T. and Hubbard, P.(eds). *The Entrepreneurial City*. Wiley, Chichester, pp. 77~99.

Jessop, B. and Sum, N. 2000. "An entrepreneurial city in action: Hong Kong's emerging strategies in and for (inter)urban competition". *Urban Studies*, Vol. 37, Issue 12, pp. 2287~2313.

Jonas, A. E. G. 2012. "Region and place: regionalism in question", *Progress in Human Geography*, Vol. 36 Issue 2. pp. 263~272.

Kipfer, S. et. al. 2008. "On the production of Henri Lefebvre", in Goonewardena, K. et al.(eds), *Space, Difference, Everyday Life: Reading Henri Lefebvre*. Routledge, New York and London, pp. 1~23

Kipfer, S. Saberi, P. and Wieditz, T. 2012. "Henri Lefebvre: debates and controversies". *Progress in Human Geography*, Vol. 37, Issue 1. pp. 115~134.

Lees, L. Shin, H. B. and López-Morales, E.(eds.). 2016. *Planetary Gentrification*. Polity Press, Cambridge.
Lefebvre, H. 1976[1973]. *The Survival of Capitalism*. St. Martin's Press, New York.
__________. 1991a[1948]. *Critique of Everyday Life*: vol. 1. Verso, London.
__________. 1991b[1974]. *The Production of Space*. Blackwell, Oxford.
__________. 1996[1968]. *Writings on Cities*. Blackwell, Oxford.
__________. 2001. "Comments on a new state form". *Antipode*. Vol. 33, pp. 769~782.
__________. 2002[1961]. *Critique of Everyday life*: vol. 2, Verso, London.
__________. 2003a[1970]. *The Urban Revolution*, University of Minnesota Press. Minneapolis and London.
__________. 2003b. "Preface to the study of the habitat of the pavilion". In S. Elden and E. Lebas(Eds.). *Henri Lefebvre: Key writings*. London, pp. 121~135.
__________. 2003c. "The inventory, In S. Elden and E. Lebas (Eds.)". *Henri Lefebvre: Key writings*. London, pp. 166~176.
__________. 2008[1981]. *Critique of Everyday Life*: vol. 3. Verso, London.
__________. 2009a[1939]. *Dialectical Materialism*. Univ. of Minnesota, Minneapolis.
__________. 2009b[1980]. Space and mode of production, in N. Brenner, and S. Elden(eds.), *Henri Lefebvre: State Space World*. Univ. of Minnesota, Minneapolis, pp. 210~222.
Lyotard, J. P. 1985. *The Postmodern Condition*. Univ. of Minnesota Press, Minneapolis.
MacLeod G and Jones M. 2007. "Territorial, scalar, networked, connected: In what sense a 'regional world'?". *Regional Studies*, Vol. 41, Issue 9, pp. 1177~1191.
Marcuse, H. 1966. *Eros and Civilization*. Beacon Press. Boston.
Marcuse, P. Connolly, J. Novy, J. Ouvo, I. Potter, C. and Steil, J.(eds). 2009. *Searching For the Just City: Debates in Urban Theory and Practice*. Routledge. London and New York.
Marx, K. 1973. *Grundrisse: Foundations of the Critique of Political Economy*. Penguin. Harmondsworth.
_______. 1975. *Early Writings*. Penguin Books, Harmondsworth, Middlesex.
_______. 1976. *Capital*, Vol. 1. Penguin, Harmondworth.
_______. 1977. *Economic and philosophic manuscripts of 1844*. Lawrence and Wishart, London, England.
_______. 1991. *Capital*, vol. 3. Penguin Books, Harmondsworth, Middlesex. 959
Massey, D. 1997. "A global sense of place," in Arnes, T. and Gregory, D.(eds), *Reading Human Geography*. Arnold, London, pp. 315~323(Originally published in *Marxism Today*, June 1991).
Merrifield, A. 1993. "Place and space: a Lefebvrian reconciliation". *Transactions, Institution of British Geographers*, Vol. 18, No. 4. pp. 516~531.

__________. 2006. *Henri Lefebvre: a Critical Introduction.* Roguledge, New York.
__________. 2013a. *The Politics of the Encounter: Urban Theory and Protest under Planetary Urbanization.* University of Georgia Press, Athens, GA.
__________. 2013b. "The urban question under planetary urbanization". *International Journal of Urban and Regional Research.* Vol. 37, Issue 3, pp. 909~922.
Mitchell, D. 2003. *The Right to the City: Social Justice and the Fight for Public Space.* Guilford Press. New York.
O'Kane, C. 2013. "Fetishism and Social Domination in Marx, Lukacs, Adorno and Lefebvre". Ph.D. Thesis, University of Sussex.
Ollman, B. 1976. *Alienation: Marx's Conception of Man in Capitalist Society.* Cambridge University Press, New York.
Parker, J. H. 1978. "The urbanism-alienation hypothesis: a critique, *International Review of Modern Sociology*". Vol. 8, No. 2, pp. 239~244.
Peck, J. Theodore, N. and Brenner, N. 2009. "Neoliberal urbanism: models, moments, mutations". *SAIS Review*, Vol. 29, No. 1, pp. 49~66.
Purcell, M. 2013. "Possible worlds: Henri Lefebvre and the right to the city". *Journal of Urban Affairs*, Vol. 36, Issue 1, pp. 141~154.
Pile, S. 2010. "Emotions and affect in recent human geography". *Transactions of the Institute of British Geographers*, Vol. 35, Issue 1, pp. 5~20.
Sayers, S. 2011. *Marx and Alienation: Essays on Hegelian Themes.* Palgrave macmillan, London.
Seamon, D. 1980. "Body-subject, time-space routines, and place-ballets", in Buttimer, A. and Seamon, D.(eds), *The Human Expericne of Space and Place.* Croom Helm, London, pp. 148~165.
Seeman, M. 1971. "The urban alienations: Some dubious theses from Marx to Marcuse". *Journal of Personality and Social Psychology*, Vol. 19, No. 2, pp. 135~143.
Sevilla-Buitrago, A. 2015. "Capitalist formations of enclosure: space and the extinction of the commons". *Antipode*, Vol. 47, Issue 4, pp. 999~1020.
Shields, R. 1998. *Lefebvre, Love and Struggle: Spatial Dialectics.* Routledge, London.
Soja, E. 1980. "The socio-spatial dialectic". *Annals of the Association of American Geographers*, Vol. 70, Issue 2, pp. 207~225.
______. 2010. *Seeking Spatial Justice.* Univ. of Minnesota Press, Minneapolis.
Soja, E. and Hadjimichalis, C. 1979. "Between geographical materialism and spatial fetishism". *Antipode*, Vol. 11, Issue 3, pp. 3~11.
Stanek, L. 2008. "Space as concrete abstraction: Hegel, Marx, and modern urbanism in Henri Lefebvre", in Goonewardena, K., et al., (eds). *Space, Difference, Everyday Life: Reading Henri Lefebvre.* Routledge, New York and London,

TenHouten, W. 2017. *Alienation and Affect*. Routledge, New York and London.

Thrift, N. 1994. "Inhuman geographies: landscapes of speed, light and power", in Cloke, P.,(ed), *Writing the Rural: Five Cultural Geographies*. Paul Chapman, London, pp. 191~250.

________. 2004. "Intensities of feeling: towards a spatial politics of affect". *Geografiska Annaler Series B Human Geography*, Vol. 86, Issue 1, pp. 57~78.

________. 2008. *Non-representational Theory: Space, Politics, Affect*. Routledge, London and New York.

Tuan, Y. -F. 1977. *Space and Place: The Perpective of Experience*. Univ. of Minnosota Press.

________. 1980. "Rootedness versus sense of place". *Landscape*, Vol. 24, pp. 3~8.

Webber, M. 1964. "The urban place and the nonplace urban realm", in M. Webber et al.(eds), *Explorations into Urban Structure*. Univ. of Pennsylvania Press, philadelphia, pp. 79~153.

Williams, J. 2013. *Towards a theory of spatial justice*. Annual meeting of the Western Political Science Association, Los Angeles.

Wilson, J. 2013. "The devastating conquest of the lived by the conceived: the concept of abstract space in the work of Henri Lefebvre". *Space and Culture*, Vol. 16, Issue 3, pp. 364~380.

Yiftochel, O. Goldhabar, R. and Nuriel, R. 2009. "Urban justice and recognition: affirmation and hostility", in Marcuse, P. et al.(eds), *Searching For the Just City: Debates in Urban Theory and Practice*. Routledge, pp. 120~142.

Young, I. 1986. "The ideal of community and the politics of difference". *Social Theory and Practice*, Vol.12, Issue 1, pp. 1~26.

________. 1990. *Justice and the Politics of Difference*. Princeton Univ. Press. Princeton.

Yuill, C. 2011. "Forgetting and remembering alienation theory". *History of the Human Sciences*, Vol. 24, Issue 2, pp. 103~119.

Zukin, S. 1991. *Landscapes of Power: From Detroit to Disney World*. Univ. of California Press, Berkeley and Los Angeles.

▮ 찾아보기

(ㅊ)

(ㅋ)

(ㅌ)

(ㅍ)

지은이 **최병두**

서울대학교 지리학과, 같은 학교 대학원 석사과정을 졸업하고, 영국 리즈대학교 지리학과에서 박사학위를 받았다. 현재 대구대학교 지리교육과 명예교수이며, 한국도시연구소 이사장을 맡고 있다. 미국 존스홉킨스대학교와 영국 옥스퍼드대학교의 방문교수, 한국공간환경학회 회장 등을 역임했다. 주요 저서로 『초국적 이주와 환대의 지리학』(2018), 『인문지리학의 새로운 지평』(2018), 『인류세와 코로나 펜데믹』(2021), 『정치지리학』(근간), 『도시재생과 젠트리피케이션』(2018, 공저) 등이 있으며, 역서로 『공간적 사유』(2013), 『데이비드 하비의 세계를 보는 눈』(2017), 『불균등발전』(2017, 공역) 등이 있다.

저서의 출처

이 책은 다음 논문들을 대폭 수정, 보완한 것이다.

2016, 「도시적 소외와 정의로운 도시」, 《한국지역지리학회지》, 제22권 제3호, 576~598쪽.
2018, 「르페브르의 일상생활 비판과 도시공간적 소외」, 《대한지리학회지》, 제53권 제2호, 149~172쪽.
2019, 「공간적 정의와 탈소외된 도시」, 《공간과 사회》, 제29권 제1호, 156~205쪽.
2023, 「'장소 상실'에서 '장소 소외'로」, 《공간과 사회》, 제33권 제2호, 183~232쪽

한울아카데미 2483
도시 소외와 공간 정의

지은이 최병두
펴낸이 김종수
펴낸곳 한울엠플러스(주)
편 집 김재원

초판1쇄 인쇄 2023년 11월 10일
초판1쇄 발행 2023년 11월 30일

주 소 10881 경기도 파주시 광인사길 153 한울시소빌딩 3층
전 화 031-955-0655
팩 스 031-955-0656
홈페이지 www.hanulmplus.kr
등록번호 제406-2015-000143호

Printed in Korea.
ISBN 978-89-460-7484-2 93330

※ 책값은 겉표지에 표시되어 있습니다.